:: 中華文化促進會主持編纂

:: 國家"十一五"重點圖書出版規劃項目

:: 中國社會科學院哲學社會科學創新工程學術出版資助項目

出品人 王石 段先念

今注本二十四史

隋書

唐 魏徵等 撰

馬俊民 張玉興 主持校注

中國社會科學出版社

七 志【六】

隋書　卷二八

志第二十三

百官下

　　高祖既受命,[1]改周之六官,[2]其所制名,多依前代之法。置三師、三公及尚書、門下、内史、秘書、内侍等省,[3]御史、都水等臺,[4]太常、光禄、衛尉、宗正、太僕、大理、鴻臚、司農、太府、國子、將作等寺,[5]左右衛、左右武衛、左右武候、左右領、左右監門、左右領軍等府,[6]分司統職焉。

　　[1]高祖:此是隋文帝楊堅的廟號。紀見本書卷一、二,《北史》卷一一。

　　[2]周:即北周（557—581）,都於長安（今陝西西安市西北郊）。　六官:周朝六卿之官。根據《周禮》的記載,周朝以天官冢宰、地官司徒、春官宗伯、夏官司馬、秋官司寇、冬官司空分掌邦國之政,總稱六官或六卿。此指北周仿《周禮》所置六卿之官。

　　[3]三師:太師、太傅、太保的合稱。北魏始有此稱。名爲輔導天子之官,位極尊而無具體職掌。北齊沿之。北周改稱三公。隋

復舊名，爲贈予德高望重元老大臣的榮銜。煬帝大業三年（607）廢。　三公：隋復置太尉、司徒、司空爲三公。初猶置府僚，名義上參議大政，但其位多曠。尋省府署及僚佐，論道顧問，如置公則坐於尚書都省。　尚書：官署名。此指尚書省。隋朝與門下、内史並號三省，共掌軍國大政。本省爲全國政務中樞，職事尤重。長官爲尚書令，副名左、右僕射。省内設都省爲總辦公廳，政務總匯，置左、右丞及都事，分司管轄。省下轄吏、民（度支）、禮、兵、刑（都官）六曹（部），以尚書爲長官，分司政務。　門下：官署名。此指門下省。隋門下省與内史（中書）、尚書省同爲中樞政務機構。職掌侍從、出納、審議政令、諫議出使。設納言、給事黄門侍郎爲長貳官，以及錄事、通事令史。又有散騎常侍、通直散騎常侍、諫議大夫、散騎侍郎、員外散騎常侍等，並掌部從朝直；又有給事、員外散騎侍郎、奉朝請，職掌與散騎常侍略同，兼任出使勞問。省下統城門、尚食、尚藥、符璽、御府、殿内六局。文帝開皇六年（586）罷員外散騎常侍、奉朝請、通事令史。煬帝大業三年並置尚書、門下、内史、秘書、殿内五省，以原隸門下省之城門、尚食、尚藥、御府、殿内五局劃歸殿内省，門下省自是罷去侍奉皇帝生活起居之職，專掌侍從諫諍、審議政令。又改給事黄門侍郎爲黄門侍郎；移吏部給事郎爲門下省職，省讀奏案；罷散騎常侍、通直散騎常侍、諫議大夫、散騎侍郎等員。大業十二年，改納言爲侍内。　内史：官署名。此指内史省，乃隋避諱改中書省爲此稱。與尚書、門下並號三省，共掌軍國大政。置監、令各一員。尋廢監，置令二員爲長官。下置侍郎、舍人、通事舍人等官。掌皇帝詔令出納宣行，爲機要之司。煬帝大業三年加置起居舍人，改通事舍人爲謁者臺職（通事謁者），並消減有的官員名額。大業十二年又改内史省名内書省。　秘書：官署名。此指秘書省。隋初秘書省官員郎除同北齊外，加置錄事。領著作、太史二曹。煬帝增置秘書少監爲副長官。又置儒林郎，掌明經待問，唯詔所使；文林郎，掌撰錄文史，檢討舊事。加置楷書郎掌抄寫御書。此外，對省内官員名稱、

品級、員額等也多有變革。 內侍：官署名。此指內侍省。隋改北
齊中侍中省置內侍省。掌宮廷侍奉，傳宣制令。有內侍、內常侍、
內給事、內謁者監、內寺伯等各若干員，並用宦者。領內尚食、掖
庭、宮闈、奚官、內僕、內府等局。文帝開皇十六年加置內主事，
以承門閣。煬帝大業三年改內侍省爲長秋監。

[4]御史：官署名。此指御史臺。秦漢以御史掌糾察之任。隋
初避諱，御史臺長官稱御史大夫，以治書侍御史爲副。屬官設侍御
史、殿內侍御史、監察御史等。自開皇後，御史由吏部選用。煬帝
大業三年省殿內侍御史，增監察御史名額，並罷御史直宿禁中之
制，標志徹底脫離與宮內關係。臺中庶務，皆由治書侍御史主持。

都水：官署名。此指都水臺。西晉始置，置都水使者掌舟船水運
河渠灌漑事務。隋初設使者、丞爲長貳。屬官有參軍、河堤謁者、
錄事。領掌船局、都水尉，又領諸津。開皇三年廢都水臺，併入司
農寺。十三年復置。仁壽元年（601）改名都水監，更名使者爲監。
煬帝大業三年復舊名使者。統舟楫、河渠二署。五年再改稱監，加
置少監。後又改名令、少令。

[5]太常：官署名。此指太常寺。北齊始置，位列九寺之首。
掌宗廟陵寢祭祀、禮樂儀制、天文術數等。隋初沿置。設卿、少卿
爲長貳。屬官有丞、博士、協律郎、奉禮郎等。掌國家禮樂郊廟社
稷祭祀等事。總轄郊社、太廟、諸陵、太祝、衣冠、太樂、清商、
鼓吹、太醫、太卜、廩犧等署。國子寺也隸之。文帝開皇三年廢衛
尉、鴻臚寺，其職掌屬官併入太常寺。開皇十二年復分置。開皇十
三年國子寺不再隸之，獨立並改名國子學。煬帝大業三年廢太祝、
衣冠、清商署，其他也稍有變革。 光祿：官署名。此指光祿寺。
北齊始置，爲九寺之一。設光祿卿少卿爲長貳，屬官有丞等。掌宮
殿門戶、帳幕舖設器物、百官朝會膳食等事務。領守宮、太官、宮
門、供府、肴藏、清漳、華林等署及東園局。隋初沿置。設卿、少
卿、丞等官，唯掌祭祀及朝會宴享酒食之供設。領太官、肴藏、良
醞、掌醢等署。隋文帝開皇三年曾併入司農寺，十二年復置。煬帝

大業三年增少卿員額，其他也稍有變革。　衛尉：官署名。此指衛尉寺。北齊始置，爲九寺之一。設衛尉寺卿、少卿爲長貳。屬官有丞、功曹、五官、主簿、録事等。掌宮殿、京城諸門禁衛，武器及宮廷儀仗庫藏。隋初衛尉寺統公車、武庫、守宮等署，各置令、丞等官。開皇三年罷，其職分隸太常寺、尚書省。十二年復置，宮門屯兵劃屬監門衛，本寺唯掌軍器、儀仗、帳幕之事。　宗正：官署名。此指宗正寺。北齊有大宗正寺，隋朝改名宗正寺。掌皇室親族屬籍等事務。設宗正卿、少卿爲長貳，屬官有丞、主簿等。不領署。　太僕：官署名。此指太僕寺。北齊始置，爲九寺之一。掌宮廷車馬、全國畜牧之事。設太僕卿、少卿、丞。隋初沿置，掌中央厩牧、車輿之事。設卿、少卿爲長貳。屬官有丞、主簿、録事、獸醫博士等。轄驊騮、乘黃、龍厩、車府、典牧、牛羊諸署。煬帝大業三年罷驊騮署，以其職改隸殿內省尚乘局；改龍厩名典厩署；罷牛羊署。增置主乘、司庫、司廩官。又有左、右駁皂二厩。　大理：官署名。此指大理寺。北齊改廷尉爲大理寺，爲九寺之一。掌判決刑獄，爲國家最高審判機構。設大理寺卿爲長官。隋初沿置。屬官有少卿、丞、主簿、録事及正、監、評、司直、律博士、名法、獄掾等。文帝開皇三年罷監、評、律博士，增正員額。煬帝大業三年改丞爲勾檢官；又增正員額，分判獄事；也增司直、評事員額。　鴻臚：官署名。此指鴻臚寺。北齊始置，爲九寺之一。設鴻臚寺卿爲長官，屬官有少卿、丞等。掌蕃客接待朝會，吉凶吊祭，兼管佛教、祆教寺廟。領典客、典寺、司儀等署。隋初沿置。設鴻臚寺卿爲長官，屬官有少卿、丞、主簿、録事等。統典客、司儀、崇玄署。崇玄署由北齊典寺署所改，掌管佛道寺觀。隋文帝開皇三年廢鴻臚寺入太常寺，十二年復置。煬帝大業三年改典客署爲典蕃署。又別置四方館，接待各蕃國使者，管理與蕃國互市事務，名義上隸屬鴻臚寺。　司農：官署名。此指司農寺。北齊始置，爲九寺之一。是管理倉儲市易，供應宮廷糧食薪菜、百官禄廩的機構。設司農寺卿爲長官，屬官有少卿、丞等。隋沿置。設卿、少卿爲長貳官。屬官有丞及主簿、錄事等。領太倉、典農、平準、京（廩）市、鈎盾、華林、上林、導官等署。煬帝大業三年罷典農、華林，以平準、京市隸太府。　太府：官署名。此指太府寺。北齊九寺之一。長官爲太府寺卿。掌金帛府庫、營造器物。屬官有少卿、丞等。隋初因之。設卿、少卿爲長貳。屬官有丞及主簿、錄事等。掌國家財貨之事。煬帝大業三年分置少府監，以營造、冶鑄、織染等事歸之，太府寺但管京都市五署及平準、左右藏，凡八署。　國子：官署名。此指國子寺。北齊改國子學稱國子寺。掌訓教胄子，管理中央、地方學校之政。置祭酒及功曹、五官、主簿錄事等官。領國子、太學、四門學，各有博士、助教、學生。諸郡太學亦隸之。隋初沿置。隸太常寺。設國子祭酒爲長官。屬官有主簿、錄事等。統國子、太學、四門、書算學。各置博士、助教、學生等。文帝開皇十三年罷隸太常寺而獨立，改名國子學。仁壽元年省國子祭酒、博士；罷國子學，唯立太學一所，置太學博士五人總知學事。煬帝大業三年改置國子監。　將作：官署名。此指將作寺。北齊始置。掌營建土木工程。設將作大匠爲長官，屬官有丞等。若有營作，設將、副將、長史、司馬等官。隋初沿置。將作大匠爲長官，屬官有丞、主簿、錄事。領左右校署。文帝開皇二十年改將作寺名將作監。

[6]左右衛：官署名。即左衛、右衛合稱，隋代中央十二衛府之一。各置左右衛大將軍、將軍爲長貳官。掌宮掖禁禦，督攝仗衛。又各有直閤、直寢、直齋、直後等將軍，並掌宿衛侍從。奉車都尉，掌馭副車。武騎常侍、殿内將軍、員外將軍、殿内司馬督、員外司馬督，並以參軍府朝，出使勞問。左右衛又各統親、勳、翊衛，置開府。開府有長史、司馬、錄事，及倉、兵、騎等曹參軍，法、鎧曹行參軍，行參軍等。又有儀同府。諸府皆領軍坊。文帝開皇六年罷殿内將軍、司馬督、武騎常侍等員。煬帝大業三年左右衛改爲左右翊衛。　左右武衛：官署名。左武衛、右武衛的合稱，隋朝中央十二衛府之一。各置左右武衛大將軍、將軍爲長貳官，統領

外軍宿衛。屬官有長史、司馬、録事，及功、倉、兵、騎等曹参軍，法、鎧曹行参軍，行参軍等。煬帝大業三年左右武衛大將軍、將軍總府事，並統諸鷹揚府，軍士名熊渠。又置護軍，掌副貳將軍；尋改護軍爲虎賁郎將，置虎牙郎將爲副。　左右武候：官署名。左武候衛、右武候衛的合稱，隋朝中央十二衛府之一。各置左右武候衛大將軍、將軍爲長貳官。掌皇帝車駕出前後護從，晝夜巡察，執捕奸非，烽候道路，水草所置。巡狩征伐田獵，則掌其營禁。右武候衛加置司辰師、刻漏生。煬帝大業三年改左右武候衛爲左右候衛。　左右領：官署名。指左領左右府、右領左右府，隋朝中央十二衛府之一。各置領左右府大將軍、將軍爲長貳官。掌侍衛皇帝左右的親信禁軍，供御兵仗。領千牛備身，掌執千牛刀；備身左右，掌供御弓箭；備身，掌宿衛侍從。各置長史、司馬、録事，及倉、兵二曹参軍事，鎧曹行参軍等員。煬帝大業三年改左右領左右府爲左右備身府。　左右監門：官署名。左監門府、右監門府的合稱，隋朝中央十二衛府之一。各置監門將軍爲長官。掌宮殿門禁及守衛事。屬官有郎將、校尉、直長、長史、司馬、録事，及倉、兵曹参軍，鎧曹行参軍，行参軍等員。煬帝大業三年改監門將軍爲監門郎將，置直閤。又增左右門尉、門候，以分掌門禁守衛。屬官有長史、録事，及司兵、倉、騎参軍等員。　左右領軍：官署名。左領軍府、右領軍府的合稱，隋朝中央爲十二衛府之一。掌左右十二軍籍帳、差科、詞訟之事。隋初不置將軍，唯有長史、司馬、掾屬、録事，及功、倉、戶、騎、兵等曹参軍，法、鎧等曹参軍，行参軍等員。又置名法，隸法司，掌律令輕重。然最遲仁壽末年已置左右領軍大將軍。煬帝大業三年改左右領軍府爲左右屯衛。

　　三師，不主事，不置府僚，[1] 蓋與天子坐而論道者也。

[1]不置府僚：《唐六典》卷一《尚書都省》載，隋因北周"不置府僚，初拜，於尚書省上"。《通典》卷二〇《職官·三公總叙》亦同。然本卷後文載："三師……置府佐，與柱國同。"意有歧異。

三公，[1]參議國之大事，依後齊置府僚。[2]無其人則闕。祭祀則太尉亞獻，[3]司徒奉俎，[4]司空行掃除。[5]其位多曠，皆攝行事。尋省府及僚佐，置公則坐於尚書都省。[6]朝之衆務，總歸於臺閣。[7]

[1]三公：即後文太尉、司徒、司空。

[2]後齊：即北齊（550—577）或高齊，都鄴（今河北臨漳縣西南）。

[3]太尉：官名。秦置。兩漢時期多爲宰相之職。魏晋南北朝列三公之首，爲名譽宰相，多爲大臣加官，無實際職掌。隋位三公之一。隋初參議國家大事，置府僚，但不久就省除府及僚佐，成了榮譽性質的頭銜。正一品。　亞獻：古代祭祀時獻酒三次，第二次獻酒稱亞獻。

[4]司徒：官名。西漢哀帝改丞相爲大司徒，東漢光武帝改爲司徒，與太尉、司空合稱三公，分掌宰相職能。東漢末罷，改置丞相。三國魏黃初元年（220）復置司徒，管理民政，主持九品中正制。蜀、吳司徒與丞相並置，無實際職權。兩晋沿魏制。與丞相通職，一般不並置。爲名譽宰相，亦常參議朝政，然僅掌全國日常行政事務，政務決策發行權仍歸尚書。司徒加録尚書事銜者方爲真宰相。南朝或與丞相、相國並置，職掌依兩晋之舊。南朝宋時掌民事與郊祀，齊時掌州郡名數、户口名簿籍。北魏、北齊亦設。隋司徒爲三公之一。初依舊制，各置府僚，參議國家大事。但不久就省去府及僚佐，其位多曠，如置則坐於尚書都省，成了榮譽性質的頭

銜。正一品。　俎：古代祭祀、燕饗時陳置牲體或其他食物的禮器。

[5]司空：官名。西漢成帝改御史大夫爲大司空，東漢光武帝改大司空爲司空，與太尉、司徒並爲三公，分掌宰相職能。魏晉南北朝爲名譽宰相，多爲大臣加官，無實際職掌。隋爲三公之一。隋初參議國家大事，置府僚。但不久就省除府及僚佐，其位多曠，如置則坐於尚書都省，成了榮譽性質的頭銜。正一品。　掃除：祭掃。

[6]尚書都省：官署名。魏晉南北朝爲尚書省長官辦公場所，亦稱尚書上省、尚書都坐。錄尚書事、尚書令、僕射爲都省長官，屬官有左、右丞，都令史。下統部曹。隋沿置，統六部二十四司。

[7]臺閣：漢時指尚書臺。此指尚書省。

尚書省，事無不總。置令、左右僕射各一人，[1]總吏部、禮部、兵部、都官、度支、工部等六曹事，[2]是爲八座。[3]屬官左、右丞各一人，[4]都事八人，[5]分司管轄。吏部尚書統吏部侍郎二人，[6]主爵侍郎一人，[7]司勳侍郎二人，[8]考功侍郎一人。[9]禮部尚書統禮部、祠部侍郎各一人，[10]主客、膳部侍郎各二人。[11]兵部尚書統兵部、職方侍郎各二人，[12]駕部、庫部侍郎各一人。[13]都官尚書統都官侍郎二人，[14]刑部、比部侍郎各一人，[15]司門侍郎二人。[16]度支尚書統度支、戶部侍郎各二人，[17]金部、倉部侍郎各一人。[18]工部尚書統工部、屯田侍郎各二人，[19]虞部、水部侍郎各一人。[20]凡三十六侍郎，分司曹務，直宿禁省，如漢之制。

[1]令：官名。即尚書令。隋朝罷錄尚書事，尚書令爲尚書省

長官，居正宰相之任。因位尊權重，偶有除授。正二品。　僕射：官名。隋尚書省置左、右僕射各一人，地位僅次於尚書令。由於隋罷録尚書，又常缺尚書令，僕射成尚書省實際長官，是宰相之職，與門下、内史省長官共秉國政。左僕射掌判吏、禮、兵三部事，兼糾彈御史所糾不當者；右僕射掌判都官、度支、工部三部事。從二品。

　　[2]吏部：官署名。隋爲尚書省六部之首。下統吏部、主爵、司勳、考功等曹（司）。以吏部尚書爲長官。掌全國文職官員銓選、勳封、考課之政。煬帝大業三年增設侍郎爲貳官。　禮部：官署名。隋始爲尚書省下六部之一。以禮部尚書爲長官。掌禮儀、祭祀、宴享等政令。總判禮部、祠部、主客、膳部四曹。煬帝大業三年增設侍郎爲貳官。　兵部：官署名。隋置爲尚書省下轄六部之一。以兵部尚書爲長官。掌全國軍衛武官選授之政令，統兵部、職方、駕部、庫部四曹。煬帝大業三年增設侍郎爲貳官。　都官：官署名。十六國大夏及南北朝尚書省諸曹之一，設尚書爲長官。職掌制定律令法制、糾劾違法、水利工程、舟船津梁、宮廷百官膳食等務。隋初沿置，是尚書省下轄六部之一。設都官尚書爲長官。職掌刑法、徒隸、勾覆及關禁之政，總判都官、刑部、比部、司門四司事。開皇三年改名刑部，長官也改名刑部尚書。　度支：官署名。魏晋南北朝尚書省諸曹之一，設尚書爲長官。掌軍國財政的收支會計及事役漕運物價屯田之政令。隋初沿置，是尚書省下轄六部之一。設度支尚書爲長官。職掌全國土地、户口、賦税、錢糧之政令，總判度支、户部、金部、倉部四司事。開皇三年改稱民部，長官也改稱民部尚書。　工部：官署名。西魏恭帝三年（556）始置。北周沿置，屬冬官府。隋爲尚書省下轄六部之一，以工部尚書爲長官。掌全國百工、屯田、山澤之政令，總判工部、屯田、虞部、水部四司事。

　　[3]八座：亦作“八坐”。古代中央政府的八種高級官員。歷朝制度不一，所指不同。

　　[4]左、右丞：官名。全稱尚書左、右丞。西漢始置，魏晋南北朝沿用，隋左丞通判都省事，監察省内，領左司郎中、員外郎，監督考核吏、户、禮三部十二司。右丞領右司郎中、員外郎，監督稽核兵、刑、工三部十二司。隋初從四品下，煬帝升爲正四品。

　　[5]都事：官名。兩晋南北朝皆置尚書都令史，協助尚書左、右丞管理都臺事務，監督諸曹尚書、尚書郎。隋初改尚書都令史爲尚書都事，亦簡稱都事，爲尚書都省處理日常事務的官員，掌文書收發、察稽缺失、監印、給紙筆等事。煬帝大業三年，移其職屬都司郎（左、右司郎中），以都事分隸六尚書。大業三年前尚書都事爲從八品上，大業三年後爲正八品。

　　[6]吏部尚書：官名。隋尚書省下轄六部之一吏部的長官。掌全國文職官員銓選、勳封、考課等政令，總判吏部、司封、司勳、考功四司事。正三品。　吏部侍郎：官名。隋初於吏部四曹之一吏部曹置吏部侍郎一員，爲該曹長官，正六品上。開皇三年加爲從五品。煬帝大業三年諸曹侍郎並改稱"郎"，又始置吏部侍郎爲尚書省下轄六部之副長官，協助長官吏部尚書掌全國文職官員銓選等政令。正四品。

　　[7]主爵侍郎：官名。北齊吏部主爵曹置郎中爲長官，掌封爵事。隋初於吏部四曹之一主爵曹置主爵侍郎，爲該曹長官，掌封爵等事。正六品上。開皇三年加爲從五品。煬帝大業三年諸曹侍郎並改稱"郎"，主爵侍郎改稱主爵郎。

　　[8]司勳侍郎：官名。隋初於吏部四曹之一司勳曹置主爵侍郎，爲該曹長官。掌官人之勳級，凡有功之人應授勳官者，皆委之覆定奏擬。正六品上。開皇三年加爲從五品。煬帝大業三年諸曹侍郎並改稱"郎"，司勳侍郎改稱主爵郎。

　　[9]考功侍郎：官名。隋初爲尚書省吏部考功曹（司）長官。掌内外文武官吏考課。正六品上。開皇三年加爲從五品。大業三年諸曹侍郎並改稱"郎"，考功侍郎改稱考功郎。

　　[10]禮部尚書：官名。北魏始置，隋爲尚書省下轄禮部的長

官。掌禮儀、祭祀、宴享等政令，總判禮部、祠部、主客、膳部四曹。正三品。　禮部：官名。即禮部侍郎。隋初於禮部四曹之一禮部曹置禮部侍郎一員，爲該曹長官，正六品。開皇三年加爲從五品。煬帝大業三年諸曹侍郎並改稱“郎”，又始置侍郎爲尚書省下轄六部之副長官，正四品。此後，禮部侍郎纔成爲禮部副長官，協助長官掌禮儀、祭祀、宴享等政令。　祠部侍郎：官名。隋初於禮部四曹之一祠部曹置祠部侍郎，爲該曹長官，正六品上。開皇三年加爲從五品。煬帝大業三年諸曹侍郎並改稱“郎”，祠部侍郎改名祠部郎。掌祠祀饗祭，天文漏刻，國忌廟諱，卜筮醫藥，道佛之事。

[11]主客：官名。即主客侍郎。隋初於禮部四曹之一主客曹置主客侍郎，爲該曹長官，正六品上。開皇三年加爲從五品。煬帝大業三年諸曹侍郎並改稱“郎”，主客侍郎改名主客郎，後又改名司蕃郎。掌二王後及諸蕃朝聘之事。　膳部侍郎：官名。隋初於禮部四曹之一膳部曹置膳部侍郎，爲該曹長官，正六品上。開皇三年加爲從五品。煬帝大業三年諸曹侍郎並改稱“郎”，膳部侍郎改名膳部郎。掌國家的祭器、酒膳、食料，辨其品數。

[12]兵部尚書：官名。隋尚書省下轄六部之一兵部的長官。掌全國軍衛武官選授之政令，總判兵部、職方、駕部、庫部四曹事。正三品。　兵部：官名。即兵部侍郎。隋初兵部四曹之一兵部曹置兵部侍郎一員，爲該曹長官，正六品上。開皇三年加爲從五品。煬帝大業三年諸曹侍郎並改稱“郎”，又始置侍郎，爲尚書省下轄六部之副長官。此後，兵部侍郎纔成爲兵部副長官。協助長官兵部尚書掌全國軍衛武官選授之政令等。正四品。　職方侍郎：官名。隋初於兵部四曹之一職方曹置職方侍郎，爲該曹長官，正六品上。開皇三年加爲從五品。煬帝大業三年諸曹侍郎並改稱“郎”，職方侍郎改名職方郎。掌天下地圖、城隍、鎮戍、烽堠等事。

[13]駕部：官名。即駕部侍郎。隋初於兵部四曹之一駕部曹置駕部侍郎，爲該曹長官，正六品上。開皇三年加爲從五品。煬帝大

業三年諸曹侍郎並改稱"郎"，駕部侍郎改名駕部郎。掌輿輦、車乘及全國傳驛、厩牧馬牛等簿籍，辨其出入之政令。　庫部侍郎：官名。魏晋南北朝尚書省庫部曹長官通稱庫部郎（北魏前期爲庫部曹屬官），亦稱庫部郎中，資深者可轉侍郎。隋初於兵部四曹之一庫部曹置庫部侍郎，爲該曹長官，正六品上。開皇三年加爲從五品。煬帝大業三年諸曹侍郎並改稱"郎"，庫部侍郎改名庫部郎。掌國家軍器、儀仗所需供給之政。

[14]都官尚書：官名。隋初沿置魏晋南北朝以來的都官尚書，是尚書省下轄六部之一都官的長官。職掌刑法、徒隸、勾覆及關禁之政，總判刑部、都官、比部、司門四曹事。開皇三年改名刑部尚書。正三品。　都官侍郎：官名。隋初於都官四曹之一都官曹置都官侍郎，爲該曹長官，正六品上。掌非違得失事。開皇三年職掌改爲簿録配没官司奴婢、俘囚等事。加爲從五品。煬帝大業三年諸曹侍郎並改稱"郎"，都官侍郎改名都官郎。

[15]刑部：官名。即刑部侍郎。隋初都官部四曹之一刑部曹置刑部侍郎，爲該曹長官，正六品上。開皇三年改都官部名刑部，侍郎升爲從五品。煬帝大業三年刑曹侍郎改稱憲部郎，又始置刑部侍郎爲尚書省下轄刑部副長官，協助長官刑部尚書掌刑法、徒隸、勾覆及關禁之政，總判刑部、都官、比部、司門四曹事。正四品。比部侍郎：官名。隋初於都官部四曹之一比部曹置比部侍郎，爲該曹長官，正六品上。開皇三年加爲從五品。煬帝大業三年諸曹侍郎並改稱"郎"，比部侍郎改名比部郎。掌國家經費庫藏的審計出納政令。賦斂、俸禄、公廨、勳賜、贓贖、丁匠工程、軍資器械、和糴、屯田等財務皆由其審計核查。

[16]司門侍郎：官名。北周地官府置司門下大夫，掌授鑰匙，以啓閉國門。隋初爲尚書省都官（刑部）司門曹長官，正六品上。開皇三年加爲從五品。煬帝大業三年諸曹侍郎並改稱"郎"，比部侍郎改名比部郎。掌天下諸門、關禁出入之籍賦，而審其政。

[17]度支尚書：官名。隋初置度支尚書，是尚書省下轄度支部

的長官。職掌全國土地、戶口、賦稅、錢糧之政令，總判度支、戶部、金部、倉部四曹事。開皇三年度支改稱民部，長官也改稱民部尚書。正三品。　度支：官名。即度支侍郎。魏晋南北朝尚書省度支曹長官通稱度支郎，亦稱度支郎中，資深者可轉侍郎。隋初於度支部下轄度支曹置度支侍郎，爲該曹長官，正六品上。開皇三年升爲從五品。煬帝大業三年諸曹侍郎並改稱"郎"，度支侍郎改稱度支郎。　戶部侍郎：官名。隋初於度支部下轄民部曹置民部侍郎，爲該曹長官，正六品上。開皇三年升爲從五品。煬帝大業三年諸曹侍郎並改稱"郎"，民部侍郎改稱民部郎。又始置民部侍郎爲民部副長官，協助長官民部尚書掌全國土地、戶口、賦稅、錢糧之政令。按，《通典》卷二三《職官》云：戶部當爲民部，唐人諱改。後同。

[18]金部：官名。即金部侍郎。隋初於度支部下轄金部曹置金部侍郎爲長官，正六品上。開皇三年加爲從五品。煬帝大業三年諸曹侍郎並改稱"郎"，金部侍郎改爲金部郎。掌庫藏出納之節，金寶財貨之用，權衡度量之制，皆總其文籍而頒其節制。　倉部侍郎：官名。魏晋南北朝尚書省倉部曹長官通稱倉部郎，亦稱倉部郎中，資深者可轉侍郎。隋初於度支部下轄倉部曹置倉部侍郎爲長官，正六品上。開皇三年加爲從五品。煬帝大業三年諸曹侍郎並改稱"郎"，倉部侍郎改爲倉部郎。掌國家倉庾，受納租稅，出給祿廩之事。

[19]工部尚書：官名。隋朝始置，是尚書省下轄工部的長官。掌全國百工、屯田、山澤之政令，總判工部、屯田、虞部、水部四曹事。正三品。　工部：官名。即工部侍郎。隋初於工部下轄工部曹置工部侍郎，爲該曹長官，正六品上。開皇三年升爲從五品。煬帝大業三年工部侍郎改爲起部郎，又始置工部侍郎爲工部副長官，協助長官工部尚書掌全國百工、屯田、山澤之政令。　屯田侍郎：官名。隋初於工部下轄屯田曹置屯田侍郎爲長官，正六品上。開皇三年加爲從五品。煬帝大業三年諸曹侍郎並改稱"郎"，屯田侍郎

改爲屯田郎。掌天下屯田之政令。

[20]虞部：官名。即虞部侍郎。隋初於工部下轄虞部曹置虞部侍郎爲長官，正六品上。開皇三年加爲從五品。煬帝大業三年諸曹侍郎並改稱“郎”，虞部侍郎改爲虞部郎。掌天下山林川澤之事，而辨其采捕、畋獵等時禁。　水部侍郎：官名。隋初於工部下轄水部曹置水部侍郎爲長官，正六品上。開皇三年加爲從五品。煬帝大業三年諸曹侍郎並改稱“郎”，水部侍郎改爲水部郎。掌天下水利工程及河運、灌溉等政。

　　門下省，納言二人，[1]給事黄門侍郎四人，[2]録事、通事令史各六人。[3]又有散騎常侍、通直散騎常侍各四人，[4]諫議大夫七人，[5]散騎侍郎四人，[6]員外散騎常侍六人，[7]通直散騎侍郎四人，[8]並掌部從朝直。[9]又有給事二十人，[10]員外散騎侍郎二十人，[11]奉朝請四十人，[12]並掌同散騎常侍等，兼出使勞問。統城門、尚食、尚藥、符璽、御府、殿内等六局。[13]城門局，校尉二人，[14]直長四人。[15]尚食局，典御二人，[16]直長四人，[17]食醫四人。[18]尚藥局，典御二人，[19]侍御醫、直長各四人，[20]醫師四十人。[21]符璽、御府，殿内局，監各二人，[22]直長各四人。[23]

[1]納言：官名。秦漢魏晋南北朝時期爲侍中的別稱。隋因避諱改稱納言，爲門下省長官。職掌封駁制敕，並參與軍國大政決策等，居宰相之職。正三品。大業十二年改稱侍内。

[2]給事黄門侍郎：官名。隋於門下省置給事黄門侍郎，爲門下省副長官，協助長官納言參議政令的制定。煬帝大業三年改給事黄門侍郎爲黄門侍郎。正四品上。

[3]録事：官名。掌管文書，勾稽缺失。隋門下省、内史省、都水臺、謁者臺、御史臺、諸寺、諸衞府，東宫門下坊、典書坊、家令、諸率府，及都督府、諸州等皆置。隋初門下録事從八品上，大業三年升爲正八品。　通事令史：官名。兩晉南朝中書省、門下省皆置爲屬吏，掌奏文案，宣詔令。北魏、北齊置於門下省，隋初沿置，開皇六年罷。

[4]散騎常侍：官名。三國魏始合散騎與中常侍爲之。掌規諫，掌章表詔命手筆之事，及平尚書奏事，出入侍從，承答顧問。西晉別置散騎省，以之爲長官，隸門下。東晉併中書入散騎省，奪中書出令之權，職任甚重，與侍中相當。南朝出令權復歸中書省，散騎省改名集書省，職以侍從左右，主掌圖書文翰之事，地位驟降。北朝以兼領修史，實際地位略高於南朝，但仍爲閑散之職。唯北魏初一度掌出令權。北齊除集書省外，起居省亦置。北周爲散官名，不理事。隋初罷集書省，置爲門下省屬官，掌部從朝直。從三品。通直散騎常侍：官名。隋屬門下省，掌部從朝直。正四品下。大業三年罷。

[5]諫議大夫：官名。秦置，掌議論，屬郎中令。隋置於門下省，掌部從朝直。從四品。煬帝大業三年廢。

[6]散騎侍郎：官名。三國魏始置。隋初置於門下省，掌部從朝直。正五品上。煬帝大業三年廢。

[7]員外散騎常侍：官名。三國魏末置。隋置於門下省，掌部從朝直。正五品上。文帝開皇六年廢。

[8]通直散騎侍郎：官名。東晉始置，屬散騎省。隋於門下省置，掌部從朝直。從五品上。煬帝大業三年廢。

[9]部從朝直：侍從、値宿於朝廷。

[10]給事：官名。北魏置。屬内朝官，有内給事、内行給事等，還多被派到尚書各曹及東宫任職，如殿中給事、庫部給事等，不僅處理曹務，還負有監察之責。隋初於門下省置給事二十員，掌部從朝直，兼出使勞問。從六品上。

[11]員外散騎侍郎：官名。簡稱員外郎。隋置於門下省，掌部從朝直，兼出使勞問。從五品下。煬帝大業三年廢。

[12]奉朝請：官名。隋初置於門下省，掌部從朝直，兼出使勞問。從七品下。文帝開皇六年廢。

[13]城門：官署名。指城門局。隋門下省所統諸局之一，置校尉等官。煬帝大業三年城門局改隸殿內省；後再改隸門下省，校尉改名城門郎。掌京城、皇城、宮殿諸門啓閉，出納管鑰。　尚食：官署名。指尚食局。北齊門下省置，總知御膳事。設典御、丞、監等官。隋門下省沿置，置典御、直長、食醫等。掌宮廷膳食，百官宴饗及諸陵月饗之儲供。煬帝大業三年尚食局改隸殿內省。　尚藥：官署名。指尚藥局。北齊門下省置，總知御藥事。設典御、丞等官。隋門下省沿置，置典御、侍御醫等。掌宮廷醫藥與疾病治療。煬帝大業三年尚藥局改隸殿內省。　符璽：官署名。指符璽局。隋門下省置。設符璽監、直長等官。掌符璽。煬帝大業三年改符璽監名符璽郎。　御府：官署名。指御府局。隋初改北齊主衣局爲御府局，爲門下省六局之一，設監爲長官，掌宮廷服用器玩。煬帝大業三年改御府局爲尚衣局，隸殿內省。　殿內：官署名。指殿內局。北齊門下省置殿中局，掌駕前奉引行事等。隋初沿置，改名殿內局，隸門下省，置監爲長官。掌殿庭張設，供湯沐及灑掃等事；皇帝出行，則供帳幕等。煬帝大業三年改名尚舍局，隸殿內省。

[14]校尉：官名。此指城門校尉。隋置城門校尉，爲城門局長官，初隸門下省。從四品上。煬帝大業三年改隸殿內省。

[15]直長：官名。此指城門直長。隋初爲門下省城門局貳官。從六品。煬帝大業三年改隸殿內省。

[16]典御：官名。此指尚食典御。北魏已置。北齊門下省尚食局置爲長官，總知御膳事。隋門下省尚食局沿置爲長官。煬帝大業三年改名尚食奉御，隸殿內省。職掌供皇帝御膳，當進食，必先嘗。

[17]直長：官名。此指尚食直長，爲尚食局貳官。正七品下。煬帝大業三年改隸殿內省。

[18]食醫：官名。此指尚食食醫。爲尚食局屬官。掌和齊膳之所宜。

[19]典御：官名。此指尚藥典御。隋沿襲北朝置爲門下省尚藥局長官。職掌合和御藥及診候方脉之事。正五品下。煬帝大業三年改名尚藥奉御，隸殿內省。

[20]侍御醫：官名。此指尚藥侍御醫。北齊門下省尚藥局有侍御師。隋門下省尚藥局置侍御醫，掌宮內供奉診候。正七品上。煬帝大業三年改隸殿內省。　直長：官名。指尚藥直長。隋爲門下省尚藥局貳官，正七品下。煬帝大業三年改隸殿內省。

[21]醫師：官名。此指尚藥醫師。爲尚藥局屬官，掌分療衆疾。

[22]監：官名。指符璽監、御府監和殿內監。符璽監，隋初門下省符璽局置符璽監爲長官，置二員，正六品下。煬帝大業三年改名符璽郎，降爲從六品。掌保管天子印璽符節。御府監，隋初於門下省御府局置監爲長官，置二員，正六品下。煬帝大業三年改爲尚衣奉御，升爲正五品，隸殿內省。掌供皇帝衣服冠冕等。殿內監，隋初爲門下省殿內局長官，置二員，正六品下。煬帝大業三年改爲殿內省長官，正四品。掌皇帝衣食住行等生活事務。

[23]直長：官名。指符璽直長、御府直長和殿內直長。殿內直長，隋爲門下省符璽局貳官，置四員，從七品上。御府直長，隋初爲門下省御府局貳官，置四員，從七品上。煬帝大業三年置殿內省，御府局改名尚衣局，隸殿內省；殿內直長改名尚衣直長，爲尚衣局貳官，正七品。殿內直長，隋初爲門下省殿內局貳官，置四員，從七品上。煬帝大業三年置殿內省，殿內局改名尚舍局，隸殿內省；殿內直長改名尚舍直長，爲尚舍局貳官，正七品。

内史省，置監、令各一人。[1]尋廢監。[2]置令二人，侍郎四人，[3]舍人八人，[4]通事舍人十六人，[5]主書十人，[6]錄事四人。[7]

[1]監、令：官名。指内史監、内史令。隋避諱改漢魏南北朝以來的中書省名内史省，置内史監、令各一人爲長官，掌皇帝詔令出納宣行，居宰相之職。尋廢監，置令二人爲長官，正三品。煬帝大業十二年改名内書令。

[2]尋廢監：其具體時間史籍闕如。考本書卷一《高祖紀上》、《北史》卷一一《隋文帝紀》、《通鑑》卷一七五及一七六同載，虞慶則於開皇元年二月甲子任“内史監兼吏部尚書”，開皇四年四月庚子“以吏部尚書虞慶則爲尚書右僕射”。再考本書《高祖紀上》、《通鑑》卷一七五同記“開皇三年八月壬午”出原州道擊胡（突厥）的虞慶則仍是“内史監”，而且直到“開皇四年四月庚子”爲右僕射，其間不見史籍再記某人任“内史監”。由此可斷隋廢内史監當在開皇三年八月壬午至開皇四年四月庚子間，或即在開皇四年四月庚子。正因爲廢了此官，爲使虞慶則依然爲相，纔以吏部尚書虞慶則爲尚書右僕射，這又恰好接替老病的趙芬之相位。

[3]侍郎：官名。指内史侍郎。隋避諱改中書省名内史省，中書侍郎改名内史侍郎，爲内史省副長官。佐宰相之職的本省長官内史監、令處理政務。置四員，正四品下。煬帝大業三年減爲二員，十二年改名内書侍郎。

[4]舍人：官名。指内史舍人。隋朝隨省名將南北朝以來中書舍人改稱内史舍人，置八員，正六品上。文帝開皇三年升從五品。煬帝大業三年減爲四員，十二年改名内書舍人。掌草擬詔敕，參議表章。

[5]通事舍人：官名。亦稱中書通事舍人，隋初置爲内史省之屬官，員十六人。職掌承旨傳宣之事，從六品上。文帝開皇三年增

爲二十四員。煬帝大業三年改名通事謁者，爲謁者臺屬官，員二十。從六品。

[6]主書：官名。隋内史省置主書令史，簡稱主書，十人，正九品上，用人益輕。煬帝大業三年減爲四人，升爲正九品，大業十二年改名内書主書。主管文書抄寫。

[7]録事：官名。指内史省録事，爲該省屬官，掌管署中文書等事務。正九品上。

秘書省，監、丞各一人，[1]郎四人，[2]校書郎十二人，[3]正字四人，[4]録事二人。[5]領著作、太史二曹。[6]著作曹，置郎二人，[7]佐郎八人，[8]校書郎、正字各二人。[9]太史曹，置令、丞各二人，[10]司曆二人，[11]監候四人。[12]其曆、天文、漏刻、視祲，各有博士及生員。[13]

[1]監：官名。指秘書監。東漢桓帝時始置，歷代皆有設置。隋置秘書監一人爲秘書省長官，掌國家經籍圖書之事，領著作、太史二曹，正三品。煬帝大業三年降爲從三品，其後改名秘書令。
丞：官名。指秘書丞。隋初置一員，爲秘書省貳官，佐長官掌國家經籍圖書之事，正五品上。煬帝大業三年增置秘書少監爲貳官，丞降爲佐官。

[2]郎：官名。指秘書郎。隋置四員，爲秘書省屬官，掌四部圖書。初爲正七品下，煬帝大業三年升爲從五品。

[3]校書郎：官名。指秘書省校書郎。隋初置十二人，煬帝大業三年減爲十人；著作曹置校書郎二人，煬帝大業三年增至四十人。掌校讎典籍，刊正文字。皆正九品上。

[4]正字：官名。指秘書省正字。北齊始置，爲秘書省屬官。掌校訂典籍，刊正文字。四人，從九品上。隋因之。於秘書省置四員，著作曹置二員，從九品上。

[5]録事：官名。指秘書省録事。爲該省屬官，二員，掌管文書等事務。

[6]著作：官署名。指秘書省著作曹。隋秘書省下轄機構，置著作郎二員爲長官。屬官有佐郎，及校書郎、正字等。職任爲修撰碑志、祝文、祭文等。　太史：官署名。指秘書省太史曹。隋秘書省下轄機構，置太史令二員爲長官。屬官有丞、司曆、監候，另有曆、天文、漏刻、視祲博士及生員。煬帝大業三年改名太史監。職掌觀察天文，稽定曆數。

[7]郎：官名。指著作郎。隋置著作郎二人爲秘書省著作曹長官。掌修撰碑志、祝文、祭文，與佐郎分判局事。隋初從五品上，大業三年升正五品，後又降爲從五品。

[8]佐郎：官名。指著作佐郎。隋初於秘書省著作曹置著作佐郎八人，正七品下，煬帝大業三年增置十二人，升爲從六品。佐長官著作郎掌修撰碑志、祝文、祭文，及分判局事。

[9]校書郎：官名。指秘書省著作曹校書郎。掌校讎典籍，刊正文字；若本曹無書，兼校本省典籍。隋初秘書省著作曹置校書郎二人，正九品上。煬帝大業三年增校書郎四十人。　正字：官名。此指秘書省著作局正字。隋於秘書省著作曹置二員，掌詳訂典籍，刊正文字。正九品上。

[10]令：官名。指秘書省太史曹太史令。秦置太史令，爲奉常屬官之一。西漢隸太常，掌天文曆法、撰史。隋於秘書省太史曹置太史令二員爲長官，從七品下，煬帝大業三年升爲從五品。職掌觀察天文，稽定曆數。　丞：官名。指秘書省太史曹太史丞。隋於秘書省太史曹置太史丞二員爲貳官，正九品下；煬帝大業三年減爲一員。佐太史令掌觀察天文，稽定曆數。

[11]司曆：官名。指秘書省太史曹司曆。春秋時魯國置司曆，掌曆法制定。西漢太史吏員有治曆六人。至晋，太史令吏員有典曆四人。南朝宋、齊、梁、陳與北魏、北齊皆有典曆。隋改典曆名司曆，置二員，爲秘書省太史曹屬官，掌國之曆法，造曆頒於四方。

從九品下。

[12]監候：官名。指秘書省太史曹監候。掌候天文。三國魏、晉太史令吏員有望候郎二十人、候部吏十五人，皆監候之任。隋初於秘書省太史曹置監候四人，從九品下。煬帝大業三年增至十人。

[13]博士：官名。即曆博士、天文博士、漏刻博士、視祲博士。　曆博士，隋於秘書省太史曹置曆博士一員，掌教曆生曆法。　天文博士，隋於秘書省太史曹置天文博士，掌教天文生天文氣色。　漏刻博士，隋於秘書省太史曹置漏刻博士，掌教漏刻生習漏刻之節。　視祲博士，西魏、北周春官府置視祲中士。正二命。掌觀測太陽及其雲氣的變化，以辨吉凶。隋於秘書省太史曹置視祲博士，掌教視祲生習視祲之法。　生：官名。即曆生、天文生、漏刻生、視祲生。　曆生，隋於秘書省太史曹始置，爲流外官，由曆博士教學曆法。　天文生，隋於秘書省太史曹始置天文生，爲流外官，由天文博士教學天文氣色。　漏刻生，隋於秘書省太史曹始置漏刻生，爲流外官，由漏刻博士教學漏刻之節。此外，右武候衛亦置漏刻生一百一十人。　視祲生，隋於秘書省太史曹始置視祲生，爲流外官，由視祲博士教學視祲之法。

內侍省，內侍、內常侍各二人，[1]內給事四人，[2]內謁者監六人，[3]內寺伯二人，[4]內謁者十二人，[5]寺人六人，[6]伺非八人。[7]並用宦者。領內尚食、掖庭、宮闈、奚官、內僕、內府等局。[8]尚食，置典御及丞各二人。[9]餘各置令、丞，[10]皆二人。其宮闈、內僕，則加置丞各一人。掖庭又有宮教博士二人。[11]

[1]內侍：官名。戰國時有宦者令。秦少府屬官有中書謁者令、丞，又有將行、衛尉少府各一人，爲皇后卿。西漢景帝改將行爲大長秋，或用閹人，或用士人。東漢常用宦者。三國魏改漢太后宮卿

在九卿下。晋大常秋卿有后則置，無則省。南朝宋、齊因之。梁大長秋管諸宦者，以司宮闈之職，統中署、奚官、暴室、華林等署。陳朝亦同。北魏有大長秋，又置内侍長四人，掌顧問、拾遺、應對。北齊中侍中省有中侍中二人爲長官，用宦者，掌出入門閣。北周天官府有司内上士、小司内中士、巷伯中士等官。隋改北齊中侍中省置内侍省，置内侍二人爲長官，以宦者充，從四品上，掌宮廷侍奉，傳宣制令。領内尚食、掖庭、宮闈、奚官、内僕、内府等局。煬帝大業三年改内侍省爲長秋監，置長秋令，一人，正四品，用士人。　内常侍：官名。秦有中常侍，參用士人，給事殿省。北魏置爲高級宦官，侍從皇帝左右，傳達詔命，受理尚書、門下奏事，職權甚重。初定爲三品上，後改四品上。北齊中侍中省置中常侍四員爲貳官，四品上，用宦者，掌出入門禁。隋朝改名内常侍，爲内侍省貳官，用宦者，置二人，正五品上。協助長官内侍掌宮廷侍奉，傳宣制令等。煬帝大業三年改名内承奉。

[2]内給事：官名。北魏有中給事中，太和末改爲中給事。北齊中侍中省有中給事中四人，從五品下。由宦者充任，掌後宮事，並負責與外朝聯繫。隋内侍省置宦者四人爲内給事，從五品下。掌判省事。凡元正、冬至群官朝賀中宮，則出入宣傳，宮人衣服、費用也由其掌管。煬帝大業三年改名内承直。

[3]内謁者監：官名。後漢大常秋屬官有中宮謁者三人，四百石，主管皇后宮報中章，以宦者充。北魏以宦者爲中謁者僕射，初五品上，後改從八品上。北齊屬中侍中省，員二人，爲宦者，從八品上。掌宗室謁見時的通報、導引。隋於内侍省置内謁者監六人，用宦者，從八品上。掌内宣傳。凡命婦朝會，將名册送内侍省。

[4]内寺伯：官名。隋内侍省有内寺伯二人，以宦者充。掌糾察不法事。歲大儺則監其出入。正九品上。

[5]内謁者：官名。漢朝少府屬官，掌宮中雜事。隋朝内侍省置十二員，爲宦官，掌諸親命婦朝集班位。煬帝大業三年罷，五年長秋監又置。

[6]寺人：官名。又作"侍人"。春秋時亦稱"閹""豎"。掌宮内侍衛、御車、守藏、主屬等事務。三國魏、晋有寺人監。北魏官有寺人，從六品上。隋於内侍省置寺人六員，以宦者充，爲流外官。中宫駕出入則執御刀。

[7]伺非：吏職名。隋於内侍省置八人，以宦者充，位在寺人之下。

[8]内尚食：官署名。即内尚食局。隋内侍省所統，置典御及丞各二員，皆用宦者，掌御膳。煬帝大業三年罷。 掖庭：官署名。即掖庭局。隋爲内侍省所統局，有令、丞、宫教博士等，用宦者。掌宮禁女工之事。煬帝大業三年隸長秋監，改名掖庭署，參用士人。 宫闈：官署名。即宫闈局。隋置爲内侍省所統局，有令、丞，並用宦者。掌宮内門閣之禁，大享太廟出納皇后神主，及内給事名帳糧廩。煬帝大業三年改爲宫闈署。 奚官：官署名。即奚官局。隋置爲内侍省所統局，有令、丞，並用宦者。掌宮人使藥、疾病、罪罰、喪葬等事。煬帝大業三年改名奚官署。 内僕：官署名。即内僕局。隋置爲内侍省所統局，有令、丞，並用宦者。掌中宮車乘出入導引。煬帝大業三年廢。 内府：官署名。即内府局。隋置爲内侍省所統局，有令、丞，並用宦者。掌中宫府藏寶貨，出納名數。煬帝大業三年廢。

[9]典御：官名。指内尚食典御。隋爲内侍省所屬内尚食局長官，置二人，正六品下，以宦者充任，掌御膳。煬帝大業三年廢。 丞：官名。指内尚食丞。隋爲内侍省所屬内尚食局貳官，置二人，正八品下，以宦者充任，佐長官掌御膳。煬帝大業三年廢。

[10]令、丞：官名。指掖庭、宫闈、奚官、内僕、内府局的令、丞。 掖庭令、丞，隋初置令二員，正八品，置丞二員，正九品，爲内侍省所統掖庭局長、貳官，用宦者，掌宮禁女工之事。煬帝大業三年改名掖庭署，令、丞參用士人，隸長秋監。 宫闈令、丞，隋置，爲内侍省所統宫闈局長、貳官。令二員，正八品，丞三員，正九品，並用宦者。掌宮内門閣之禁，大享太廟出納皇后神

主，及内給事名帳糧廩。煬帝大業三年改爲宮闈署，參用士人，隸長秋監。　奚官令、丞，隋置爲内侍省所統奚官局長、貳官。令二員，從八品，丞二員，從九品，並用宦者。掌宮人使藥、疾病、罪罰、喪葬等事。煬帝大業三年改爲奚官署，參用士人，隸長秋監。

内僕令、丞，隋置爲内侍省所統内僕局長、貳官。令二員，從八品，丞三員，從九品，並用宦者。掌中宮車乘出入導引，中宮出，令居左，與居右丞夾引之。煬帝大業三年廢。　内府令、丞，隋内侍省内府局置令二員爲長官，正八品下；丞二員，爲貳官，正九品下。並用宦者。掌中宮府藏寶貨，出納名數。煬帝大業三年廢。

［11］宮教博士：官名。北齊長秋寺掖庭署、中山宮署、晋陽宮署，各有宦者二員爲宮教博士，從九品。隋内侍省掖庭局置二員（一説十三人），從九品上，以宦者充，掌教習宮人書、算、衆藝。

御史臺，大夫一人，[1]治書侍御史二人，[2]侍御史八人，[3]殿内侍御史、監察御史，[4]各十二人，録事二人。[5]後魏延昌中，[6]王顯有寵於宣武，[7]爲御史中尉，[8]請革選御史。[9]此後踵其事，每一中尉，則更置御史。自開皇後，[10]始自吏部選用，仍依舊入直禁中。

［1］大夫：官名。即御史大夫。隋置一員爲御史臺長官，專掌國家刑憲典章之政令，司彈劾糾察百官等。其品級，隋大業五年前是從三品，此年降爲正四品。

［2］治書侍御史：官名。隋初以治書侍御史二員爲御史臺貳官，佐御史大夫監察彈劾百官，並主持臺務，從五品下。煬帝大業三年升爲正五品，後又降爲從五品，原侍御史所掌臺中簿册改爲皆由其主之。

［3］侍御史：官名。秦有侍御史。漢因之，爲御史大夫屬官，由御史中丞統領，入侍禁中蘭臺，給事殿中，故名。隋置八員，從

七品，爲御史臺屬官。文帝開皇後由吏部選用，入直禁中，並掌臺中文書簿令。煬帝大業三年罷禁中直宿之制，唯掌侍從糾察。資位稍輕，正七品。

[4]殿內侍御史：官名。三國魏始置殿中侍御史，亦稱殿中御史。隋初避諱改名殿內侍御史，亦簡稱殿內御史，爲御史臺屬官，置十二員，正八品下。掌殿廷供奉之儀式，有虧缺失儀者則糾察。煬帝大業三年省。　監察御史：官名。亦稱監察侍御史。源於秦以御史監理諸郡，稱監察史，後以名官。隋初改檢校御史爲監察御史，置十二人，掌出使巡察州縣，從八品上。煬帝大業三年增至十六員，升爲從七品（一說：大業三年，加正八品，增至十六人；大業八年，加從七品）。

[5]録事：官名。指御史臺録事。爲該臺屬官，置二員，掌臺文書等事務。

[6]後魏：即北魏（386—557），亦單稱魏。初都平城（今山西大同市東北），公元494年遷都洛陽（今河南洛陽市東北白馬寺東）。公元534年分裂爲東魏和西魏兩個政權。東魏（534—550）都於鄴（今河北臨漳縣西南鄴鎮東），西魏（535—557）都於長安（今陝西西安市西北郊）。

[7]王顯：人名。北魏宣武帝元恪御醫。傳見《魏書》卷九一、《北史》卷九〇。　宣武：北魏皇帝元恪的謚號。紀見《魏書》卷八、《北史》卷四。

[8]御史中尉：官名。十六國前燕曾置。北魏改漢、晋御史中丞名御史中尉，主御史臺。威權甚重。掌督察百官。其出入千步清道，王公百官皆使遜避。初定三品上，後改從三品。

[9]革選御史：指王顯任御史中尉時，認爲屬官不悉稱職，請求改革御史臺屬官選拔制度。宣武帝准奏，改由御史臺長官中尉舉薦選用（參《北史·王顯傳》）。按，此“御史”泛指御史中尉屬官。

[10]開皇：隋文帝楊堅年號（581—600）。

都水臺，使者及丞各二人，[1]參軍三十人，[2]河堤謁者六十人，[3]録事二人。[4]領掌船局都水尉二人，[5]又領諸津。[6]上津每尉一人，[7]丞二人。[8]中津每尉、丞各一人。[9]下津每典作一人，津長四人。[10]

[1]使者：官名。指都水使者。隋初設都水使者一員爲都水臺長官，掌川澤、津梁之政令等。從五品下。開皇三年廢都水臺，併入司農寺。十三年復置。仁壽元年更名都水監，改使者爲監，爲都水監長官。煬帝大業三年復舊名使者，統舟楫、河渠二署，正五品。大業五年再改稱監，加至四品。後又改名都水令，從三品。

丞：官名。指都水丞。隋初都水臺置丞二人爲都水臺貳官，掌判臺事及京畿諸水之用，正八品上。煬帝大業三年加從七品。大業五年增置少監（後改名少令）爲都水臺貳官後，都水丞降爲屬官。

[2]參軍：官名。指都水參軍，亦稱都水參軍事。兩晉南北朝都水臺屬官。南朝梁武帝天監七年（508）改都水臺爲太舟卿，遂省。北齊亦不置。隋都水臺置員三十人爲屬官，正九品上。文帝開皇三年廢都水臺，併入司農寺；十三年復置。煬帝置爲都水監屬官。

[3]河堤謁者：官名。或稱河堤使者。隋初置六十員，隸都水臺。文帝開皇三年廢都水臺，併入司農寺；十三年復置。煬帝置爲都水監河渠署屬官。

[4]録事：官名。指都水臺録事。爲該省屬官，掌管臺中文書等事務。

[5]領掌船局都水尉：官名。漢主爵中尉屬官有都船令，水衡都尉有輯濯令。晉水衡令各有舫（一曰“船”）曹吏。南朝齊有船官典軍（一曰“官船典軍”）一人。北周有舟工中士一人。隋初置掌船局都水尉（一曰“船局都尉”）二人，爲都水使者屬官。煬帝

大業三年都水監下置舟楫署，改掌船局都水尉名舟楫署令，置一人，爲署長官。掌公私舟船及運漕之事。按，中華本將"領掌船局都水尉二人"標點爲"領掌船局、都水尉二人"。若此，似掌船局尉是一官名，都水尉又是一官名。據《唐六典》卷二三《舟楫署》所載，可知掌船局都水尉（或作"掌船局都尉"）當是一個官名，故"掌船局""都水尉"間不應加頓號。

〔6〕津：渡口。

〔7〕尉：官名。指津尉。晋諸津渡各置監津吏一人。北齊三局尉皆分司諸津、橋之事。北周有掌津中士一人，掌津渡、川瀆之制，而爲之橋梁。隋爲都水臺（都水監）所屬諸津長官。上津尉一人，從八品下；中津尉一人，正九品上；下津尉一人。掌津濟渡舟梁之事。

〔8〕丞：官名。指津丞。隋爲都水臺（都水監）所屬諸津貳官。上津丞二員，從九品上；中津丞一員，從九品下；下津不置丞。津丞佐津尉掌津濟渡舟梁之事。

〔9〕中津每尉、丞各一人：《唐六典》卷二三《諸津》爲"中津尉、丞各一人"，即無"每"字。

〔10〕下津每典作一人，津長四人：汲古閣本、殿本、庫本、中華本皆同底本。中華本校勘記云："按：《唐六典》二三作'下津，尉一人'；又'每津，典作一人，津長四人'。此處當有脱文。"對讀本書和《唐六典》，《唐六典》所載文確，故按其詮釋本詞條。典作，官名。指諸津典作。隋置爲都水臺（都水監）所屬諸津尉下屬官，每津置一人。津長，隋置爲都水臺（都水監）所屬諸津尉下屬官，每津置四人。

太常、光禄、衛尉、宗正、太僕、大理、鴻臚、司農、太府等九寺，並置卿、少卿各一人。[1]太僕尋加少卿一人。各置丞、太常、衛尉、宗正、大理、鴻臚、將作二人，光禄、太僕各三人，司農五人，太府六人。主簿、太府四人。餘寺各二人。録事各二人。光禄則加至三人，司農、太府則各四人。等員。[2]

[1]卿：官名。即太常寺卿、光禄寺卿、衛尉寺卿、宗正寺卿、太僕寺卿、大理寺卿、鴻臚寺卿、司農寺卿、太府寺卿。　太常寺卿，隋沿北齊之制，設太常寺卿（亦名“太常卿”）一人，爲太常寺長官，掌國家禮樂、郊廟、社稷、祭祀等事。正三品。總轄郊社、太廟、諸陵、太祝、衣冠、太樂、清商、鼓吹、太醫、太卜、廩犧等署，國子寺也隸之。文帝開皇三年廢衛尉寺，其職掌屬官併入太常寺；開皇十二年復分置。開皇十三年國子寺獨立，不再隸之。煬帝大業三年廢太祝、衣冠、清商署，其他也稍有變革。　光禄寺卿，隋初置光禄寺卿（亦名“光禄卿”）一人爲光禄寺長官，唯掌祭祀及朝會宴享酒食之供設，領太官、肴藏、良醞、掌醢等署。文帝開皇三年光禄寺併入司農寺，十二年復置。正三品。煬帝大業三年降爲從三品。　衛尉寺卿，隋初沿北齊制，設衛尉寺卿（亦名“衛尉卿”）一人爲衛尉寺長官。文帝開皇三年罷，其職分隸太常寺、尚書省。開皇十二年復置，但宮門屯兵歸屬監門衛，本寺唯掌軍器、儀仗、帳幕之事。正三品。煬帝降衛尉卿爲從三品。

宗正寺卿，隋沿北齊之制，置宗正寺卿（亦稱“宗正卿”）一人爲宗正寺長官，掌皇九族、六親屬籍，以別昭穆親疏等事務。正三品。煬帝降爲從三品。　太僕寺卿，隋初設太僕寺卿（亦名“太僕卿”）一員爲太僕寺長官，掌宮廷車馬及國家厩牧、車輿之事。初總領驊騮、乘黃、龍厩、車府、典牧、牛羊等署，隋煬帝大業三年將驊騮署劃入殿内省。隋初正三品，煬帝降爲從三品。　大理寺卿，隋沿置大理寺，設大理寺卿（亦名“大理卿”）一員爲長官，掌審獄定刑名，決疑案。正三品。煬帝大業三年降爲從三品。　鴻臚寺卿，隋沿北齊之制，設鴻臚寺卿（亦名“鴻臚卿”）一員爲鴻臚寺長官，統典客、司儀、崇玄署（由北齊典寺署所改），掌册封諸藩、接待外使，及凶儀及佛道寺觀等事。文帝開皇三年廢鴻臚寺入太常寺，十二年復置。正三品。煬帝大業三年改典客署爲典蕃署，降鴻臚卿爲從三品。　司農寺卿，隋初與北齊同，置司農寺卿（亦名“司農卿”）一員爲司農寺長官，掌國家苑囿、薪芻、蘊炭、市易、度量等。正三品。煬帝大業三年降司農卿爲從三品。　太府寺卿，隋因北齊之制，設太府寺卿（亦稱“太府卿”）一人爲太府寺長官，掌國家財貨之事，統左右藏、三尚方、司染、黄藏、掌冶、甄官諸署。正三品。煬帝大業三年分太府寺置少府監，以三尚方、掌冶、司染等事歸之，本寺卿管兩京市、左右藏、平準等署事。降太府卿爲從三品。　少卿：官名。即太常寺少卿、光禄寺少卿、衛尉寺少卿、宗正寺少卿、太僕寺少卿、大理寺少卿、鴻臚寺少卿、司農寺少卿、太府寺少卿。　太常寺少卿，隋初設太常寺少卿（亦稱“太常少卿”）一人爲太常寺貳官，協助長官太常卿掌宗廟郊社禮樂等。正四品上。煬帝增爲二員，改從四品。　光禄寺少卿，隋初設光禄寺少卿（亦名“光禄少卿”）一人爲太常寺貳官，協助長官光禄卿掌祭祀及朝會宴享酒食之供設。正四品上。煬帝增爲二員，改從四品。　衛尉寺少卿，隋初設衛尉寺少卿（亦稱“衛尉少卿”）一人爲衛尉寺貳官，協助長官衛尉卿掌軍器、儀仗、帳幕等事。正四品上。煬帝增爲二員，改從四品。　宗正寺少卿，隋置宗正寺少卿（亦稱“宗正少卿”）一人爲宗正寺貳官，協助長官宗正卿掌皇九族、六親屬籍，以别昭穆親疏等事務。正四品上。煬帝增爲二員，改從四品。　太僕寺少卿，隋初設太僕寺少卿（亦稱“太僕少卿”）一人爲太僕寺貳官，協助長官太僕卿掌宮廷車馬及國家厩牧、車輿之事。正四品上。煬帝增爲二員，改從四品。　大理寺少卿，隋初置大理寺少卿（亦稱“大理少卿”）一人爲大理寺貳官，協助長官大理卿掌審獄定刑名，決疑案。正四品上。煬帝增爲二員，改從四品。　鴻臚寺少卿，隋初沿北齊之制，設鴻臚寺少卿（亦稱“鴻臚少卿”）一人爲鴻臚寺貳官，協助長官鴻臚卿掌册封諸藩、接待外使，及凶儀及佛道寺觀等事。正四品上。煬帝增爲二員，改從四品。　司農寺少卿，隋初因北齊之制，置司農寺少卿（亦稱“司農少卿”）一人爲司農寺貳官，協助長官司農卿掌國家苑囿、薪芻、蘊炭、市易、度量等。正四品上。煬帝增爲二員，改從四品。　太府寺少卿，隋初因北齊之制，置太府寺少卿（亦稱“太府少卿”）一人爲太府寺貳官，協助長官太府卿掌國家財貨之事等。正四品上。煬帝增爲二員，改從四品。

　　[2]各置丞、主簿、録事等員：中華本標點爲“各置丞，主簿、録事等員”。因丞、主簿、録事三名詞是並列關係，故“丞”後應標點頓號。　丞：指太常寺丞、光禄寺丞、衛尉寺丞、宗正寺丞、太僕寺丞、大理寺丞、鴻臚寺丞、司農寺丞、太府寺丞、將作寺丞。　太常寺丞，隋初在太常寺少卿之下置太常寺丞（亦稱“太常丞”）二員，掌本寺日常公務。從六品下。煬帝大業五年升爲從五品。　光禄寺丞，隋因北齊制，置光禄寺丞（亦稱“光禄丞”）爲光禄寺佐官，增至三員，掌判本寺日常公務。從六品下。煬帝大業五年升從五品。　衛尉寺丞，隋因北齊制，置衛尉寺丞（亦稱“衛尉丞”）爲衛尉寺佐官，增至二員，掌判本寺日常公務，辨器械出納之數。從六品。煬帝大業五年升從五品。　宗正寺丞，隋初置宗正寺丞（亦稱“宗正丞”）二員爲宗正寺佐官，掌判本寺日常公務。正七品下。煬帝大業五年升從五品。　太僕寺丞，隋初置太僕寺丞（亦名“太僕丞”）三員爲太僕寺佐官，掌判本寺公務，考補獸醫、獸醫博士等。正七品下。煬帝大業五年升從五品。　大理寺丞，隋初於大理寺置大理寺丞（亦稱“大理丞”）二員爲屬官，掌判寺務。正七品下。煬帝大業三年增至十六員，並改爲勾檢官，始與大理正分判獄事，定刑之輕重。　鴻臚寺丞，隋沿北齊之制，置鴻臚寺丞（亦稱“鴻臚丞”）二員爲鴻臚寺佐官，掌判本寺事。正七品下。煬帝大業五年升從五品。　司農寺丞，隋於司農寺置司農寺丞（亦稱“司農丞”）五員，判本寺日常公務，掌租税折造轉運京、都之檢閲收納，管理官户、奴婢、籍没犯人的配役等。正七

品下。煬帝大業五年升從五品。　太府寺丞，隋沿北齊之制，於太府寺置太府寺丞（亦稱"太府丞"）六人爲屬官，位次太府少卿，掌判本寺日常公務，管理請受、輸納賬簿等。正七品下。煬帝大業五年升從五品。　將作寺丞，隋初於將作寺置將作寺丞（亦稱"將作丞"）二人爲貳官，文帝開皇二十年改將作寺名將作監，加置副監爲貳官，將作丞降爲佐官。從七品上。煬帝大業三年升從六品，十三年又升從五品。掌判本監日常公務。按，諸本同底本。然讀正文大字"九寺"中無"將作寺"，也無"將作丞"，但小字注却出現"將作二人"，令人不得其解，疑是衍文。　主簿：指太常寺主簿、光禄寺主簿、衛尉寺主簿、宗正寺主簿、太僕寺主簿、大理寺主簿、鴻臚寺主簿、司農寺主簿、太府寺主簿。　太常寺主簿，隋於太常寺置太常寺主簿（亦稱"太常主簿"）二人爲屬官。掌印，勾檢稽失，省署抄目，給紙筆等。　光禄寺主簿，隋於光禄寺置光禄寺主簿（亦稱"光禄主簿"）二人爲屬官，掌印，勾檢稽失。衛尉寺主簿，隋於衛尉寺置衛尉寺主簿（亦稱"衛尉主簿"）二人爲屬官，掌印，勾檢稽失。　宗正寺主簿，隋於宗正寺置宗正寺主簿（亦稱"宗正主簿"）二人爲屬官，掌印，勾檢稽失。　太僕寺主簿，隋於太僕寺置太僕寺主簿（亦稱"太僕主簿"）二人爲屬官，掌印，勾檢稽失，省署抄目。　大理寺主簿，隋於大理寺置大理寺主簿（亦稱"大理主簿"）二人爲屬官，掌印，省署抄目，勾檢稽失；據官吏之負犯並雪冤文牒而立帳簿等。　鴻臚寺主簿，隋於鴻臚寺置鴻臚寺主簿（亦稱"鴻臚主簿"）二人爲屬官，掌印，勾檢稽失。　司農寺主簿，隋於司農寺置司農寺主簿（亦稱"司農主簿"）二人爲屬官，掌印，省署抄目，勾檢稽失。　太府寺主簿，隋於太府寺置太府寺主簿（亦稱"太府主簿"）四人爲屬官，掌印，省署抄目，勾檢稽失。　録事：指太常寺録事、光禄寺録事、衛尉寺録事、宗正寺録事、太僕寺録事、大理寺録事、鴻臚寺録事、司農寺録事、太府寺録事。　太常寺録事，隋於太常寺置太常寺録事（亦稱"太常録事"）二人爲屬官，掌受事發辰。　光禄寺録事，隋於光禄寺置光禄寺録事（亦稱“光禄録事”）三人爲屬官，並以流外官充任，掌受事發辰。　衛尉寺録事，亦稱衛尉録事。北齊衛尉寺置衛尉録事。隋沿置，於衛尉寺置衛尉録事二人爲屬官，掌受事發辰。　宗正寺録事，亦稱宗正録事。北齊大宗正寺置宗正録事。隋沿置，於宗正寺置宗正録事二人爲屬官，掌受事發辰。　太僕寺録事，亦稱太僕録事。隋於太僕寺置太僕録事二人爲屬官，掌受事發辰。　大理寺録事，亦稱大理録事。北齊大理寺置大理録事。隋於大理寺置大理録事二人爲屬官，掌受事發辰。　鴻臚寺録事，亦稱鴻臚録事。北齊鴻臚寺置鴻臚録事。隋沿之，於大理寺置大理録事二人爲屬官，掌受事發辰。　司農寺録事，亦稱司農録事。北齊司農寺置司農録事。隋沿之，於司農寺置司農録事四人爲屬官，掌受事發辰。　太府寺録事，亦稱太府録事。北齊太府寺置太府録事。隋沿之，於太府寺置太府録事四人爲屬官，掌受事發辰。

太常寺又有博士四人，[1]協律郎二人，[2]奉禮郎十六人。[3]統郊社、太廟、諸陵、太祝、衣冠、太樂、清商、鼓吹、太醫、太卜、廩犧等署。[4]各置令、並一人。太樂、太醫則各加至二人。丞。[5]各一人。郊社、太樂、鼓吹則各至二人。郊社署又有典瑞。[6]四人。太祝署有太祝。[7]二人。太樂署、清商署，各有樂師員。[8]太樂八人，清商二人。鼓吹署有哄師。[9]二人。太醫署有主藥、二人。醫師、二百人。藥園師、二人。醫博士、二人。助教、二人。按摩博士、二人。祝禁博士二人。等員。[10]太卜署有卜師、二十人。相師、十人。男覡、十六人。女巫、八人。太卜博士、助教、各二人。相博士、助教各一人。等員。[11]

[1]博士：官名。即太常寺博士。隋於太常寺置太常寺博士
（亦稱“太常博士”）四人爲屬官，掌辨五禮儀式，大祭祀及有大
禮時與長官導贊禮儀，擬議王公以下謚號等。從七品下。

[2]協律郎：官名。隋於太常寺置太常寺協律郎（亦稱“太常
協律郎”或“協律郎”）二人爲屬官，掌舉麾節樂，調和六律、六
呂，監試樂人典課等。正八品上。

[3]奉禮郎：官名。即太常寺奉禮郎。隋初於太常寺置太常寺
奉禮郎（亦稱“太常奉禮郎”“奉禮郎”“奉禮”）十六人爲屬官，
掌朝會、祭祀時君、臣版位之次及贊導跪拜之儀。從九品下。煬帝
減置六人。按，據《唐六典》卷一四《太常寺·奉禮郎》和《通
典》卷二五《職官·諸卿上》，知本書《百官志》所載北齊、隋之
“奉禮郎”，皆當爲“治禮郎”。因唐修《五代史志》至顯慶元年
（656）乃成，故避李治諱而改。

[4]郊社：官署名。即郊社署。隋太常寺下屬機構，置郊社令、
丞各一人爲長貳。掌五郊、社稷、明堂之位，祠祀、祈禱之禮。文
帝開皇中署司唯典掌受納，煬帝大業三年後署令爲判首。　太廟：
官署名。即太廟署。北齊置，隸太常寺，有太廟令、丞，掌郊廟社
稷等事。兼領郊祠、崇虛二局丞，掌五郊群神、五岳四瀆神祀及道
士簿帳等事。隋沿置爲太常寺下屬機構，置太廟令、丞爲長貳，掌
宗廟祭祀等事。文帝開皇中署司唯典掌受納，煬帝大業三年後署令
爲判首；本署並增置陰室丞，守視陰室。　陵：官署名。即陵署。
北齊置，隸太常寺，有陵令、丞，掌守衛山陵等事。隋沿置爲太常
寺下屬機構，置太廟令、丞爲長貳，掌先帝山陵，率戶守衛，及按
節日修享祭祀等事。文帝開皇中署司唯典掌受納，煬帝大業三年後
署令爲判首。　太祝：官署名。即太祝署。北齊置，隸太常寺，有
太祝令、丞，掌郊廟贊祝，祭社衣服等事。隋沿置爲太常寺下屬機
構，置太祝令、丞各一人爲長貳，又有太祝二員，掌出納神主於太
廟九室，及祭祀皇帝祖先之儀。煬帝大業三年罷太祝署，以太祝屬
寺。　衣冠：官署名。即衣冠署。北齊置，隸太常寺，有衣冠令、

丞，掌服飾衣冠鞋履之類事。隋沿置爲太常寺下屬機構，置衣冠令、丞各一人爲長貳，掌供祭祀典禮用衣冠服飾等。煬帝大業三年罷衣冠署。　太樂：官署名。即太樂署。北齊置，隸太常寺，有太樂令、丞，掌諸樂及行禮節奏等事；兼領清商部。隋沿置爲太常寺下屬機構，置太樂令、丞爲長貳，掌教樂人調合鍾律，供國家祭祀、饗燕之用。文帝開皇中署司唯典掌受納，煬帝大業三年後署令爲判首。　清商：官署名。即清商署。南朝梁始置清商署，隸太常卿。掌清商樂（漢魏六朝民間樂舞曲）及樂隊、演員。陳因之。北齊太常寺下太樂署兼領清商部，掌清商音樂等事。隋清商署爲太常寺下轄十一署之一，置令、丞爲長貳官，掌清商樂。煬帝大業三年罷清商署。　鼓吹：官署名。即鼓吹署。隋沿北齊，於太常寺下置鼓吹署，置令、丞爲長貳官，掌皇家儀仗所用鼓吹樂隊。文帝開皇中署司唯典掌受納，煬帝大業三年後署令爲判首。　太醫：官署名。即太醫署。隋沿北齊，於太常寺下置太醫署，設令、丞爲長貳，又有主藥、醫師、藥園師等，掌諸醫療之法。文帝開皇中署司唯典掌受納，煬帝大業三年後署令爲判首；又增置醫監、醫正。太卜：官署名。即太卜署。隋於太常寺下置太卜署，設令、丞爲長貳，又有卜師、相師、男覡、女巫等。掌卜筮之法，以預測國家行動之吉凶。文帝開皇中署司唯典掌受納，煬帝大業三年後署令爲判首。　廩犧：官署名。即廩犧署。隋於太常寺下置廩犧署，設令、丞爲長貳，掌祭祀之牛羊穀物等用品。文帝開皇中署司唯典掌受納，煬帝大業三年後署令爲判首。

[5]令：官名。即郊社署令、太廟署令、陵署令、太祝署令、衣冠署令、太樂署令、清商署令、鼓吹署令、太醫署令、太卜署令、廩犧署令。　郊社署令，亦稱郊社令。爲隋太常寺郊社署長官。正八品下。文帝開皇中署司唯典掌受納，煬帝大業三年後署令爲判首。掌五郊、社稷、明堂之位，祠祀、祈禱之禮。正六品。太廟署令，沿北齊之制，於太常寺太廟署置太廟署令（亦稱“太廟令”）一員爲長官，掌宗廟祭祀等事。正八品下。文帝開皇中署司

唯典掌受納，煬帝大業三年後署令爲判首。正七品。　　陵署令，隋沿北齊之制，於太常寺陵署置陵署令（亦稱“陵令”）爲長官，每陵一員，掌先帝山陵，率户守衛，及按節日修享祭祀等事。從八品下。文帝開皇中署司唯典掌受納，煬帝大業三年後陵令爲判首。正七品。　　太祝署令，隋沿北齊之制，於太常寺太祝署置太祝署令（亦稱“太祝令”）一人爲長官，掌出納神主於太廟九室，及祭祀皇帝祖先之儀。從九品上。煬帝大業三年罷。　　衣冠署令，北齊太常寺衣冠署置衣冠令爲長官，掌服飾衣冠鞋履之類事。隋沿置，於太常寺衣冠署置衣冠署令（亦稱“衣冠令”）一人爲長官，掌供祭祀典禮用衣冠服飾等。從八品上。煬帝大業三年罷。　　太樂署令，隋沿北齊之制，於太常寺太樂署置太樂署令（亦稱“太樂令”）二人爲長官，掌教樂人調合鍾律，供國家祭祀、饗燕之用。正八品下。文帝開皇中署司唯典掌受納，煬帝大業三年後署令爲判首。正六品。　　清商署令，隋清商署爲太常寺下轄十一署之一，置清商署令（亦稱“清商令”）爲長官，掌清商樂。從八品下。煬帝大業三年罷。　　鼓吹署令，隋初沿北齊之制，於太常寺鼓吹署置鼓吹署令（亦稱“鼓吹令”）一人爲長官，掌皇家儀仗所用鼓吹樂隊。正八品下。文帝開皇中署司唯典掌受納，煬帝大業三年後鼓吹令爲判首，升爲正六品。　　太醫署令，隋沿北齊之制，於太常寺太醫署置太醫署令（亦稱“太醫令”）二員爲長官，掌諸醫療之法。文帝開皇中署司唯典掌受納，從八品上。煬帝大業三年後太醫令爲署司判首。從六品。　　太卜署令，隋於太常寺太卜署，設太卜署令（亦稱“太卜令”）一員爲長官，掌卜筮之法，以預測國家行動之吉凶。從八品下。文帝開皇中署司唯典掌受納，煬帝大業三年後太卜令爲判首，升爲正七品。　　廩犧署令，隋沿北齊之制，於太常寺廩犧署，設廩犧署令（亦稱“廩犧令”）一人爲長官，掌祭祀之牛羊穀物等用品。從八品下。文帝開皇中署司唯典掌受納，煬帝大業三年後署令爲判首，升爲正七品。　　丞：官名。即郊社署丞、太廟署丞、陵署丞、太祝署丞、衣冠署丞、太樂署丞、清商署丞、鼓吹署丞、太醫署丞、太卜署丞、廩犧署丞。　郊社署丞，亦稱郊社丞。爲隋太常寺郊社署副長官，正九品下。煬帝大業三年郊社令爲署司判首後，郊社丞唯掌勾檢；令缺，丞判。五年，升爲從五品。　太廟署丞，隋沿北齊之制，於太常寺太廟署置太廟署丞（亦稱“太廟丞”）一員爲貳官。正九品下。煬帝大業三年太廟令爲署司判首後，太廟丞唯掌勾檢；令缺，丞判。五年，升爲從五品。　陵署丞，隋沿北齊之制，置陵署丞（亦稱“陵丞”）爲太常寺陵署貳官，每陵一員。從九品下。煬帝大業三年陵令爲署司判首後，陵丞唯掌勾檢；令缺，丞判。五年，升爲從五品。　太祝署丞，隋沿北齊之制，於太常寺太祝署置太祝署丞（亦稱“太祝丞”）一人爲貳官，助令掌出納神主於太廟九室，及祭祀皇帝祖先之儀。正九品下。煬帝大業三年罷。　衣冠署丞，北齊太常寺衣冠署置衣冠丞爲貳官，佐長官掌服飾衣冠鞋履之類事。隋沿置，於太常寺衣冠署置衣冠署丞（亦稱“衣冠丞”）一人爲貳官，佐長官掌供祭祀典禮用衣冠服飾等。正九品上。煬帝大業三年罷。　太樂署丞，隋初於太常寺太樂署置太樂署丞（亦稱“太樂丞”）二人爲貳官。正九品下。煬帝大業三年太樂令爲署司判首後，太樂丞唯掌勾檢；令缺，丞判。五年，升爲從五品。　清商署丞，隋清商署爲太常寺下轄十一署之一，置清商署丞（亦稱“清商丞”）一人爲貳官，佐長官掌清商樂。從九品下。煬帝大業三年罷。　鼓吹署丞，隋初沿北齊之制，於太常寺鼓吹署置鼓吹署丞（亦稱“鼓吹丞”）爲貳官。正九品下。煬帝大業三年鼓吹令爲署司判首後，鼓吹丞唯掌勾檢；令缺，丞判。五年，升爲從五品。　太醫署丞，隋沿北齊之制，於太常寺太醫署置太醫署丞（亦稱“太醫丞”）一員爲貳官。從九品上。煬帝大業三年太醫令爲署司判首後，太醫丞唯掌勾檢；令缺，丞判。五年，升爲從五品。　太卜署丞，隋於太常寺太卜署，設太卜署丞（亦稱“太卜丞”）一員爲貳官。從九品下。煬帝大業三年太卜令爲署司判首後，太卜丞唯掌勾檢。　廩犧署丞，隋於太常寺廩犧署，設廩犧署丞（亦稱“廩犧丞”）一人爲貳官。從九品下。煬帝大業三年後廩犧令爲署司判首，廩犧丞唯掌勾檢；令缺，丞判。五年，升爲從五品。

[6]典瑞：吏職名。《周禮》載爲春官之屬，掌玉器收藏，供各種禮儀使用。隋於太常寺郊社署置四人，爲吏職。

[7]太祝：官名。秦、漢、晋、南朝、北魏、北齊皆置太祝令、丞。北周置太祝下大夫，簡稱太祝。隋初於太常寺太祝署置太祝令、丞爲長貳，又置太祝二員爲屬官，從九品上。煬帝大業三年罷太祝署而留增太祝八員直屬太常寺，後又增爲十人。

[8]樂師：官名。北周依《周官》，置樂師上士、中士各一人。隋於太常寺太樂署置八人、清商署置二人爲屬官，掌教習聲樂。皆從九品下。煬帝大業三年改名樂正，置十人。

[9]哄師：吏職名。隋於太常寺鼓吹署置二員。

[10]主藥：吏職名。即太醫署主藥。隋於太常寺太醫署置二人，掌藥物之刮削搗篩等事。　醫師：吏職名。即太醫署醫師。隋於太常寺太醫署置二百人，掌療人疾病，以痊癒數爲考課，爲流外之職。　藥園師：吏職名。即太醫署藥園師。隋於太常寺太醫署置二人，掌藥材種植與收採。　醫博士：官名。即太醫署醫博士。隋於太常寺太醫署置太醫署醫博士二人，掌教授諸生醫學。　助教：官名。即太醫署助教。隋於太常寺太醫署置助教二人，佐醫博士教授諸生醫學。　按摩博士：官名。即太醫署按摩博士。隋於太常寺太醫署置按摩博士二人，掌教按摩生消息導引之法，以除人八疾（風、寒、暑、濕、飢、飽、勞、逸）。　祝禁博士：官名。即太醫署祝禁博士。隋於太常寺太醫署置祝禁博士二人，掌教祝禁生以咒禁袚除邪魅之爲屬者。

[11]卜師：吏職名。即太卜署卜師。隋於太常寺太卜署置卜師二十人，掌占卜。　相師：吏職名。即太卜署相師。隋於太常寺太卜署置相師十人。　男覡（xí）：吏職名。隋於太常寺太卜署置男覡十六人，即爲人禱祝鬼神的男巫。　女巫：吏職名。即太卜署女巫。隋於太常寺太卜署置女巫八人，掌禱祝鬼神。　太卜博士：官

名。即太卜署太卜博士。隋於太常寺太卜署置太卜博士二人，掌教授卜筮之法。煬帝大業三年省太卜博士，置太卜正二十人以掌太卜博士之職。　助教：吏職名。即太卜署助教。隋於太常寺太卜署置太卜助教二人。　相博士：官名。即太卜署相博士。隋於太常寺太卜署置相博士一人。　相助教：吏職名。即太卜署相助教。隋於太常寺太卜署置相助教一人。

光禄寺統太官、肴藏、良醖、掌醢等署。[1]各置令、太官三人，肴藏、良醖各二人，掌醢一人。丞。[2]太官八人，肴藏、掌醢各二人，良醖四人。太官又有監膳，[3]十二人。良醖有掌醖，[4]五十人。掌醢有掌醢十人。等員。[5]

　　[1]太官：官署名。即太官署。北齊光禄寺始置，有令、丞，掌百官食膳事。隋沿置，設令、丞爲長貳官，又有監膳等員。掌供百官膳食等事。　肴藏：官署名。即肴藏署。北齊光禄寺始置，有令、丞，掌膳食器物鮭味等事。隋沿置，設令、丞爲長貳官，掌供祭祀、朝會、賓客之禮所用水、陸産多種美味。　良醖：官署名。即良醖署。隋初光禄寺置爲下屬機構。設令、丞爲正貳官，又有掌醖。掌供國家祭祀五齊（泛齊、醴齊、盎齊、醍齊、沈齊）、三酒（事酒、昔酒、清酒）之事。文帝開皇三年改隸司農寺，十二年復隸光禄寺。　掌醢（hǎi）：官署名。即掌醢署。隋初光禄寺置爲下屬機構。設令、丞爲長貳官，又有掌醢。掌供醯醢之物品，而辨其名物。

　　[2]令：官名。即太官署令、肴藏署令、良醖署令、掌醢署令。　太官署令，亦稱太官令。隋沿北齊制，於光禄寺太官署置太官令三員爲署長官，掌供祠宴朝會膳食。正八品下。煬帝大業三年升爲正六品，並爲判首。　肴藏署令，亦稱肴藏令。隋沿置，於光禄寺肴藏署置肴藏署令二員爲長官，掌供祭祀、朝會、賓客之禮所用

水、陸産多種美味。從八品。煬帝大業三年升爲正七品，並爲判首。　良醞署令，亦稱良醞令。隋初於光禄寺良醞署置良醞署令二員爲長官，掌供國家祭祀五齊、三酒之事。從八品下。文帝開皇三年改隸司農寺，十二年復隸光禄寺。煬帝大業三年升爲正七品，並爲判首。　掌醢署令，亦稱掌醢令。隋於光禄寺掌醢署置掌醢署令一員爲長官，掌供醯醢之物品，而辨其名物。從八品下。煬帝大業三年升爲正七品，並爲判首。　丞：官名。即太官署丞、肴藏署丞、良醞署丞、掌醢署丞。　太官署丞，亦稱太官丞。隋沿北齊之制，於光禄寺太官署置太官丞八員爲署貳官，佐長官太官令掌供祠宴朝會膳食。正九品下。煬帝大業三年改丞唯掌勾檢；令缺，丞判。五年，升爲從五品。　肴藏署丞，亦稱肴藏丞。北齊光禄寺肴藏署置肴藏署丞爲貳官。隋沿置，於光禄寺肴藏署置肴藏署丞二員爲長官，佐長官肴藏署令掌供祭祀、朝會、賓客之禮所用水、陸産多種美味。從九品。煬帝大業三年改丞唯掌勾檢；令缺，丞判。五年，升爲正五品。　良醞署丞，亦稱良醞丞。隋初於光禄寺良醞署置良醞署丞四員爲貳官，從九品下。佐長官良醞署令掌供國家祭祀五齊、三酒之事。文帝開皇三年改隸司農寺，十二年復隸光禄寺。煬帝大業三年改丞唯掌勾檢；令缺，丞判。五年，升爲正五品。掌醢署丞，亦稱掌醢丞。隋於光禄寺掌醢署置掌醢署丞二員爲貳官，佐長官掌醢令掌供醯醢之物品，而辨其名物。從九品下。煬帝大業三年改丞唯掌勾檢；令缺，丞判。五年，升爲正五品。

　　[3]監膳：官名。晉太官令有廚史二十四人。北周有典庖中士、內膳中士。隋於光禄寺太官署置監膳十二員（《唐六典》載"十一員"）爲屬官，掌監供膳食事。從九品下。

　　[4]掌醢：吏職名。此指良醞署掌醢。隋於光禄寺良醞署置掌醢五十員。

　　[5]掌醢：吏職名。隋於光禄寺掌醢署置掌醢十員。

衛尉寺統公車、武庫、守宮等署。[1]各置令、公車一人，武庫、守宮各二人。丞公車一人，武庫二人。等員。[2]

[1]公車：官署名。北魏置，掌受章奏，以理冤事，其職頗重，設令、丞。北齊置爲尉衛寺下屬機構，掌尚書所不理之訴訟，有冤屈，經判聞奏，長官爲令，貳官爲丞。隋沿置，衛尉寺統公車署，以令、丞爲長貳官。　武庫：官署名。即武庫署。南朝梁置南、北署，各有令、丞。北齊尉衛寺下置武庫署，有令，掌甲兵及吉凶儀仗；又別領修故局丞，掌修整舊甲等事。隋沿置，於尉衛寺置武庫署，有令、丞各二員爲長貳官，掌天下之兵仗器械。　守宮：官署名。即守宮署。北齊光禄寺置守宮署，設令、丞各一員，掌供設宮廷鋪陳張設之物。隋守宮署改隸尉衛寺，置令二員、丞四員爲長貳官，大祭祀、大朝會、大駕巡幸，則設王公、百官位於正殿南門外；吏、兵等部試人及王公婚禮則供設帳幕。

[2]令：官名。即公車署令、武庫署令、守宮署令。　公車署令，亦稱公車令。隋沿北齊之制，於衛尉寺公車署置一員爲長官，正八品下。煬帝大業三年升爲正六品，並爲判首。　武庫署令，亦稱武庫令。隋沿北齊之制，於尉衛寺武庫署置武庫令二員爲長官，掌天下之兵仗器械收納。正八品下。煬帝大業三年升爲正六品，並爲判首。　守宮署令，亦稱守宮令。隋於衛尉寺守宮署置守宮令二員爲長官。從八品上。大祭祀、大朝會、大駕巡幸，則設王公、百官位於正殿南門外；吏、兵等部試人及王公婚禮則供設帳幕。煬帝大業三年升爲從六品，並爲判首。　丞：官名。即公車署丞、武庫署丞、守宮署丞。　公車署丞，亦稱公車丞。隋沿北齊之制，於尉衛寺公車署置一員爲貳官，正九品下。煬帝大業三年改丞唯掌勾檢，令缺，丞判。五年升爲從五品。　武庫署丞，亦稱武庫丞。隋置武庫丞二員爲尉衛寺武庫署貳官，佐長官武庫令掌天下之兵仗器械。正九品下。煬帝大業三年改丞唯掌勾檢，令缺，丞判。五年升

爲從五品。　　守宮署丞，亦稱守宮丞。漢、晋、南北朝凡置守宮令者皆爲其副貳。隋於衛尉寺守宮署置守宮丞四員爲貳官。從九品上。佐長官守宮令於大祭祀、大朝會、大駕巡幸時設王公、百官位於正殿南門外；吏、兵等部試人及王公婚禮供設帳幕。煬帝大業三年改丞唯掌勾檢，令缺，丞判。五年升爲從五品。

宗正寺，不統署。

太僕寺又有獸醫博士員。[1]一百二十人。統驊騮、乘黃、龍厩、車府、典牧、牛羊等署。[2]各置令、二人。乘黃、車府則各減一人。丞二人。乘黃則一人，典牧牛羊則各三人。等員。[3]

[1]獸醫博士：吏職名。隋於太僕寺置一百二十員，掌教獸醫之數。

[2]驊騮：官署名。即驊騮署。北齊隸太僕寺，設令、丞各一員爲驊騮署長貳官，掌御馬及諸鞍乘。隋初沿之，於太僕寺下置驊騮署，設令、丞各二員爲長貳官，掌宮廷用馬。煬帝大業三年罷驊騮署，以其職置尚乘局，改隸殿內省。　　乘黃：官署名。即乘黃署。北齊置乘黃署，設令、丞爲長貳官，掌乘輿，隸太僕寺。隋沿置，於太僕寺乘黃署設令、丞爲長貳官，掌乘輿車輅。　　龍厩：官署名。即龍厩署。北齊太僕寺統左、右龍等署。隋太僕寺下置龍厩署，設龍厩令、丞爲長貳官。煬帝大業三年改名典厩署。　　車府：官署名。即車府署。南朝梁、陳置，隸尚書省駕部。北齊、隋皆於太僕寺下置車府署，置令、丞爲長貳官，掌王公以下車輅，辨其名數及馴馭之法。　　典牧：官署名。即典牧署。隋於太僕寺下置典牧署，設令、丞爲長貳官。煬帝大業三年罷牛羊署，將其事併入。掌諸牧雜畜給納之事。　　牛羊：官署名。即牛羊署。隋初於太僕寺下置牛羊署，設令、丞爲長貳官，掌牛羊畜牧之事。煬帝大業三年罷

牛羊署，將其職事併入典牧署。

[3]令：官名。即驊騮署令、乘黃署令、龍厩署令、車府署令、典牧署令、牛羊署令。　驊騮署令，亦稱驊騮令。北齊置驊騮令爲太僕寺驊騮署長官，掌御馬及諸鞍乘。從九品上。隋初沿之，於太僕寺下驊騮署設令二員爲長官，掌宮廷用馬。正八品。煬帝大業三年罷，其職入殿内省尚乘局。　乘黃署令，亦稱乘黃令。北齊置乘黃令爲太僕寺乘黃署長官，掌輦輅。從九品上。隋沿置，於太僕寺乘黃署設令一員爲長官，掌天子車輅，辨其名數與馴馭之法。從八品上。煬帝大業三年改名典厩令，升從六品，並爲判首。　龍厩署令，亦稱龍厩令。北齊太僕寺統左、右龍等署。隋太僕寺下置龍厩署，設龍厩令二員爲長官。從八品上。煬帝大業三年改名典厩令，升從六品，並爲判首。　車府署令，亦稱車府令。北齊置車府令爲太僕寺車府署長官，從九品上，掌諸雜車。隋沿置，於太僕寺車府署置車府令一員爲長官，掌王公以下車輅，辨其名數及馴馭之法。從八品下。煬帝大業三年升爲正七品，並爲判首。　典牧署令，亦稱典牧令。隋初置典牧令二員爲太僕寺典牧署長官，掌諸牧雜畜給納之事。從八品上。煬帝大業三年升爲從六品，爲判首；並罷牛羊署令，將其事併入。　牛羊署令，亦稱牛羊令。隋初於太僕寺牛羊署置牛羊令一員爲長官，掌牛羊畜牧之事。從八品上。煬帝大業三年罷牛羊令，將其事併入典牧令。　丞：官名。即驊騮署丞、乘黃署丞、龍厩署丞、車府署丞、典牧署丞、牛羊署丞。　驊騮署丞，亦稱驊騮丞。隋沿北齊之制，於太僕寺驊騮署置丞二員爲貳官，佐長官驊騮令掌宮廷用馬。正九品下。煬帝大業三年罷，其職入殿内省尚乘局。　乘黃署丞，亦稱乘黃丞。隋沿北齊之制，於太僕寺乘黃署設乘黃丞一員爲貳官，佐長官乘黃令掌天子車輅，辨其名數與馴馭之法。從九品上。煬帝大業三年改丞唯掌勾檢，令缺，丞判。五年升爲從五品。　龍厩署丞，亦稱龍厩丞。南朝梁、陳置，掌宮廷用馬，屬太僕卿。隋初於太僕寺龍厩署置二人爲貳官。從九品上。煬帝大業三年改名典厩丞，唯掌勾檢；令缺，丞判。五年升爲

從五品。　車府署丞，亦稱車府丞。隋沿北齊之制，於太僕寺車府署置車府丞二員爲貳官，佐長官車府令掌王公以下車輅，辨其名數及馴馭之法。從九品下。煬帝大業三年改丞唯掌勾檢，令缺，丞判。五年升爲從五品。　典牧署丞，亦稱典牧丞。隋初置典牧丞三員爲太僕寺典牧署貳官，佐長官典牧令掌諸牧雜畜給納之事。從九品上。煬帝大業三年改丞唯掌勾檢，令缺，丞判。五年升爲從五品。　牛羊署丞，亦稱牛羊丞。隋初於太僕寺牛羊署置牛羊丞三員爲貳官，佐長官牛羊令掌牛羊畜牧之事。從九品上。煬帝大業三年罷。

大理寺，不統署。又有正、監、評、各一人。司直、十人。律博士、八人。明法、二十人。獄掾。八人。[1]

[1]正：官名。即大理寺正。亦稱大理正。隋於大理寺置大理正一員爲大理寺屬官，正六品下。開皇三年增爲四員，煬帝大業三年增置六員。掌參議刑獄，詳正科條之事。凡六丞斷罪有不當者，以法正之。五品以上官、爵死罪監決。車駕巡幸則留總持寺事等。
　監：官名。即大理寺監。亦稱大理監。隋初沿置，於大理寺置大理監一員爲大理寺屬官，掌執獄。正六品下。文帝開皇三年罷。
評：官名。即大理寺評。亦稱大理評（平）。隋初沿置，於大理寺置大理評一員爲屬官，掌審覆刑獄。正六品下。文帝開皇三年罷。
　司直：官名。即大理寺司直。亦稱大理司直。隋於大理寺置大理司直十員爲屬官，掌承制出使推按，若寺有疑獄則參議之。從五品下。煬帝大業三年增置司直爲十六員，降爲從六品；後又加至二十員。　律博士：官名。即大理寺律博士。亦稱律學博士。隋沿置，於大理寺置律博士八員爲屬官，掌教律、令專業生，兼習格、式、法例。正九品上。　明法：官名。即大理寺明法。北齊大理寺置明法十員爲屬官。隋沿之，於大理寺置明法二十員爲屬官，掌律令輕重。　　獄掾：官名。即大理寺獄掾。北齊大理寺置二員爲屬官。隋沿之，於大理寺置八人爲屬官。

　　鴻臚寺統典客、司儀、崇玄三署。[1]各置令。[2]二人。崇玄則惟置一人。典客署又有掌客，[3]十人。司儀有掌儀二十人。等員。[4]

　　[1]典客：官署名。即典客署。西晉置，掌接待少數民族等事務。北齊於鴻臚寺置典客署。隋初沿之，於鴻臚寺置典客署，設令、丞爲長貳官，掌管理、接待各少數民族歸化者和外國使節等事。煬帝大業三年改典客署名典蕃署，又於建國門外置四方館以待四方使客，各掌其方國及互市事。　　司儀：官署名。即司儀署。北齊鴻臚寺始置司儀署，有令、丞。隋因之，設令、丞爲長貳官，掌凶禮之儀式及供喪葬之具。　　崇玄：官署名。即崇玄署。北齊有昭玄寺，掌諸佛教（一說“掌釋、道二教”）；又鴻臚寺置典寺署。北周有司寂上士、中士，掌法門之政；又有司玄中士、下士，掌道門之政。隋初於鴻臚寺下置崇玄署，設令、丞爲長貳官，掌釋、道二教。文帝開皇三年廢鴻臚寺遂隸太常寺，十二年復置鴻臚寺遂又隸之。後煬帝改郡、縣佛寺爲道場，改道觀爲玄壇，各置監、丞。

　　[2]令：官名。即典客署令、司儀署令、崇玄署令。　　典客署令，亦稱典客令。隋初沿北齊制，於鴻臚寺典客署置典客令二員爲長官，掌管理、接待各少數民族歸化者和外國使節等事。正八品下。煬帝大業三年改稱典蕃令，升爲正六品，並爲判首。　　司儀署令，亦稱司儀令。隋初沿北齊之制，於齊鴻臚寺司儀署置司儀令二員爲長官，掌凶禮之儀式及供喪葬之具。從八品下。煬帝大業三年升正七品，並爲判首。　　崇玄署令，亦稱崇玄令。隋初於鴻臚寺下崇玄署置令一員爲長官，掌釋、道二教。文帝開皇三年廢鴻臚寺，崇玄令遂隸太常寺；十二年復置鴻臚寺，遂又隸之。從八品下。煬

帝大業三年崇玄令升正七品，並爲判首。後煬帝改郡、縣佛寺爲道場，改道觀爲玄壇，各置監、丞。

[3]掌客：官名。即典客署掌客。隋鴻臚寺典客署屬官，置十員。正九品下。煬帝大業三年改典客署爲典蕃署後不置。

[4]掌儀：吏職名。即司儀署掌儀。隋鴻臚寺典客署屬官，置二十員。

司農寺統太倉、典農、平準、廩市、鈎盾、華林、上林、導官等署。[1]各置令。[2]二人。鈎盾、上林則加至三人，華林惟置一人。太倉又有米廩督、二人。穀倉督、四人。鹽倉督，二人。[3]京市有肆長，[4]四十人。導官有御細倉督、二人。麴麪倉督二人。等員。[5]

[1]太倉：官署名。即太倉署。北齊置，隸司農寺。有令、丞。隋因之，掌米、粟等九穀廩藏之事。　典農：官署名。即典農署。北齊置，隸司農寺，設令、丞。掌勸課農桑，又轄山陽、平頭、督亢三部丞。隋初沿置，於司農寺下設典農署，置典農令、丞爲長貳官。煬帝大業三年廢。　平準：官署名。即平準署。北齊置，隸司農寺。有令、丞，掌平準之事。隋初因之，置平準令、丞爲長貳官。掌供官市易之事，凡百司不任用及没官之物，則以時出賣。煬帝大業三年改隸太府寺。　廩市：汲古閣本、殿本、庫本、中華本同底本。但檢《唐六典》《通典》皆不見隋司農寺或太府寺下置有此官署。侯旭東考“‘廩市’誤，當作‘京市’”（參見《〈隋書〉標點勘誤及校勘補遺四則》，《中國史研究》2001 年第 2 期）。中華書局新修訂本改“廩市”爲“京市”，並出校勘記。京市，官署名。即京市署。隋初於司農寺所置的下屬機構，設令、丞爲長貳官，掌京師市易。煬帝大業三年改置京師、東都凡五市署，隸太府寺。　鈎盾：官署名。即鈎盾署。北齊置，隸司農寺，設鈎盾令、

丞爲長貳官，掌供應薪菜果實，管理園池，領大囿、上林、游獵、柴草、池藪、苜蓿六部丞。隋因之，設令、丞爲長貳官，掌薪炭及家禽水産等物，以供祭祀、朝會及饗宴賓客。　華林：官署名。即華林署。北齊光禄寺下置華林署，有華林令，位從九品上，另有丞。掌禁苑林木等事。隋沿置，改隸司農寺，設華林令爲長官。煬帝大業三年罷。　上林：官署名。即上林署。隋司農寺下設上林署，置令爲長官。掌苑囿園池，果蔬種植，冬季藏冰，以供朝會、祭祀所需。　導官：官署名。即導官署。北齊於司農寺下置導官署，以令、丞掌其事，轄有御細部、曲麵部、典庫部等倉督員。隋沿置，於司農寺下置導官署，設令、丞爲長貳官，掌采擇加工宮廷御用米麥之事。

[2]令：官名。即太倉令、典農令、平準令、廩市令、鈎盾令、華林令、上林令、導官令。　太倉令，隋沿北齊之制，於司農寺太倉署置太倉令二員爲長官，掌米、粟等九穀廩藏之事。正八品下。煬帝大業三年升爲正六品，並爲判首。　典農令，隋初沿北齊之制，於司農寺下典農署置典農令二員爲長官，正八品下。煬帝大業三年廢。　平準令，隋初沿北齊之制，於司農寺平準署置平準令二員爲長官，掌供官市易之事，凡百司不任用及没官之物，則以時出賣。正八品。煬帝大業三年改隸太府寺，升正六品，並爲判首。廩市令，即京市令，隋初於司農寺京師署置京市令貳員爲長官，掌京師市易。正八品下。煬帝大業三年改置京師、東都諸市令五員，隸太府寺。　鈎盾令，隋初沿北齊之制，於司農寺鈎盾署設鈎盾令三員爲長官，掌薪炭及家禽水産等物，以供祭祀、朝會及饗宴賓客。正八品下。煬帝大業三年升正六品，並爲判首。　華林令，隋初沿北齊之制，改隸司農寺，設華林令一員爲長官，從八品上。煬帝大業三年罷。　上林令，隋初沿北齊之制，於司農寺上林署置上林令三員爲長官，掌苑囿園池，果蔬種植，冬季藏冰，以供朝會、祭祀所需。從八品上。煬帝大業三年升爲從六品，並爲判首。　導官令，隋初沿北齊之制，於司農寺導官署置導官令二人爲長官，掌

采擇加工宮廷御用米麥之事。從八品上。煬帝大業三年升從六品，並爲判首。

[3]米廩督：吏職名。隋於太倉署置米廩督二人。 穀倉督：吏職名。隋於太倉署置穀倉督四人。 鹽倉督：吏職名。隋於太倉署置鹽倉督二人。

[4]肆長：吏職名。隋於京市署置肆長四十人。

[5]御細倉督：吏職名。隋於導官署置御細倉督二人。 麴麪倉督：吏職名。隋於導官署置麴麪倉督二人。

太府寺統左藏、左尚方、内尚方、右尚方、司染、右藏、黄藏、掌治、甄官等署。[1]各置令、二人。左、右尚方則加至二人，黄藏則惟置一人。[2]丞四人。左尚則八人，右尚則六人，黄藏則一人。[3]

[1]左藏：官署名。即左藏署。北齊置左藏署，隸太府寺，有令、丞。隋沿置爲太府寺下屬機構，設左藏令、丞爲長貳官，掌國家賦調庫藏之事。 左尚方：官署名。即左尚方署，簡稱左尚署。南朝梁少府卿下屬機構，設令、丞掌之。北齊太府寺下置左尚方署，有令、丞，又別領別局、樂器、器作三局丞。隋初沿置左尚方署，隸太府寺，設左尚方令、丞爲長貳官。掌造車輦、傘扇、稍耗、弓箭、弩戟、器仗、刀鏃、膠漆、竹木、骨角、畫素、刻鏤、蠟燭等。煬帝大業三年改隸少府監。 内尚方：官署名。即内尚方署，簡稱内尚署。隋初於太府寺下置内尚方署，設令、丞爲長貳官，掌諸織作。煬帝大業三年改隸少府監。 右尚方：官署名。即右尚方署，簡稱右尚署。南朝梁少府卿下屬機構，設令、丞掌之。北齊太府寺下置右尚方署，有令、丞，又別領別局丞。隋初沿置右尚方署，隸太府寺，設右尚方令、丞爲長貳官。掌皮毛、膠墨、雜作、蓆薦等事。煬帝大業三年改隸少府監。 司染：官署名。即司

染署。北齊太府寺下始置司染署，有令、丞，又別領京坊、河東、信都三局丞。隋初沿置，於太府寺置司染署，設司染令、丞爲長貳官。煬帝大業三年改隸少府。大業五年合司織、司染爲織染署。掌供天子、皇太子及羣臣之冠冕，辨其制度，而供其職務。　右藏：官署名。即右藏署。北齊置右藏署，隸太府寺，有令、丞。隋沿置爲太府寺下屬機構，設右藏令、丞爲長貳官，掌國家金玉、珠貝、玩好等寶貨之事。煬帝大業三年改隸少府監。　黃藏：官署名。即黃藏署。北齊太府寺下置黃藏署，有令。隋沿置，設黃藏令爲長官，掌宮中金銀幣帛庫藏。煬帝大業三年省。　掌冶：汲古閣本、殿本、庫本同底本。中華本改爲“掌冶”，校勘記云：“‘冶’原作‘治’，據下文‘少府監’條及《通典》二七改。”檢《唐六典》卷二〇《太府寺》卷二二《少府監》亦皆作“掌冶”。“治”爲“冶”之訛。掌冶，官署名。即掌冶署。隋太府寺置掌冶署，設令、丞爲長貳官。掌金、銀、銅、鐵器之屬，並管諸冶。煬帝大業三年改隸少府監。　甄官：官署名。即甄官署。北齊太府寺統甄官署。隋初沿置，設甄官令、丞爲長貳官，掌供琢石、陶土之事。煬帝大業三年改隸將作監。

[2]令：官名。即左藏令、左尚方令、内尚方令、右尚方令、司染令、右藏令、黃藏令、掌冶令、甄官令。　左藏令，隋初沿北齊之制，於太府寺左藏署設左藏令二員爲長官，掌國家賦調庫藏之事。煬帝大業三年升正六品，並爲判首。　左尚方令，隋初沿置，於太府寺左尚方署置左尚方令二員（一説“三員”）爲長官，正八品下。煬帝大業三年升爲正六品，改隸少府監。　内尚方令，隋初於太府寺内尚方署置内尚方令二員爲長官，掌諸織作。正八品下。煬帝大業三年改隸少府監。　右尚方令，北齊爲太府寺右尚方署長官。從八品上。隋初沿置，於太府寺右尚方署置右尚方令二員（一説“三員”）爲長官，掌皮毛、膠墨、雜作、蓆薦等事。正八品下。煬帝大業三年升爲正六品，改隸少府監。　司染令，北齊太府寺司染署始設司染令爲長官。從八品上。隋初沿置，置二員爲太府

寺司染署長官。正八品下。煬帝大業三年升爲正六品，改隸少府。
大業五年與司織令合併爲織染令。掌供天子、皇太子及群臣之冠
冕，辨其制度，而供其職務。　　右藏令，隋沿北齊之制，於太府寺
右藏署設右藏令二人（一說“三人”）爲長官，掌國家金玉、珠
貝、玩好等寶貨之事。從八品上。煬帝大業三年升從六品，並爲判
首。按，《唐六典》卷二○《太府寺·右藏署》云：“隋太府寺統
右藏令、丞各三人。”　　黃藏令，北齊於太府寺黃藏署置令爲長官，
從九品上。隋沿置，掌宮中金銀幣帛庫藏，從八品上。煬帝大業三
年省。　　掌冶令，北齊太府寺有司冶令。北周有冶工中士、鐵工中
士各一人。隋於太府寺掌冶署設掌冶令二員爲長官，掌金、銀、
銅、鐵器之屬，並管諸冶。從八品上。煬帝大業三年升從六品，改
隸少府監。　　甄官令，北齊太府寺甄官署有令，又別領石窟丞。從
九品上。北周有陶工中士、下士各一人，掌鱒、彜、簠、簋等器。
隋沿北齊之制，於太府寺甄官署置甄官令二員爲長官，掌供琢石、
陶土之事。從八品下。煬帝大業三年改隸將作監。

　　[3]丞：官名。即左藏丞、左尚方丞、内尚方丞、右尚方丞、
司染丞、右藏丞、黃藏丞、掌冶丞、甄官丞。　　左藏丞，隋沿置，
四員，佐長官掌國家賦調庫藏之事。正九品下。煬帝大業三年改丞
唯掌勾檢，令缺，丞判。五年升爲從五品。　　左尚方丞，隋朝沿置
八員，佐左尚方令掌造車輦、傘扇、稍耗、弓箭、弩戟、器仗、刀
鏃、膠漆、竹木、骨角、畫素、刻鏤、蠟燭等。正九品下。煬帝大
業三年改隸少府監。　　内尚方丞，隋初於太府寺内尚方署置内尚方
丞四員爲貳官，佐内尚方令掌諸織作。正九品下。煬帝大業三年改
隸少府監。　　右尚方丞，隋朝沿置六員，佐右尚方令掌造皮毛、膠
墨、雜作、蓆薦等事。正九品下。煬帝大業三年改隸少府監。　　司
染丞，隋初沿置，置四員爲太府寺司染署長官。正九品下。煬帝大
業三年改隸少府。大業五年與司織丞合併爲織染丞。佐織染令掌供
天子、皇太子及群臣之冠冕，辨其制度，而供其職務。　　右藏丞，
隋因之，於太府寺右藏署設右藏丞四員爲貳官，佐右藏令掌國家金

玉、珠貝、玩好等寶貨之事。從九品上。煬帝大業三年改丞唯掌勾檢，令缺，丞判。五年升爲從五品。　黄藏丞，隋因之，置一人，佐黄藏令掌宫中金銀幣帛庫藏。從九品上。煬帝大業三年省。　掌冶丞，隋於太府寺掌冶署設掌冶丞四員爲貳官，佐掌冶令掌金、銀、銅、鐵器之屬及諸冶。從九品上。煬帝大業三年改隸少府監。

甄官丞，隋於太府寺甄官署置甄官丞四人（《唐六典》二三《將作監·甄官署》作"二人"）爲貳官，佐甄官令掌供琢石、陶土之事。從九品下。煬帝大業三年改隸將作監。

國子寺元隸太常。祭酒，[1]一人。屬官有主簿、録事。[2]各一人。統國子、太學、四門、書算學，[3]各置博士、國子、太學、四門各五人，書、算各二人。助教、國子、太學、四門各五人，書、算各二人。學生國子一百四十人，太學、四門各三百六十人，書四十人，算八十人。等員。[4]

[1]祭酒：官名。即國子祭酒。隋初於太常寺所轄國子寺置祭酒一員爲長官，掌國家儒學訓導之政令，統國子、太學、四門、書算學。從三品。文帝開皇十三年國子寺罷隸太常寺並改名國子學，祭酒仍爲長官；仁壽元年罷國子學，唯立太學，省祭酒，置太學博士總領學事。煬帝大業三年改置國子監，仍置祭酒一員爲長官。

[2]主簿：官名。即國子寺主簿。北齊國子寺置主簿爲屬官。隋初因之，於國子寺置一員，掌本寺庶務；仁壽元年罷國子學，省此官；煬帝大業三年改置國子監，仍置國子主簿一員爲屬官。　録事：官名。即國子寺録事。北齊國子寺置録事爲屬官。隋初因之，於國子寺置一員，掌本寺文書；仁壽元年罷國子學，省此官；煬帝大業三年改置國子監，仍置國子録事一員爲屬官。

[3]國子：學校名。即國子學。隋初爲中央最高學府，置國子博士、助教各五人，學生一百四十人。文帝開皇十三年國子寺罷隸

太常寺並改名國子學；仁壽元年又罷國子學，唯立太學。煬帝大業三年改置國子監，統國子學、太學。國子學置國子博士、助教各一人，學生無常員。　太學：學校名。隋初太學地位是僅次於國子學的學府，置博士、助教各五人，教授經學，學生三百六十人。文帝開皇十三年國子寺罷隸太常寺並改名國子學；仁壽元年又罷國子學，唯立太學，置博士五人總知學事，學生七十二人。煬帝大業三年改置國子監，統國子學、太學。太學置太學博士、助教各二人，學生五百人。　四門：學校名。即四門學。隋初沿北齊之制，爲國子寺所統中央第三級學府。置博士、助教各五員，學生三百六十人。文帝仁壽元年罷。　書算學：學校名。書學置博士、助教各二員，教授學生書法，學生四十人；算學亦置博士、助教各二員，教授學生數學，學生八十人。文帝仁壽元年皆罷。

[4]博士：官名。即國子博士、太學博士、四門博士、書算博士。　國子博士，隋初沿北齊之制，國子寺所統國子學置國子博士五員以教授生徒。正五品上。文帝仁壽元年罷。煬帝大業三年改置國子監，所統國子學置國子博士一員。正五品。　太學博士，隋初沿北齊之制，於國子寺所統太學置太學博士五員教授太學生。從七品下。文帝仁壽元年罷國子學，唯立太學，置太學博士五員。升從五品，總知學事。煬帝大業三年改置國子監，所統太學減置太學博士爲二員，掌教授太學生。從六品。　四門博士，隋初沿北齊之制，於國子寺所統四門學置四門博士五員，掌教授四門學生。從八品上。文帝仁壽元年罷。　書算博士，隋於國子寺所統書、算學始置書學博士、算學博士各二員，掌教授書學生書法、算學生算術。從九品下。文帝仁壽元年罷。　助教：官名。即國子助教、太學助都、四門助都、書算助都。　國子助教，隋初沿北齊之制，於國子寺所統國子學置國子助教五員，佐國子博士教授國子學生儒經。從七品下。文帝仁壽元年罷。煬帝大業三年改置國子監，所統國子學置國子助教一員，職掌依舊。從七品。　太學助教，隋初沿北齊之制，於國子寺所統太學置太學助教五員，佐太學博士教授太學生儒

經。正九品上。煬帝大業三年改置國子監，所統太學置太學助教二員，職掌依舊。　四門助教，北齊始置，員二十人，佐四門博士教授四門學生。隋初沿置，於國子寺所統四門學置四門助教五員，佐四門博士教授四門學生。從九品下。文帝仁壽元年罷。　書算助教，隋於國子寺所統書、算學始置書學助教、算學助教各二員，佐書學博士、算學博士教授書學生書法、算學生算術。文帝仁壽元年罷。　學生：即國子學生、太學學生、四門學生、書學生、算學生。　國子學生，亦簡稱國子生。隋初於國子寺所統國子學置國子生一百四十人，位視從七品。文帝仁壽元年罷國子學及國子生，唯立太學。煬帝大業三年改置國子監，統國子學、太學，國子學復置國子學生，無常員。　太學學生，亦簡稱太學生。隋初太常國子寺所統太學置太學生三百六十人，位視從八品。文帝開皇十三年國子寺罷隸太常寺並改名國子學，仁壽元年又罷國子學，唯立太學，置太學生七十二人。煬帝大業三年改置國子監，統國子學、太學。太學生置五百人。　四門學生，隋初四門學置四門學生三百六十人，位視從九品。文帝開皇十三年罷。　書學生，隋初國子寺所統書學置書學生四十人，文帝仁壽元年罷。　算學生，隋初國子寺所統算學，置算學生八十人，文帝仁壽元年罷。

將作寺大匠、一人。丞、主簿、録事。各二人。[1] 統左右校署令、各二人。[2] 丞，左校四人，右校三人。[3] 各有監作左校十二人，右校八人。[4] 等員。

[1]將作寺大匠：官名。簡稱將作大匠，亦簡稱將作、大匠。北齊始置將作寺，設將作大匠一人爲長官，掌營建土木工程。從三品。隋初因之，職掌國家土木工程修建之政令，屬官有丞、主簿、録事。從三品。文帝開皇二十年改將作寺名將作監，以大匠爲大監。煬帝大業三年改大監爲大匠；五年復改大匠爲大監。正四品。

十三年又改大監爲令。　主簿：官名。即將作寺主簿，簡稱將作主簿。北齊將作寺有主簿員。隋沿置，於將作寺置主簿二員爲屬官，掌印，檢核文書簿記，勾稽缺失。　録事：官名。即將作寺録事，簡稱將作録事。北齊將作寺置録事爲低級屬官。隋因之，於將作寺置二員，掌受事發辰。

[2]左右校署令：官名。簡稱左、右校令。左校令，隋初於將作監左校署置二員爲長官，掌營構木作采材等事。從八品上。右校令，爲右校署長官，置二員，掌營土作瓦泥並燒石灰厠溷等事。從八品上。隋煬帝大業三年皆升爲從六品，並爲判首。

[3]丞：官名。即左右校署丞，簡稱左、右校丞，左右校署貳官，各置二員，從九品上。煬帝大業三年改丞唯掌勾檢，令缺，丞判；五年升爲從五品。

[4]監作：官名。即左右校署監作，簡稱左、右校監作。左校監作，隋於將作監左校署置十二員爲屬官，掌監其署中雜作，典工役。從九品下。右校監作，隋於將作監右校署置八員爲屬官，掌監其署中雜作，典工役。從九品下。

　　左右衛、左右武衛、左右武候，各大將軍、一人。將軍，[1]二人。並有長史，[2]司馬，[3]録事，[4]功、倉、兵、騎等曹參軍，[5]法曹、鎧曹行參軍，[6]各一人。行參軍左右衛、左右武候各六人，左右武衛各八人。等員。[7]

[1]大將軍：官名。即左、右衛大將軍，左、右武衛大將軍，左、右武候大將軍。　左、右衛大將軍，隋初左、右衛各置大將軍一人，掌宫掖禁禦，督攝仗衛。正三品。煬帝大業三年左、右衛改稱左、右翊衛，長官改名左、右翊衛大將軍，總府事，並統諸鷹揚府，軍士名驍騎。自兩漢至北齊，大將軍位視三公；至隋，十二衛大將軍直爲武職，位左、右省臺之下。　左、右武衛大將軍，隋初

設左、右武衛，置左、右武衛大將軍各一員爲長官，總府事，掌領外軍宿衛宮禁。正三品。煬帝大業三年左、右武衛大將軍總府事，並統諸鷹揚府，軍士名熊渠。　左、右武候大將軍，隋文帝於左、右武候衛置左、右武候衛大將軍各一員爲長官，掌皇帝車駕出前後護從，晝夜巡察，執捕奸非，烽候道路，水草所置；巡狩征伐田獵，則掌其營禁。正三品。煬帝大業三年改左、右武候衛爲左、右候衛，置左、右候衛大將軍總府事，並統諸鷹揚府，軍士名佽飛。

將軍：官名。即左、右衛將軍，左、右武衛將軍，左、右武候將軍。　左、右衛將軍，隋初左、右衛各置左、右衛將軍二員爲副長官，佐長官左、右衛大將軍掌宮掖禁禦，督攝仗衛。從三品。煬帝大業三年左、右衛改稱左、右翊衛，左、右衛將軍改名左、右翊衛將軍，佐長官左、右翊衛大將軍總府事、統諸鷹揚府，軍士名驍騎。　左、右武衛將軍，隋初設左、右武衛，各置左、右武衛將軍二員爲副長官，佐長官左、右武衛大將軍總府事，領外軍宿衛宮禁。從三品。煬帝大業三年佐長官總府事，並統諸鷹揚府，軍士名熊渠。　左、右武候將軍，隋文帝於左、右武候衛各置左、右武候將軍二員爲副長官，佐長官左、右武候大將軍掌皇帝車駕出前後護從，晝夜巡察，執捕奸非，烽候道路，水草所置；巡狩征伐田獵，則掌其營禁。從三品。煬帝大業三年改左、右武候衛爲左、右候衛，左、右武候將軍改名左、右候衛將軍，佐長官左、右候衛大將軍總府事，並統諸鷹揚府，軍士名佽飛。

[2]長史：官名。即左、右衛長史，左、右武衛長史，左、右武候長史。　左、右衛長史，隋左、右衛各置長史一員，爲幕僚之長，掌判諸曹事務。正七品上。凡文簿典職、廩料請給、器械糧儲等，大事則聽命長官，小事則專達，並助長官考課以升降庶官。煬帝大業三年升爲從五品。　左、右武衛長史，隋左、右武衛各置長史一員，爲幕僚之長，掌判諸曹事務。凡文簿典職、廩料請給、器械糧儲等，大事則聽命長官，小事則專達，並助長官考課以升降庶官。正七品上。煬帝大業三年升爲從五品。　左、右武候長史，隋

左、右武候衛各置長史一員，爲幕僚之長，掌判諸曹事務。凡文簿典職、廩料請給、器械糧儲等，大事則聽命長官，小事則專達，並助長官考課以升降庶官。正七品上。煬帝大業三年改左、右武候衛爲左、右候衛，左、右武候長史改名左、右候衛長史，升爲從五品。

[3]司馬：官名。即左、右衛司馬，左、右武衛司馬，左、右武候司馬。　左、右衛司馬，隋左、右衛各置左、右衛司馬一員爲屬官，掌參贊軍務，位僅次長史。正七品下。　左、右武衛司馬，隋於左、右武衛各置左、右武衛司馬一員爲屬官，掌參贊軍務，位僅次長史。正七品下。　左、右武候司馬，隋於左、右武候衛各置左、右武候司馬一員爲屬官，掌參贊軍務，位僅次長史。正七品下。煬帝大業三年改左、右武候衛爲左、右候衛，左、右武候司馬改名左、右候衛司馬。

[4]錄事：官名。即左、右衛錄事，左、右武衛錄事，左、右武候錄事。　左、右衛錄事，爲左、右衛錄事參軍事或左、右衛錄事參軍之簡稱。隋於左、右衛各置左、右衛錄事一員爲屬官，掌本衛府印，及考核文書簿籍，勾檢稽失。正八品下。　左、右武衛錄事，爲左、右武衛錄事參軍事或左、右武衛錄事參軍之簡稱。隋於左、右武衛各置左、右武衛錄事一員爲屬官，掌本衛府印，及考核文書簿籍，勾檢稽失。正八品下。　左、右武候錄事，爲左、右武候錄事參軍事或左、右武候錄事參軍之簡稱。隋於左、右武候衛各置左、右武候錄事一員爲屬官，掌本衛府印，及考核文書簿籍，勾檢稽失。正八品下。煬帝大業三年改左、右武候衛爲左、右候衛，左、右武候錄事改名左、右候衛錄事。

[5]功：官名。即功曹參軍，全稱功曹參軍事，府署僚佐之一。隋初左右衛、武衛、武候衛、領軍府，太子左右衛、宗衛、虞候率府，親王、三公、上柱國至開府儀同三司及諸州府等皆置功曹參軍爲僚屬，品秩依府主地位高低而不等。其左右衛、武衛、武候衛功曹參軍從八品上。　倉：官名。即倉曹參軍，全稱倉曹參軍事，府

署僚佐之一。隋初左右衛、武衛、武候衛等十二衛各置倉曹參軍一員爲僚屬，太子十率各一員，親王至上儀同三司府各一員，品秩依府主地位高低而不等。其左右衛、武衛、武候衛倉曹參軍從八品上。　　兵：官名。即兵曹參軍，全稱兵曹參軍事，府署僚佐之一。隋初左右衛、武衛、武候衛等十二衛各置兵曹參軍一員爲僚佐　太子十率各一員，王府、州府皆置，其品秩依府主地位高低而不同。其左右衛、武衛、武候衛兵曹參軍從八品上。　　騎：官名。即騎曹參軍，全稱騎曹參軍事，府署僚佐之一。隋初左右衛、武衛、武候衛等十二衛各置騎曹參軍一員爲僚佐，太子十率各一員，王府　州府亦置，品秩依府主地位高低而不同。其左右衛、武衛、武候衛騎曹參軍從八品上。

　　[6]法曹：官名。即法曹行參軍，府署僚佐之一。隋初左右衛、武衛、武候衛等十二衛各置法曹行參軍一員爲僚佐，諸王府、州府亦置，品秩依府主地位高低而不同。其左右衛、武衛、武候衛法曹行參軍從八品下。　　鎧曹行參軍：官名。府署僚佐之一。隋初左右衛、武衛、武候衛等十二衛各置鎧曹行參軍一員爲僚佐，王府、州府等亦置，品秩依府主地位高低而不同。其左右衛、武衛、武候衛鎧曹行參軍從八品下。

　　[7]行參軍：官名。府署僚佐之一。晉初制度，中央除拜者爲參軍，諸府自辟者爲行參軍。南朝齊梁陳和北魏、北齊公府、將軍府、州府列曹皆置爲僚屬，唯品秩低於參軍。隋初公府、衛府、州府亦置爲僚屬。左右衛、左右武候各置行參軍六人，左右武衛置八人，正九品下。

　　左右衛，掌宮掖禁禦，督攝仗衛。又各有直閣將軍、六人。直寢、十二人。直齋、直後，[1]各十五人。並掌宿衛侍從。奉車都尉，[2]六人。掌馭副車。武騎常侍、十人。殿內將軍、十五人。員外將軍、三十人。殿內司馬督、二十人。員外司馬督，[3]四十人。並以參軍府朝，出使勞問。左右衛又各統親衛，[4]置開府。[5]左勳衛開府，[6]左翊一開府、二開府、三開府、四開府，[7]及武衛、武候、領軍、東宮領兵開府准此。[8]府置開府，[9]一人。有長史，[10]司馬，[11]錄事，[12]及倉、兵等曹參軍，[13]法曹行參軍，[14]各一人。行參軍。[15]三人。又有儀同府。[16]武衛、武候、領軍、東宮領兵儀同皆准此。儀同已下，置員同開府，但無行參軍員。諸府皆領軍坊。[17]每坊東宮軍坊准此。置坊主、一人。佐。[18]二人。每鄉團東宮鄉團准此。置團主、一人。佐。[19]二人。

[1]直閣將軍：官名。或省稱直閣。東晉置，隸於禁衛，總領宿衛侍從。南朝及北魏、北齊均置，爲皇帝左右侍衛之官，地位顯要。南朝梁時亦領兵出征。北魏以宗室任此職，孝文帝定爲從三品下。北齊爲左右衛府直閣屬官，位從四品。隋初左右衛各置直閣將軍六人爲屬官，掌宿衛侍從。從四品。煬帝大業三年改“三衛”（親、勳、翊衛）爲“三侍”（親、勳、武侍），廢直閣將軍。　直寢：官名。即左右衛直寢。隋初於左右衛各置十二員爲屬官，掌宿衛侍從。從五品上。煬帝大業三年改“三衛”爲“三侍”時廢直寢。　直齋：官名。即左右衛直齋。隋初於左右衛各置十五員爲屬官，掌宿衛侍從。從五品下。煬帝大業三年改“三衛”爲“三侍”時廢直齋。　直後：官名。即左右衛直後。隋初於左右衛各置直後十五員爲屬官，掌宿衛侍從。從六品下。煬帝大業三年改“三衛”爲“三侍”時廢直後。

[2]奉車都尉：官名。西漢武帝始置，職掌皇帝車輿，入侍左右，秩比二千石。東漢名義上隸光禄勳。三國因之，地位漸低。西晉亦置，掌御乘輿車，以宗室、外戚任之。東晉元帝以參軍爲奉車都尉。南朝亦置，隸集書省，無員額，宋六品，陳七品。北魏列爲

冗職，孝文帝初定從四品上，後降從五品上。北齊員十人，隷左右衛府，從五品。北周亦置，爲散官，五命。隋初於左右衛各置奉車都尉六員爲屬官，掌馭副車。從五品上。煬帝大業三年廢。

［3］武騎常侍：官名。隋初因北齊制，於左右衛各置武騎常侍十員爲屬官，職掌參軍府朝，出使勞問。從七品下。文帝開皇六年罷。　殿内將軍：官名。即殿中將軍，隋因避諱改。隋初於左右衛各置殿内將軍十五員爲屬官，職掌參軍府朝，出使勞問。正八品上。文帝開皇六年罷。　員外將軍：官名。南北朝時期爲殿中員外將軍的省稱，隋爲殿内員外將軍的省稱，即正員之外添授的殿内將軍。隋於左右衛各置員外將軍三十員，職掌同殿内將軍。從八品下。文帝開皇六年罷。　殿内司馬督：官名。省稱司馬督。隋初左右衛各置二十員爲屬官，職掌參軍府朝，出使勞問。正九品。文帝開皇六年罷。　員外司馬督：官名。隋初沿北齊制，於左右衛各置員外司馬督官四十員爲屬官，職掌參軍府朝，出使勞問。從九品下。文帝開皇六年罷。

［4］左右衛親衛：官名。有時省稱“親衛”。隋初於左右衛各置親衛爲屬官，爲皇帝親信侍從，宿衛内廷。正七品上。煬帝大業三年改名親侍。

［5］開府：官署名。即左右衛親衛開府。隋初於左右衛置親衛開府，所領親衛爲皇帝親信侍從，宿衛内廷。煬帝大業三年改名親侍府。

［6］左勳衛開府：官署名。有時省稱勳衛。隋初於左右衛置左勳衛開府，所領勳衛爲皇帝親信侍從，宿衛内廷。煬帝大業三年改名勳侍府。

［7］左翊一開府、二開府、三開府、四開府：官署名。隋於左、右衛所置四個軍府，各設開府一員，及長史、司馬、錄事等官員，所領翊衛爲皇帝親信侍從，宿衛宮禁。煬帝大業三年左右衛改爲左右翊衛，翊衛府也改名武侍府。

［8］武衛、武候、領軍、東宮領兵開府：此指隋初十二衛府之

武衛、武候、領軍衛和太子衛率統領的近衛衛士所置官署。

[9]開府：官名。隋初左右衛、武衛、武候、領軍府下轄的親衛府、左勳衛府、左翊四府及東宮衛率府各置開府一員，統領近衛衛士，宿衛宮禁。

[10]長史：此指隋親衛府、左勳衛府、左翊四府及東宮衛率府所置長史。隋沿前制，所置長史官署衆多，而親衛府、左勳衛府、左翊四府及東宮衛率府之長史是其一類，各置一員，爲官署幕僚之長，掌判諸曹事務。

[11]司馬：此指隋親衛府、左勳衛府、左翊四府及東宮衛率府所置司馬。軍府高級幕僚，掌參贊軍務，管理府內武職，位僅次於長史。隋諸衛府及勳官開府者亦置，而親衛府、左勳衛府、左翊四府及東宮衛率府所置司馬是其中一類，各置一員，掌參贊軍務。

[12]錄事：此指隋親衛府、左勳衛府、左翊四府及東宮衛率府所置錄事。爲官署幕僚，掌管文書，勾稽缺失。隋於門下省、十二衛府、謁者臺、御史臺、諸寺監、東宮詹事府、左右春坊、諸率府、親王府、都督府、諸府州縣等亦置，其品級隨府主高低而不同。而親衛府、左勳衛府、左翊四府及東宮衛率府之錄事是其中一類，各置一員。

[13]倉、兵等曹參軍：官名。此指隋親衛府、左勳衛府、左翊四府及東宮衛率府所置倉、兵等曹參軍，各置一員，爲這些府署僚佐之一。

[14]法曹行參軍：官名。此指隋親衛府、左勳衛府、左翊四府及東宮衛率府之法曹行參軍，各置一員，爲這些府署僚佐之一。

[15]行參軍：官名。此處指隋親衛府、左勳衛府、左翊四府及東宮衛率府之行參軍，各置三員，爲府署僚佐之一。

[16]儀同府：官署名。隋初左右衛、左右武候、左右領軍、東宮領府兵率府下皆置儀同府，有長史、司馬、錄事，及倉、兵曹參軍，法曹參軍等屬員。

[17]軍坊：隋初諸衛府及東宮衛率置軍坊，是府兵基層組織，

爲府兵長期集中居住的地方。

[18]坊主：官名。隋初軍坊置坊主一人爲長官，檢查户口，勸課農桑，以本軍坊五品勳官爲之。　佐：官名。即坊佐。隋初軍坊置坊佐二人爲貳官，佐長官坊主檢查户口，勸課農桑。

[19]鄉團：隋諸衛府及東宫衛率下屬府兵基層組織。　團主：官名。隋鄉團置團主一人爲長官，掌檢查户口，勸課農桑。　佐：官名。即團佐。隋鄉團置團佐二人爲貳官，佐長官團主檢查户口，勸課農桑。

　　左右武衛府，無直閣已下員，但領外軍宿衛。[1]

[1]外軍：此指隋府兵制一種軍制名。隋諸衛府有内、外宿衛的區別，府兵小部分屬内衛，大部分屬外衛，因内、外衛的不同，府兵分爲内軍與外軍。如左右衛之親、勳、翊衛是内衛，其各領的驃騎府、車騎府之府兵爲内軍，十二府所領其他驃騎府、車騎府之府兵則爲外軍。此制可使内、外軍宿衛互相牽制，而皇帝更信任内衛。（參見谷霽光《府兵制度考釋》，上海人民出版社 1962 年版，第 108—120 頁）

　　左右武候，掌車駕出，先驅後殿，晝夜巡察，執捕奸非，烽候道路，[1]水草所置。[2]巡狩師田，[3]則掌其營禁。右加置司辰師、四人。漏刻生。[4]一百一十人。

[1]烽候：亦作“烽堠”。烽火臺。

[2]置：中華書局新修訂本校勘記云：“‘置’，《唐六典》卷二五《左右金吾衛》注、《通典》卷二八《職官一〇·左右金吾衛》、《職官分紀》卷三五《左右金吾衛將軍》引《隋書·百官志》作‘宜’。”

［3］師田：征伐與田獵。

［4］右加置：諸本皆同。岑仲勉疑"右"是"又"字之訛，但未考（參見岑仲勉《隋書求是》，中華書局2004年版，第29頁）。

司辰師：官名。隋於右武候衛置司辰師四員，掌觀測天文。正九品下。煬帝大業三年改隸秘書省太史監，置八員。

左右領左右府，各大將軍、一人。將軍，[1]二人。掌侍衛左右，供御兵仗。領千牛備身，[2]十二人。掌執千牛刀；[3]備身左右，[4]十二人。掌供御弓箭；備身，[5]六十人。掌宿衛侍從。各置長史，[6]司馬，[7]録事，[8]及倉、兵二曹參軍事，[9]鎧曹行參軍各一人。等員。[10]

［1］大將軍：官名。即左、右領左右府大將軍。隋於左、右領左右府置大將軍各一員爲長官，正三品。煬帝大業三年改左、右領左右府爲左、右備身府後，左、右領左右府大將軍廢。　將軍：官名。即左、右領左右府將軍。隋左、右領左右府置左、右領左右府將軍各二員爲貳官，佐左、右領左右府大將軍掌領侍衛左右，供御兵仗。從三品。煬帝大業三年廢。

［2］千牛備身：官名。北魏始置，掌乘輿御刀。北齊領左右府置千牛備身。正六品下。北周亦置，又稱千牛左右、千牛。隋於左右領左右府各置千牛備身十二人，掌執千牛刀宿衛皇帝。正六品下。煬帝大業三年改左右領左右府爲左右備身府，其亦改稱"千牛左右"。隋太子左、右内率亦置千牛備身，注釋詳後文。

［3］千牛刀：語本《莊子·養生主》："（庖丁）所解數千牛矣，而刀刃若新發於硎。"後因以"千牛刀"稱鋒利的刀，亦代稱御刀。

［4］備身左右：官名。北魏置，宿衛侍從皇帝。隋於左右領左右府各置備身左右十二人，掌供御弓箭。正六品下。煬帝大業三年

改左右領左右府爲左右備身府，其亦改稱“司射左右”。隋太子左、右内率亦置備身左右，注釋詳後文。

　　[5]備身：官名。隋置，掌皇帝宿衛侍從。初屬左右領左右府，員六十人。從八品上。煬帝大業三年改左右領左右府爲左右備身府，遂罷。隋太子左、右内率亦置備身，注釋詳後文。

　　[6]長史：官名。此指隋左右領左右府所置長史，各置一員，爲官署幕僚之長，掌判諸曹事務。正七品上。

　　[7]司馬：官名。此指隋左右領左右府所置司馬，各置一員，掌參贊軍務。正七品下。

　　[8]録事：官名。此指隋左右領左右府所置録事，各置一員，爲官署幕僚，掌本衛文書，勾稽缺失。正八品下。

　　[9]倉、兵二曹參軍事：官名。此指隋左右領左右府所置倉、兵等曹參軍，各置一員，爲府署僚佐之一。正八品下。

　　[10]鎧曹行參軍：官名。此指隋左右領左右府所置鎧曹行參軍，各置一員，爲府署僚佐之一。正八品下。

　　左右監門府各將軍，[1]一人。掌宮殿門禁及守衛事。各置郎將，[2]二人。校尉，[3]直長，[4]各三十人。長史，[5]司馬，[6]録事，[7]及倉、兵曹參軍，[8]鎧曹行參軍，[9]各一人。行參軍四人。等員。[10]

　　[1]左右監門府將軍：官名。隋初於左、右監門府置將軍各一員爲長官，掌宮殿門禁及守衛事。從三品。煬帝大業三年改名左、右監門府郎將，職掌同前。正四品。

　　[2]郎將：官名。即左、右監門府郎將。隋初於左、右監門府置郎將各二員爲貳官，佐長官掌宮殿門禁及守衛事。正四品下。煬帝大業三年改左、右監門府將軍爲左、右監門府郎將，爲左、右監門府長官，隋初所置的左右監門府郎將廢。

　　[3]校尉：官名。即左右監門府校尉。隋於左右監門府置左右監門府校尉三十員爲屬官，在長官統領下掌宮殿門禁及守衛事。正六品下。

　　[4]直長：官名。即左右監門府直長。隋於左右監門府置左右監門府直長三十員爲屬官，在長官統領下掌宮殿門禁及守衛事。正七品下。

　　[5]長史：官名。此指隋左右監門府長史，各置一員，爲官署幕僚之長，掌判諸曹事務。從七品上。

　　[6]司馬：官名。此指隋左右監門府所置司馬，各置一員，掌參贊軍務。從七品下。

　　[7]録事：官名。此指隋左右監門府録事，各置一員，爲官署幕僚，掌本衛文書，勾稽缺失。正八品下。

　　[8]倉、兵曹參軍：官名。此指隋左右監門府倉、兵等曹參軍，各置一員，爲府署僚佐之一。從八品上。

　　[9]鎧曹行參軍：官名。此指隋左右監門府鎧曹行參軍，各置一員，爲府署僚佐之一。正九品上。

　　[10]行參軍：官名。此指隋左右監門府之行參軍，各置四員，爲府署僚佐之一。正九品上。

　　左右領軍府，各掌十二軍籍帳、差科、辭訟之事。[1]不置將軍。[2]唯有長史，[3]司馬，[4]掾屬及録事，[5]功、倉、户、騎、兵等曹參軍，[6]法、鎧等曹行參軍，[7]各一人。行參軍十六人。等員。[8]又置明法，[9]四人。隸於法司，[10]掌律令輕重。

　　[1]十二軍：即指左右衛、左右武衛府、左右武候、左右領左右府、左右監門府、左右領軍府。　差科：指差役和賦税。

　　[2]不置將軍：《通典》卷二八《職官・左右領軍衛》所載與

此同。但考本書卷一《高祖紀上》載，開皇五年三月戊午，以高潁爲"左領軍大將軍"，宇文忻爲"右領軍大將軍"。可知至遲此時左右領軍府已置"左、右領軍大將軍"了。又據本書卷二《高祖紀下》載：開皇九年十一月庚子，"右領軍將軍李安爲右領軍大將軍"；本書卷四八《楊素傳》和《通鑑》卷一七七《隋紀》載：開皇十年十一月楊素平定江南之叛後班師，文帝遣"左領軍將軍"獨孤陀迎勞。可推知至遲開皇九年前已置"左右領軍將軍"了。此外本書卷四一《高潁傳》、卷五四《崔彭傳》也均載有任"左領軍大將軍"者；本書卷二《高祖紀下》、卷四〇《宇文忻傳》、卷四四《衛昭王爽傳》、卷四五《庶人秀傳》、卷五〇《李安傳》、卷五二《賀若弼傳》也均載有任"右領軍大將軍"者；本書卷五一《長孫晟傳》、卷五三《史萬歲傳》也均載有任"左領軍將軍"者；本書卷二《高祖紀下》、卷四三《楊處綱傳》也均載有任"右領軍將軍"者。從這些資料可推知：左右領軍府"不置將軍"僅隋初一時之制，後"左右領軍大將軍""左右領軍將軍"均置，而且成了長期定制。

　　[3]長史：官名。此指隋左右領軍府長史。各置一員，爲官署幕僚之長，掌判諸曹事務。從六品上。

　　[4]司馬：官名。此指隋左右領軍府司馬。各置一員，掌參贊軍務。從六品下。

　　[5]掾屬：官名。此指隋左右領軍府掾屬。各置一員爲僚佐。從七品上。　錄事：官名。此指隋左右領軍府錄事。各置一員，爲官署幕僚，掌本衛文書，勾稽缺失。正八品上。

　　[6]功、倉、户、騎、兵等曹參軍：皆官名。功、倉、兵、騎曹參軍，此指隋左右領軍府之功、倉、兵、騎曹參軍。各置一員，爲府署僚佐之一。正八品下。

　　[7]法、鎧等曹行參軍：皆官名。此指隋左右領軍府法、鎧曹行參軍。各置一員，爲府署僚佐之一。從八品上。

　　[8]行參軍：官名。此指隋左右領軍府行參軍。各置十六員，

爲府署僚佐之一。正九品上。

　　[9]明法：官名。即左右領軍府明法。隋初於大理寺置明法二十員爲屬官外，在左右領軍府亦置明法四人爲屬官，掌律令輕重。

　　[10]法司：古代掌司法刑獄的官署。此指大理寺。

　　行臺省，[1]則有尚書令，[2]僕射，[3]左、右任置。兵部、兼吏部、禮部。度支兼都官、工部。尚書及丞左、右任置。各一人，[4]都事四人。[5]有考功、兼吏部、爵部、司勳。禮部、兼祠部、主客。膳部、兵部、兼職方。駕部、庫部、刑部、兼都官、司門。度支、兼倉部。户部、兼比部。金部、工部、屯田兼水部、虞部。侍郎，[6]各一人。每行臺置食貨，[7]農圃，[8]武器，[9]百工監、副監，[10]各一人。各置丞、食貨四人，農圃六人，武器二人，百工四人。録事食貨、農圃、百工各二人，武器一人。等員。[11]

　　[1]行臺省：官署名。全稱行臺尚書省，簡稱行省或行臺。隋文帝初於河北、河南、西南、山南、淮南等道各置行臺尚書省，以行臺尚書令、僕射爲長貳官，還設行臺兵部、度支尚書等衆多官員。代表中央尚書省掌所轄區的地方軍政。

　　[2]尚書令：官名。即行臺尚書令。隋文帝初於河北等道各置行臺尚書省，以行臺尚書令爲長官，置一員，掌所轄區的地方軍政。流内視正二品。

　　[3]僕射：官名。即行臺僕射。隋文帝初於河北等道置行臺尚書省，以行臺僕射爲副長官，左、右任置一員，佐長官掌所轄區的地方軍政。流内視從二品。

　　[4]兵部、度支尚書：官名。即行臺兵部尚書、行臺度支尚書。行臺兵部尚書，隋文帝初於河北等道各置行臺尚書省，以行臺兵

部尚書爲屬官，置一員。在行臺内職掌同兵部尚書，並兼吏部、禮部尚書職權。流内視正三品。　行臺度支尚書，隋文帝初於河北等道各置行臺尚書省，以行臺度支尚書爲屬官，置一員。在行臺内職掌同度支尚書，並兼都官、工部尚書職權。流内視正三品。　丞：官名。即行臺尚書丞，簡稱行臺丞。隋文帝初於河北等道各置行臺尚書省，置行臺丞爲屬官，左、右任置一員，流内視從四品。在行臺内職掌同尚書左、右丞。

[5]都事：官名。即行臺尚書都事，簡稱行臺都事。隋文帝初於河北等道各置行臺尚書省，以行臺都事爲屬官，置四員，流内視從八品。在行臺内職掌同尚書都事。

[6]考功：官名。即行臺考功侍郎。隋文帝初於河北等道各置行臺尚書省，以行臺考功侍郎爲屬官，置一員，流内視正六品。在行臺内職掌同考功侍郎，並兼吏部、爵部、司勳侍郎之職權。　禮部：官名。即行臺禮部侍郎。爲行臺尚書省屬官，置一員。流内視正六品。在行臺内職掌同禮部侍郎，並兼祠部、主客侍郎之職權。

膳部：官名。即行臺膳部侍郎。爲行臺尚書省屬官，置一員，流内視正六品。在行臺内職掌同膳部侍郎。　兵部：官名。即行臺兵部侍郎。爲行臺尚書省屬官，置一員，流内視正六品。在行臺内職掌同兵部侍郎，並兼職方侍郎之職權。　駕部：官名。即行臺駕部侍郎。爲行臺尚書省屬官，置一員，流内視正六品。在行臺内職掌同駕部侍郎。　庫部：官名。即行臺庫部侍郎。爲行臺尚書省屬官，置一員，流内視正六品。在行臺内職掌同庫部侍郎。　刑部：官名。即行臺刑部侍郎。爲行臺尚書省屬官，置一員，流内視正六品。在行臺内職掌同刑部侍郎，並兼都官、司門侍郎之職權。　度支：官名。即行臺度支侍郎。爲行臺尚書省屬官，置一員，流内視正六品。在行臺内職掌同度支侍郎，並兼倉部侍郎之職權。　戶部：官名。即行臺戶部侍郎。爲行臺尚書省屬官，置一員，流内視正六品。在行臺内職掌同戶部侍郎，並兼比部侍郎之職權。　金部：官名。即行臺金部侍郎。爲行臺尚書省屬官，置一員，流内視正六品。在行臺内職掌同金部侍郎。　工部：官名。即行臺工部侍郎。爲行臺尚書省屬官，置一員，流内視正六品。在行臺内職掌同工部侍郎。　屯田：官名。即行臺屯田侍郎。爲行臺尚書省屬官，置一員，流内視正六品。在行臺内職掌同屯田侍郎，並兼水部、虞部侍郎之職權。

[7]食貨：官署名。即行臺食貨監。隋文帝初於河北等道各置行臺尚書省，下置行臺食貨監，置監一員。流内視正八品。在行臺内掌膳食、財務、賓客、鋪設、音樂、醫藥事。

[8]農圃：官署名。即行臺農圃監。隋文帝初於河北等道各置行臺尚書省，下置行臺農圃監，置監一員。流内視正八品。在行臺内掌倉廪、園圃、柴炭、芻蒿、運漕事。

[9]武器：官署名。即行臺武器監。隋文帝初於河北等道各置行臺尚書省，下置行臺農圃監，置監一員。流内視正八品。在行臺内掌兵仗、厩牧事。

[10]百工監：官署名。即行臺百工監，亦爲本署長官名。隋文帝初於河北等道各置行臺尚書省，下置行臺農圃監，置監一員。流内視正八品。在行臺内掌舟車及營造雜作事。　副監：官名。即行臺食貨副監、行臺農圃副監、行臺武器副監、行臺百工副監。各置一員，流内視從八品。

[11]丞：官名。此指隋所置行臺食貨監丞，四人；行臺農圃監丞，六人；行臺武器監丞，二人；行臺百工監丞，四人。爲各監處理日常事務之佐官。皆流内視從九品。　録事：官名。此指隋所置行臺食貨録事，二人；行臺農圃録事，二人；行臺百工録事，二人；行臺武器録事，一人。爲各監屬官，在監内掌管文書，勾稽缺失。

太子置太師、太傅、太保、少師、少傅、少保。[1]開皇初，置詹事。[2]二年定令，罷之。

　　[1]太師、太傅、太保、少師、少傅、少保：皆官名。太子三師（太子太師、太子太傅、太子太保）和太子三少（太子少師、太子少傅、太子少保）合稱太子六傅。以道德輔教太子，並於動靜起居、言語視聽以師範之。太子三師爲正二品，太子三少爲正三品。

　　[2]詹事：官名。秦漢爲管理皇后、太子諸宮庶務的官員。兩晋南北朝東宮地位極重，官屬齊備，擬於朝廷，時號宮朝。詹事任總宮朝，當時稱其職比朝廷之尚書令，位權甚重，或亦參預朝政。其官署稱府。隋初沿北齊之制，開皇元年置太子詹事，於二年罷。

　　門下坊，[1]置左庶子二人，[2]内舍人四人，[3]録事二人，[4]主事令史四人。[5]統司經、宮門、内直、典膳、藥藏、齋帥等六局。[6]司經置洗馬四人，[7]校書六人，[8]正字二人。[9]宮門置大夫二人。[10]内直置監、副監各二人，[11]監殿舍人四人。[12]典膳、藥藏，並置監、丞各二人。[13]藥藏又有侍醫四人。[14]齋帥置四人。[15]

　　[1]門下坊：官署名。北齊始置，設中庶子、中舍人、通事守舍人、主事守舍人員。領殿内、典膳、藥藏、齋帥等局。隋沿置門下坊，置左庶子二人領之。統司經、宮門、内直、典膳、藥藏、齋帥等六局。掌東宮供奉諸事。

　　[2]左庶子：官名。隋門下坊置左庶子二員爲長官，掌侍從太子左右，贊相禮儀，駁正啓奏，監省封題，職比朝廷門下省侍中。正四品上。

　　[3]内舍人：官名。太子内舍人簡稱。隋避諱改太子中舍人稱太子内舍人，初置四員，掌侍從太子，行令書、令旨及表、啓之事。正五品上。煬帝大業三年減爲二員。

[4]録事：官名。此指隋太子門下坊録事。置二員，爲官署幕僚，掌本坊文書，勾稽缺失。

[5]主事令史：官名。此指隋太子門下坊主事令史。隋文帝置爲太子官，門下坊、典書坊各置主事令史四人。開皇十四年諸省各置主事令史員。煬帝大業三年定令，諸司主事並去令史之名。其令史隨曹閑劇而置，每十令史置一主事，不滿十人，亦置一人。其餘四省三臺，亦皆曰令史；九寺五監諸衛府，皆曰府史。爲各官署中掌管署覆文書案牘的低級官員。

[6]司經：官署名。即司經局。南朝梁置典經局，屬東宮，設太子洗馬等官，掌經籍。北齊有典書坊，置太子洗馬等。隋門下坊下置司經局，以太子洗馬爲長官，掌經、史、子、集四庫圖書繕寫刊緝之事，立正本、副本，以備供進。凡天下上東宮圖書，皆受而收藏。　宮門：官署名。即宮門局。隋於門下坊下置宮門局，設宮門大夫二員爲長官，掌東宮門籍。煬帝大業三年改宮門大夫爲宮門監。　內直：官署名。即內直局。北齊門下坊領殿內局。隋於門下坊下置內直局，以內直監爲長官，掌東宮符璽、傘扇、几案、衣服之事。　典膳：官署名。即典膳局。北齊門下坊始置典膳局，設監、丞等官。隋於門下坊下置典膳局，以典膳監爲長官。掌東宮進膳、嘗食之事，每夕局官更值於廚。　藥藏：官署名。即藥藏局。北齊門下坊始置藥藏局，設監、丞等官，掌東宮醫藥。隋因之，於門下坊下置藥藏局，以藥藏監二員爲長官，還設丞二員、侍醫四員，煬帝大業三年減侍醫二員。掌東宮和齊醫藥之事。　齋帥：官署名。即齋帥局。南朝齊有齋居局，梁有齋內局，陳因之。北齊門下省、門下坊皆置齋帥局，設太子齋帥、內閤帥等官，掌鋪設灑掃等事務。隋僅於門下坊置齋帥局，以齋帥爲長官，掌東宮湯沐、燈燭、灑掃、鋪設等事。

[7]洗馬：官名。即司經局洗馬。太子屬官。秦置。隋於門下坊司經局置太子洗馬爲長官。掌經、史、子、集四庫圖書繕寫刊緝之事，立正本、副本，以備供進；凡天下上東宮圖書，皆受而收

藏，從五品上。初置四員，煬帝大業三年減爲二員。

[8]校書：官名。南朝宋孝建中，太子洗馬有校書吏四人，此後無聞。至北齊，有太子校書（一説"太子校書郎"），從九品上。隋於門下坊司經局置太子校書六人，掌校理刊正經、史、子、集四庫之書，從九品上。

[9]正字：官名。此指司經局太子正字。隋於司經局置太子正字二人。掌校理刊正經、史、子、集四庫之書，從九品下。煬帝大業三年改名正書。

[10]大夫：官名。此爲太子宮門大夫、太子門大夫簡稱。隋於門下坊宮門局置太子宮門大夫二員爲長官，掌東宮門籍，從六品上。煬帝大業三年改宮門大夫爲宮門監。

[11]監：官名。此爲太子內直監簡稱。北齊門下坊殿內局，置內直監二員爲長官，正六品下。隋於門下坊宮門局，置太子內直監二員爲長官，掌東宮符璽、傘扇、几案、衣服之事，正六品下。
副監：官名。此爲太子內直副監簡稱。北齊殿內局有副直監四人。從六品下。隋於門下坊宮門局，置太子內直副監二員爲貳官，佐長官掌東宮符璽、傘扇、几案、衣服之事，從六品下。

[12]監殿舍人：官名。隋於門下坊內直局置監殿舍人四人，掌文書之事。

[13]監：官名。即典膳監和藥藏監。 典膳監，北齊門下坊始置典膳局，設太子典膳監二員爲長官，正六品下。隋於門下坊典膳局置典膳監爲長官，二員。掌東宮進膳、嘗食之事，每夕局官更值廚。正七品下。 藥藏監，北齊門下坊始置藥藏局，設藥藏監二員爲長官，掌東宮醫藥，正六品下。隋因之，於門下坊藥藏局置藥藏監爲長官，二員，掌東宮和齊醫藥之事，正七品下。 丞：官名。即典膳丞和藥藏丞。 典膳丞，北齊門下坊始置典膳局，設太子典膳丞二員爲貳官，正八品下。隋於門下坊典膳局置典膳丞爲長官，二員，佐長官掌東宮進膳、嘗食等事。正九品下。 藥藏丞，北齊門下坊始置藥藏局，設藥藏丞二員爲貳官，佐長官掌東宮醫藥，正

八品下。隋因之，於門下坊藥藏局置藥藏丞爲長官，二員，佐長官掌東宮和齊醫藥之事，正九品下。

〔14〕侍醫：官名。隋於藏局置太子侍醫四員，從七品上。太子有疾，侍醫入診候以議方藥。煬帝大業三年減侍醫爲二員。

〔15〕齋帥：官名。此指太子齋帥。隋門下坊齋帥局置太子齋帥四員爲長官，掌東宮湯沐、燈燭、灑掃、鋪設等事，正七品下。

典書坊，[1]右庶子二人，[2]舍人、通事舍人各八人，[3]録事二人，[4]主事令史四人。[5]

〔1〕典書坊：官署名。即太子典書坊。北齊始置，以庶子爲長官，還有太子舍人。又領典經坊，並統伶官西涼二部、伶官清商二部。隋沿置典書坊，以右庶子爲長官，掌東宮經籍。煬帝大業三年改太子舍人名管記舍人，通事舍人爲宣令舍人。

〔2〕右庶子：官名。隋始置右庶子，爲典書坊長官，二員，掌東宮經籍，正四品下。

〔3〕舍人：官名。此指隋典書坊太子舍人。隋於典書坊置太子舍人八員爲屬官，掌書、令、表、啓之事，從六品下。煬帝大業三年改名管記舍人，減置四員。　通事舍人：官名。隋於典書坊置太子通事舍人爲屬官，八員，掌導引東宮諸臣辭見之禮，及承令勞問之事等，正七品下。煬帝大業三年改名宣令舍人。

〔4〕録事：官名。此指隋典書坊太子録事。置二員，爲官署幕僚，掌本坊文書，勾稽缺失。

〔5〕主事令史：官名。此指隋典書坊主事令史。置四員，爲官署幕僚，是掌署覆文書案牘的低級官員。煬帝大業三年定令，諸司主事並去令史之名。其令史隨曹閑劇而置，每十令史置一主事，不滿十人，亦置一人。

　　内坊典内及丞各二人，[1]丞直四人，[2]録事一人。[3]内厩置尉二人，[4]掌内車輿之事。

　　[1]内坊典内：官名。此爲隋内坊太子典内簡稱。隋始置内坊太子典内二員爲内坊長官，掌東宮閤内之禁令，及宮人糧廩賜與之出入等。從六品下。　丞：官名。此爲隋太子内坊丞簡稱。隋置太子内坊丞二員爲内坊貳官，佐長官掌太子内坊之事。正八品上。

　　[2]承直：官名。隋於内坊置太子内坊承直四員爲屬官，掌以儀式導引賓客，從九品上。煬帝大業三年改爲内坊典直。

　　[3]録事：官名。此指隋太子内坊録事。置一員，爲官署幕僚，掌本坊文書，勾稽缺失。

　　[4]内厩：官署名。此指隋太子典書坊内厩。置内厩尉爲長官，掌東宮車輿之事。

　　家令、掌刑法、食膳、倉庫、什物、奴婢等事。率更令、掌伎樂漏刻。僕、掌宗族親疏，車輿騎乘。各一人。[1]三寺各置丞、家令二人，寺各一人。録事。[2]家令二人，寺各一人。家令領食官、典倉、司藏三署令、各一人。丞。[3]食官二人，典倉一人，司藏三人。[4]僕寺領厩牧令一人。員。[5]

　　[1]家令：官名。此爲太子家令簡稱。隋於家令寺置太子家令一員爲長官，掌東宮刑法、食膳、倉庫、什物、奴婢等事，領食官、典倉、司藏三署令、丞。從四品上。煬帝大業三年改名司府令。　率更令：官名。此爲太子率更令簡稱。隋於太子率更寺置太子率更令一員爲長官，掌東宮伎樂漏刻。從四品上。　僕：官名。此爲太子僕簡稱。隋於太子僕寺置太子僕一員爲長官，掌東宮宗族親疏，車輿騎乘。從四品上。

[2]三寺：即太子家令寺、太子率更令寺、太子僕寺。　　丞：官名。即太子家丞、太子率更丞、太子僕丞。太子家丞置二員，太子率更丞、太子僕丞各一人，均爲從八品下。　　錄事：官名。即太子家錄事、太子率更錄事、太子僕錄事。太子家錄事置二員，太子率更錄事、太子僕令錄事各一人。

[3]令：官名。即食官令、典倉令、司藏令。　　食官令，即太子食官令簡稱。隋於太子家令寺食官署置食官令一員爲長官，掌太子飲膳之事。正九品下。　　典倉令，即太子典倉令簡稱。隋於太子家令寺典倉署置太子典倉令一員爲長官，掌東宮穀倉出納及醞醢、庶羞、器皿、燈燭之事。正九品下。　　司藏令，即太子司藏令簡稱。北齊始置，爲太子家令寺司藏署長官，從九品上。隋沿之，於太子家令寺司藏署置太子司藏令一員爲長官，掌東宮庫藏財貨出納、營繕之事。正九品下。　　丞：官名。即食官丞、典倉丞、司藏丞。　　食官丞，此太子食官丞簡稱。佐長官掌太子飲膳之事。　　典倉丞，此太子典倉丞簡稱。北齊置太子典倉丞爲太子家令寺典倉署貳官。隋沿之，佐長官掌東宮穀倉出納及醞醢、庶羞、器皿、燈燭之事。　　司藏丞，此太子司藏丞簡稱。北齊始置，爲太子家令寺司藏署貳官，隋沿之，於太子家令寺司藏署置太子司藏丞爲貳官，三員，佐長官掌東宮庫藏財貨出納、營繕之事。

[4]司藏三人：諸本皆同底本，而《唐六典》卷二七《司藏署》、《通典》卷三〇《職官·太子家令》載“司藏二人”。

[5]僕寺：此指太子僕寺。　　廄牧令：官名。太子廄牧令簡稱。隋於太子僕寺廄牧署置廄牧令一員爲長官，掌東宮車馬、閑廄、牧畜之事。從九品上。

左右衛，[1]各置率一人，[2]副率二人，[3]掌宮中禁衛。各置長史，[4]司馬及錄事，[5]功、倉、兵、騎兵等曹參軍事，[6]法曹、鎧曹行參軍，[7]各一人，行參軍四人。

員。[8]又各有直閤四人，[9]直寢八人，[10]直齋、直後各十人。[11]

[1]左右衛：官署名。此是太子左右衛簡稱，也是太子左衛、太子右衛的合稱。北齊置太子左右坊，以太子左右坊率爲長官，掌禁衛東宮。隋置太子左右衛，以太子左右衛率爲長官，掌東宮禁衛之職。

[2]率：官名。此是太子左右衛率的簡稱。隋初於太子左右衛置太子左右衛率一員爲長官，掌東宮禁衛之職。正四品上。煬帝大業三年改名左右侍率。

[3]副率：官名。此是太子左右衛副率的簡稱。隋始置，爲太子左右衛率副貳，置二員，佐長官掌東宮禁衛之職。從四品上。煬帝大業三年改名左右侍副率。

[4]長史：官名。此指太子左、右衛長史。各置一員，爲官署幕僚之長，掌判諸曹事務。從七品上。

[5]司馬：官名。此指隋太子左右衛司馬。各置一員，掌參贊軍務。從七品下。　錄事：官名。此指隋太子左右衛錄事。置一員，爲官署幕僚，掌監本衛印、發付文書、勾稽缺失。從八品上。

[6]功、倉、兵、騎兵：此指隋太子左右衛功、倉、兵、騎兵曹參軍事。皆各置一員，爲衛署僚佐之一。從八品下。

[7]法曹、鎧曹行參軍：官名。此指隋太子左、右衛法曹行參軍與鎧曹行參軍。各置一員，爲府署僚佐之一。正九品上。

[8]行參軍：官名。此指隋太子左、右衛行參軍。各置四員，爲府署僚佐之一。從九品上。

[9]直閤：官名。爲直閤將軍省稱。此指隋太子左、右衛直閤。各置八員，爲府署僚佐之一，掌宿衛侍從太子。從五品下。

[10]直寢：官名。此指隋太子左、右衛直寢。各置八員，爲府署僚佐之一，掌宿衛侍從太子。從六品上。

[11]直齋：官名。此指隋太子左、右衞直齋。各置十員，爲府署僚佐之一，掌宿衞侍從太子。從六品下。　直後：官名。此指隋太子左、右衞直後。各置十員，爲府署僚佐之一，掌宿衞侍從太子。從七品下。

左右宗衞，[1]制官如左右衞，各掌以宗人侍衞。[2]加置行參軍二人，而無直閣、直寢、直齋、直後等員。

[1]左右宗衞：官署名。此是太子左、右宗衞簡稱。隋始置，各設太子宗衞率一員爲長官，此外還有副率二人等，掌以宗人侍衞東宮。煬帝大業三年改太子左、右宗衞爲太子左右武侍。

[2]宗人：指楊姓同族人。

左右虞候，[1]各置開府一人，[2]掌斥候伺非。長史已下如左右衞，[3]而無録事參軍員，減行參軍一人。

[1]左右虞候：官署名。此是太子左、右虞候簡稱。隋始置，各設開府一員爲長官，掌斥候伺奸非。煬帝大業三年改左右虞候開府爲太子左、右虞候率，又各置副率二人。

[2]開府：官名。此指東宮左右虞候府開府，各置一員，正四品上。煬帝大業三年改左、右虞候開府爲太子左、右虞候率。

[3]長史：官名。太子左右虞候府各置一員，從七品上，爲官署幕僚之長，掌判諸曹事務。

左右内率、副率，[1]各一人，掌領備身已上禁内侍衞，[2]供奉兵仗。又無功、騎兵、法等曹及行參軍員，[3]餘與虞候同。有千牛備身八人，[4]掌執千牛刀；備身左右八人，^[5]掌供奉弓箭；備身二十人，掌宿衛侍從。

[1]左右内率：官名。爲太子左、右内率簡稱。隋文帝始置。
員各一人，掌領太子千牛備身、備身左右、備身等侍衛東宮，供奉
兵仗。正四品上。煬帝大業三年降爲正五品。　副率：官名。即左
右副率，太子左、右副率簡稱。爲太子左、右内率副貳，員各一
人，佐長官掌領千牛備身、備身左右、備身等侍衛東宮，供奉兵
仗。從四品上。煬帝大業三年降其品。

[2]備身：官名。此是太子備身省稱。隋太子左、右内率置太
子備身爲屬官，員二十人，掌東宮宿衛侍從。正九品上。

[3]功：官署名。此指太子衛率功曹。長官名功曹參軍事。
騎兵：官署名。此指太子衛率騎兵曹。長官名騎兵曹參軍事。
法：官署名。此指太子衛率法曹。長官名法曹參軍事。

[4]千牛備身：官名。此是太子千牛備身的省稱。爲太子左、
右内率的屬官，員八人，掌執千牛刀宿衛侍從太子。正七品下。

[5]備身左右：官名。此是太子備身左右省稱。爲太子左、右
内率屬官，正七品下，掌供太子弓箭。煬帝大業三年改爲主射左
右。　八人：《唐六典》卷二八《太子左右内率府》云"十六人"。

左右監門，^[1]各率一人，^[2]副率二人，^[3]掌諸門禁。
長史已下，^[4]同内率府，而各有直長十人。^[5]

[1]左右監門：官署名。此是太子左、右監門府簡稱。隋文帝
置太子左、右監門府，各設監門率、副率爲長、貳官。掌東宮諸門
禁。屬官有長史、直長等。

[2]率：官名。即左右監門率。隋文帝置左、右監門率各一員
爲太子左、右監門府之長官，掌東宮諸門禁。從四品上。煬帝大業
三年改爲宮門將。

[3]副率：官名。即左右監門副率。隋文帝置左、右監門副率各二員爲太子左、右監門府之貳官，佐長官掌東宮諸門禁。正五品上。

[4]長史：官名。即太子左右監門長史。各置一員，爲官署幕僚之長，掌判諸曹事務。從七品上。

[5]直長：官名。即太子左右監門直長。隋於太子左、右監門各置太子左、右監門府直長十員爲屬官，在長官統領下掌東宮門禁及守衛事。從七品下。煬帝大業三年改爲左、右監門直事。

高祖又採後周之制，置上柱國、柱國、上大將軍、大將軍、上開府儀同三司、開府儀同三司、上儀同三司、儀同三司、大都督、帥都督、都督，[1]總十一等，以酬勤勞。又有特進、左右光禄大夫、金紫光禄大夫、銀青光禄大夫、朝議大夫、朝散大夫，[2]並爲散官，[3]以加文武官之德聲者，並不理事。六品已下，又有翊軍等四十三號將軍，[4]品凡十六等，爲散號將軍，[5]以加泛授。[6]居曹有職務者爲執事官，無職務者爲散官。戎上柱國已下爲散實官，[7]軍爲散號官。諸省及左右衛、武候、領左右、監門府爲内官，[8]自餘爲外官。

[1]上柱國：官名。北周武帝建德四年（575）增置上柱國，以之爲勳官之首，正九命。隋文帝沿改北周之制形成十一等散實官，以酬勤勞。上柱國是第一等，開府置府佐。從一品。煬帝大業三年罷。　柱國：官名。柱國大將軍之簡稱。北魏太武帝初置柱國大將軍，以爲開國元勳長孫嵩的加官。孝莊帝因尒朱榮有擁立之功，特置以授之，位在丞相上。西魏文帝以宇文泰有中興之功，又置此官授之。後凡屬功參佐命，望實俱重的，也得居之。自大統十

六年（550）以前任此官的名義上有八人。但元欣以宗室有名無實權，宇文泰爲統帥，其他六人分掌禁旅。但後功臣位至此官者愈多，遂成爲散秩，無所統御。北周朝已成勳官，正九命。隋文帝沿改北周之制形成十一等散實官，以酬勤勞。柱國是第二等，開府置府佐，正二品。煬帝大業三年罷。　上大將軍：官名。隋文帝沿改北周之制形成十一等散實官，上大將軍是第三等，開府置府佐，從二品。煬帝大業三年罷。　大將軍：官名。此爲隋散實官名。隋文帝沿改北周之制形成十一等散實官，大將軍位爲第四等，開府置府佐。正三品。煬帝大業三年罷。　上開府儀同三司：官名。亦簡稱上開府。北周武帝建德五年因劉雄功加上開府儀同三司，爲勳官，八命。隋文帝沿改北周之制形成十一等散實官，上開府儀同三司位第五等，開府置府佐。從三品。煬帝大業三年罷。　開府儀同三司：官名。亦簡稱開府。隋文帝沿改北周之制形成十一等散實官，開府儀同三司位第六等，開府置府佐。正四品上。煬帝大業三年升爲從一品，位次王、公。　上儀同三司：官名。亦簡稱上儀同。隋文帝沿改北周之制形成十一等散實官，以酬勤勞，並不理事。上儀同三司位第七等，開府置府佐。從四品上。煬帝大業三年罷。　儀同三司：官名。亦簡稱儀同。隋文帝沿改北周之制形成十一等散實官，儀同三司位第八等，開府置府佐。正五品上。煬帝大業三年罷。　大都督：官名。隋文帝沿改北周之制形成十一等散實官，大都督位第九等。正六品上。煬帝大業三年罷。　帥都督：官名。隋文帝沿改北周之制形成十一等散實官，帥都督位第十等。從六品上。煬帝大業三年罷。　都督：官名。隋文帝沿改北周之制形成十一等散實官，都督位第十一等。正七品下。煬帝大業三年罷。

　　[2]特進：官名。隋初沿革前制，設散官，以加文武官有德聲者，並不理事。特進爲正二品。煬帝大業三年廢。　左右光禄大夫：官名。隋初沿革前制，設散官，左、右光禄大夫皆爲正二品。煬帝大業三年改左光禄大夫正二品，右光禄大夫從二品。　金紫光禄大夫：官名。隋初沿革前制，設散官。金紫光禄大夫爲從二品。

煬帝大業三年改爲正三品。　　銀青光禄大夫：官名。簡稱銀青。隋初沿革前制，設散官。銀青光禄大夫爲正三品。煬帝大業三年改爲從三品。　　朝議大夫：官名。此爲隋散實官名。隋文帝始置，爲從三品散官。煬帝大業三年廢。　　朝散大夫：官名。此爲隋散實官名。隋文帝置，正四品，煬帝改爲從五品。

[3]散官：指有官名而無固定職事的官，與職事官相對而言。漢制，朝廷對大僚重臣於本官之外加賜名號，而實無官守者爲散官，但無散官專名。魏晉南北朝因之。有文散官，如開府儀同三司、特進、光禄大夫等；有武散官，如驃騎將軍、輔國將軍、鎮國將軍等。其名稱、品位、待遇各朝不一。隋始定散官之制，居曹有職事者爲職事官，無職事者爲散官。散官僅加於文、武官有德聲者，並不理事。

[4]翊軍：官名。全稱爲翊軍將軍。東漢建安末劉備置，統兵。三國蜀、十六國成漢沿置。北齊用以安置罷任武官，成爲無實權的閑職，從二品。隋置爲泛授的散號將軍之一，正六品上。煬帝大業三年罷。

[5]散號將軍：將軍號。不統兵、没有實際職掌，僅代表品階待遇的名號將軍。北魏置。孝武帝永熙二年（533）規定任官低於自己應授品階者，可加散號將軍，享受該官的品階待遇。隋沿革並定爲制度，設四十三號將軍爲散號將軍。品秩自正六品上至從九品下，凡十六等，以加泛授。煬帝大業三年罷。

[6]泛授：指不按考績制度規定而普授官職。

[7]戎：中華書局新修訂本校勘記云：“‘戎’，南監本、殿本作‘凡’，張元濟《校勘記》疑殿本是。”

[8]諸省及左右衛、武候、領左右、監門府爲内官：中華本標點爲“諸省及左右衛、武候、領左右監門府爲内官”。因領左右監門府是領左右府和監門府兩個官署的簡稱，故標點爲“領左右、監門府”更確切些。

國王、郡王、國公、郡公、縣公、侯、伯、子、男，[1]凡九等。皇伯叔昆弟、皇子爲親王。[2]置師、友各二人，[3]文學二人，[4]嗣王則無師、友。[5]長史、司馬、諮議參軍事、掾、屬，[6]各一人，主簿二人，[7]録事，[8]功曹，[9]記室，[10]戶、倉、兵等曹，[11]騎兵、城局等參軍事，[12]東西閤祭酒，[13]各一人，參軍事四人，[14]法、田、水、鎧、士等曹行參軍各一人，[15]行參軍六人，[16]長兼行參軍八人，[17]典籤二人。[18]

[1]國王：爵名。簡稱王。隋文帝沿革前制，定封爵九等。國王，正一品，開府置僚屬。煬帝大業三年廢九等爵，祇留王、公、侯三等爵位。　郡王：爵名。隋始置，爲九等爵的第二等，從一品，開府置僚屬。　國公：爵名。晋、南北朝即指"公"爵。隋始名"國公"，爲九等爵的第三等，從一品，開府置僚屬。　郡公：爵名。晋朝及以後對初立國建官食邑之爵前加"開國"之號。三國魏、晋始置，初定爲"公"的一個等級，高於縣公。其後各朝多置。隋置開國郡公爲九等爵的第四等，從一品。　縣公：爵名。晋、南北朝常爲開國縣公省稱。隋置開國縣公爲九等爵的第五等，從一品，開府置僚屬。　侯：爵名。隋沿革前制，置開國侯爲九等爵的第六等，正二品，開府置僚屬。　伯：爵名。隋置開國伯爲九等爵的第七等，正三品，開府置僚屬。　子：爵名。隋置開國子爲九等爵的第八等，正四品下，開府置僚屬。　男：爵名。隋置開國男爲九等爵的第九等，正五品上，開府置僚屬。

[2]親王：爵名。其稱始於南北朝，指皇族中封王者。隋文帝沿革前制，定封爵九等，親王（亦稱"國王"）爲最高一等。正一品，於皇伯叔、昆弟、皇子中封之，以區別郡王、嗣王。開親王府，置僚屬。煬帝大業三年廢九等爵制，祇留王、公、侯三等

爵位。

　　[3]師：官名。指王之傅，隋置親王師二員，掌傅相訓導，匡正過失。從三品。　　友：官名。此指隋親王友。隋置親王友二員，掌陪侍游居，規諷道義。從五品下。

　　[4]文學：官名。此指隋親王文學，隋置親王文學二員，掌校讎典籍，侍從文章。從六品上。

　　[5]嗣王：爵名。南朝嗣郡王爲王者，稱嗣王。嗣王雖仍爲郡王，但衣服禮制與始封者有别。隋親王嫡子襲封之王爲嗣王。從一品，開府置僚屬。

　　[6]長史：官名。即親王府長史。置一員，爲府署幕僚之長，掌統理府僚，紀綱職務。從四品上。　　司馬：官名。即親王府司馬。置一員，掌統理府僚，紀綱職務。從四品下。　　諮議參軍事：官名。即親王府諮議參軍事。隋親王、嗣王、郡王、上柱國、柱國府皆置。親王府諮議參軍事置一員，掌謀劃左右，參議庶事。正五品上。　　掾：官名。即親王府掾。隋親王、嗣王、郡王府皆置掾。親王府置一員，掌通判功、户、倉曹事。正六品上。　　屬：官名。即親王府屬。隋親王、嗣王、郡王府皆置。親王府置屬一員，掌通判兵、騎、法、士曹事。正六品上。按，中華本標點爲"掾屬"。據《唐六典》卷二九《親王府》，可知"掾""屬"是兩個官員，按體例中間應加頓號。後同者皆如此，不再出注。

　　[7]主簿：官名。即親王府主簿。隋親王府置主簿二員，掌覆省親王之教。從六品上。

　　[8]録事：官名。親王府録事參軍事省稱。隋親王、嗣王府皆置録事參軍事一員，掌王府之付事勾稽，省署鈔目。親王府録事參軍事從六品上。

　　[9]功曹：官名。親王府功曹參軍事省稱。隋置功曹參軍事之官署衆多，親王府功曹參軍事是其中一類，掌親王府之文官簿書、考課、陳設、儀式等事。從六品下。煬帝大業三年改爲功曹書佐。

　　[10]記事：官名。親王府記室參軍事省稱。隋親王、嗣王府亦

置。親王府置記室參軍事一員，掌王府表、啓、書、疏。從六品下。

[11]户：官名。此爲親王府户曹參軍事省稱。隋初親王、嗣王府及諸州府、左右領軍府等亦置。親王府户曹參軍事一員，掌王府封户、田宅、僮僕、弋獵等事，從六品下。開皇三年改名司户參軍事，煬帝大業三年改爲司户書佐。　倉：官名。此爲親王府倉曹參軍事省稱。隋親王、嗣王府亦置。親王府置倉曹參軍事一員，掌王府廩禄請給，財物市易等事，從六品下。開皇三年改名司倉參軍事，煬帝大業三年改爲司倉書佐。　兵：官名。此爲親王府兵曹參軍事省稱。隋親王、嗣王府，諸衛、率，諸州皆置爲僚屬。親王府置兵曹參軍事一員，掌王府武官簿書、考課、儀衛、假使等事。從六品下。開皇三年改名司兵參軍事，煬帝大業三年改爲司兵書佐。

[12]騎兵：官名。即騎兵參軍事。此爲親王府騎兵曹參軍事省稱。隋置騎兵曹參軍事的官署諸多，親王府騎兵曹參軍事是其中一類。置一員，掌王府厩牧騎乘、文物、器械等事，從六品下。開皇三年改名司騎參軍事，煬帝大業三年改爲司騎書佐。　城局：官名。即城局參軍事。此爲親王府城局參軍事省稱。隋置城局參軍事的官署衆多。親王府城局參軍事是其中一類。正七品上。煬帝大業三年改爲城局書佐。

[13]東西閤祭酒：官名。此爲親王府東、西閤祭酒。隋親王、嗣王、上柱國府皆置。親王府置東、西閤祭酒各一員，掌接對賢良，導引賓客，從七品上。

[14]參軍事：官名。此指親王府參軍事。隋親王、嗣王府亦置。親王府置參軍事四人，掌出使及雜檢校事，從七品上。煬帝大業三年改爲書佐。

[15]法：官名。即法曹行參軍。此指親王府法曹行參軍。置一員，爲親王府法曹僚佐，從七品下。開皇三年改稱司法行參軍，煬帝大業三年改爲司法行書佐。　田：官名。即田曹行參軍。此指親王府田曹行參軍。隋初置親王府田曹行參軍一員，爲親王府法曹僚

佐，從七品下。煬帝大業三年改爲司田行書佐。　水：官名。即水
曹行參軍。此指親王府水曹行參軍。隋置親王府水曹行參軍一員，
爲親王府水曹僚佐，從七品下。開皇三年改稱司水行參軍，煬帝大
業三年改爲司水行書佐。　鎧：官名。即鎧曹行參軍。此指親王府
鎧曹行參軍。隋沿前制，所置鎧曹行參軍官署衆多，親王府鎧曹行
參軍是其中一類。置一員，爲府署僚佐之一，從七品下。開皇三年
改稱司鎧行參軍，煬帝大業三年改爲司鎧行書佐。　士：官名。即
士曹行參軍。此指親王府士曹行參軍。隋親王、嗣王、郡王、上柱
國等府及諸州亦置。親王府士曹行參軍置一員，爲府署僚佐之一，
從七品下。開皇三年改稱司士行參軍，煬帝大業三年改爲司士行
書佐。

[16]行參軍：官名。此指親王府行參軍。隋沿前制，所置行參
軍官署衆多，親王府行參軍是其中一類，置六員，佐親王府參軍事
掌出使及雜檢校事，正八品上。煬帝大業三年改爲行書佐。

[17]長兼行參軍：官名。隋親王、嗣王府並有長兼行參軍爲府
屬員，親王府置長兼行參軍八員，從八品下。煬帝大業三年改爲長
兼行書佐。

[18]典籤：官名。此指親王府典籤。隋在親王、嗣王、郡王、
上柱國、柱國、上大將軍、大將軍府、上開府諸府及各州皆置典
籤。親王府典籤置二人，掌宣傳親王教令事。從八品下。

上柱國、嗣王、郡王，無主簿、録事參軍、東西閤
祭酒、長兼行參軍等員，而加參軍事爲五人，行參軍爲
十二人。柱國又無騎兵參軍事、水曹行參軍等員，而減
參軍事、行參軍各一人。上大將軍又無諮議參軍事，田
曹、鎧曹行參軍員，又減行參軍一人。大將軍又無掾、
屬員，又減參軍事二人。上開府又無法曹、士曹行參
軍，參軍事員。開府又無典籤員，減行參軍二人。上儀

同又無功曹、城局參軍事員，又減行參軍二人。儀同又無倉曹員，減行參軍三人。

三師、三公，置府佐，與柱國同。若上柱國任三師、三公，唯從上柱國置。王公已下，三品已上，又並有親信、帳內，[1]各隨品高卑而制員。

[1]親信：吏職名。南朝置，爲高級官員的侍從，由朝廷賜給。西魏大丞相府有親信。隋王公以下、三品以上官亦置親信，員數隨官爵品秩而不同，爲侍從之職。　帳內：吏職名。十六國北凉官員有帳內，爲警衛或親隨一類軍兵。北魏末高歡置爲侍衛近職。西魏宇文泰亦置，掌侍衛。隋王公以下、三品以上官亦置親信，員數隨官爵品秩而不同，爲侍從之職。

諸王置國官。有令、大農各一人，[1]尉各二人，[2]典衛各八人，[3]常侍各二人，[4]侍郎各四人，[5]廟長、學官長各一人，[6]食官，[7]厩牧長、丞各一人，[8]典府長、丞各一人，[9]舍人各四人等員。[10]上柱國、柱國公，[11]減典衛二人，無侍郎員。侯、伯又減典衛二人，食官、厩牧長各一人。子、男又減尉、典衛、常侍、舍人各一人。上大將軍、大將軍公，[12]同柱國、子、男。其侯、伯減公典衛、侍郎、厩牧丞各一人。子、男無令，[13]無典衛，[14]又減舍人一人。上開府、開府公，[15]同大將軍、子、男。其侯、伯又無常侍，無食官、厩牧丞。子、男又無侍郎、厩牧長。上儀同、儀同公，[16]同開府子、男。[17]其侯、伯又無尉，無學官長。子、男又無厩長、食官長。[18]二王後，[19]置國官，與諸王同。郡王與上柱國公同。國公無上開府已上官者，上開府公同。[20]散郡公與儀同侯、伯同。[21]散縣公與儀同子、男同。[22]大長公主、長公主、公主，[23]並置家令、丞各一人，[24]主簿、謁者、舍人各二人等員。[25]郡主唯減主簿員。[26]

[1]令：官名。即國令。隋初諸王國各置國令一人，與王國大農掌通判國司事。王、二王後國令視從六品。煬帝大業三年改國令爲家令。　大農：官名。此指隋王國之大農。隋初諸王國皆置大農一員，與國令協理封國事務。王、二王後大農視正七品。煬帝大業三年廢伯、子、男，改國官爲府官。

[2]尉：官名。此指隋王國之尉。隋王國皆置，二員。國尉掌分判國司事。王、二王後國尉視正七品。煬帝大業三年廢伯、子、男，改國官爲府官。

[3]典衛：官名。此指隋王國之典衛。隋王國皆置，八員，掌守衛居宅事。王、二王後國典衛視正七品。煬帝大業三年廢伯、子、男，改國官爲府官。

[4]常侍：官名。此指隋王國之常侍。隋王國皆置，二員，與師（傅）、侍郎皆掌表啓、書、疏，贊相禮儀。王、二王後國常侍視正八品。煬帝大業三年廢伯、子、男，改國官爲府官。

[5]侍郎：官名。此指隋王國之侍郎。隋王國皆置，四員，掌侍從左右，贊相禮儀。王、二王後國侍郎視正九品。煬帝大業三年廢伯、子、男，改國官爲府官。

[6]廟長：官名。此指隋王國之廟長。隋王國置一人，改名學官長，爲流外官，掌教授王國内人事。

[7]食官：諸本同底本。但考後文記作“食官長”。又《唐六典》卷二九《親王國》亦載“隋親王國有食官長”，而無“食官”。故斷此“食官”或是“食官長”之省稱，或是脱“長”字。食官長，此指王國之食官長。南朝齊、梁、陳及北齊王國俱置。隋王國

亦置一人，爲流外官，掌營造王國膳食事。

[8]厩牧長、丞：官名。此指隋王國之厩牧長、丞。隋王國置厩牧長、丞各一人，爲流外官。掌王國畜牧牛馬事。

[9]典府長、丞：官名。此指隋王國之典府長、丞。隋王國置典府長、丞各一人，爲流外官。掌王國府内雜事。

[10]舍人：官名。此指隋王國之舍人。隋王國置舍人四人，爲流外官。掌供引納驅策事。

[11]上柱國、柱國公：上柱國、柱國和公之官、爵的合稱。

[12]上大將軍、大將軍公：上大將軍、大將軍和公之官、爵的合稱。

[13]子、男無令：諸本同。但本卷後文又載“子、男國令……爲視正八品”。《通典》卷三九《隋官品令》所載同。史文前後記載歧異。

[14]無典衛：諸本同。然本卷後文又載“子、男典衛……爲視從八品”。《通典》卷三九《隋官品令》所載同。史文前後記載歧異。

[15]上開府、開府公：上開府、開府和公之官、爵的合稱。

[16]上儀同、儀同公：上儀同、儀同和公之官、爵的合稱。

[17]開府子、男：開府和子、男之官、爵的合稱。

[18]厩長：即上文厩牧長。

[19]二王後：指古代新朝建立後前兩朝王族受封的後裔。

[20]上開府公同：汲古閣本同，殿本、庫本、中華本皆爲“與開府公同”。推敲前後文，知底本之“上”字訛，“與”字確。

[21]散郡公：爵名。北魏中期置，位第三等，低於開國郡公。隋沿置，位第四等，亦低於開國郡公。　儀同侯、伯：儀同和侯、伯之官、爵的合稱。

[22]散縣公：爵名。隋沿置，位第五等，低於開國縣公。　儀同子、男：儀同和子、男之官、爵的合稱。

[23]大長公主、長公主、公主：封號。漢朝規定，皇帝女封公

主，皇帝姊妹封長公主，皇帝之姑封大長公主。封地稱湯沐邑，有公主家令等官屬掌其事務。歷朝多沿其制，隋亦同。

[24]家令：官名。此指隋公主家令。漢宗正屬官有公主家令。晋爲長山長公主置家令一人。南朝宋、齊以後，時有其職。隋大長公主、長公主、公主各置一人，爲公主邑司之長，掌公主家財貨出入、田園徵封之事。視正九品。　　丞：官名。此指隋公主家丞。晋置公主家丞。隋置一人爲公主邑司貳官，流外官，佐長官掌公主家財貨出入、田園徵封之事。

[25]主簿、謁者、舍人各二人等員：中華本標點爲"主簿謁者、舍人各二人等員"。按，"主簿""謁者""舍人"各爲一個官名，中間皆應加頓號。隋公主邑司置公主主簿、謁者、舍人各二人爲僚屬，流外官，佐長官掌公主家財貨出入、田園徵封之事。

[26]郡主：封號名。隋皇太子女封郡主。

　　雍州，[1] 置牧。[2] 屬官有別駕，[3] 贊務，[4] 州都，[5] 郡正，[6] 主簿，[7] 録事，[8] 西曹書佐，[9] 金、户、兵、法、士等曹從事，[10] 部郡從事，[11] 武猛從事等員。[12] 并佐、史，[13] 合五百二十四人。

[1]雍州：治所在今陕西西安市。

[2]牧：官名。州牧的省稱。隋僅於京都長安所在地置雍州牧爲長官，從二品。煬帝大業三年罷州置郡，改爲京兆尹，正三品。

[3]別駕：官名。此指州別駕。漢置州別駕爲佐吏，秩百石，秩輕職重。三國、晋亦置。南朝宋主吏員選舉，多以六品官擔任，南齊同。梁揚州別駕十班，陳爲六品，他州高者六品低者九品。北魏州亦置，司州別駕初爲正四品中，後改從四品上。北齊司州別駕從四品上，他州別駕依州等級而不同。北周州亦置。隋置別駕爲州上佐之一，無實際職任，因品高俸厚，多以位置貶謫大臣，時有廢

罷。從四品上。開皇三年改爲長史。煬帝大業三年罷。

[4]贊務：官名。雍州屬官，居別駕下，正四品。開皇三年改爲司馬。煬帝大業三年罷州置郡，罷司馬，郡置贊務一員，爲太守副貳。京兆、河南所置從四品，上郡正五品，中郡從五品，下郡正六品。

[5]州都：官名。原爲魏晉南朝州大中正的別稱，一說是州都大中正的省稱，亦稱都士。掌一州之人物品第，以爲吏部銓選之根據，並有委任州主簿及從事之權。北魏爲州牧屬官，掌評士族内部品第。北齊爲州刺史屬官，視八品，地位遠低於州大中正。隋初仍置，雍州所屬州都視正八品，其他州所屬的視從八品。北周、北齊州都皆州長官自辟，理時事；隋開皇三年始不理時事，稱鄉官，開皇十五年罷。

[6]郡正：官名。即郡中正，又稱中正、小中正、郡正，亦省稱正。三國魏曹丕始置，掌考察州郡人才品德。由各郡長官推選，晉例由司徒選授，掌一郡人物之品第，以爲吏部銓選官吏之依據。南北朝沿置。北齊清都郡中正視第八品，其他郡中正視從第八品。隋初郡亦置郡正，視正九品。開皇三年始不理時事，稱鄉官。開皇十五年罷。

[7]主簿：官名。西漢州郡官府置，典領文書簿籍，經辦事務。東漢、三國、魏、晉、南朝沿之。北朝州郡亦置，雖非掾吏之首，但地位較高。隋中央和地方置主簿官署衆多，雍州主簿是其中之一，掌監州印，檢核文書簿籍，勾稽缺失。視正八品。煬帝大業三年罷州置郡後廢。

[8]録事：官名。州録事參軍事的省稱。北魏、北齊、北周之州皆置録事參軍，皆由長官自辟除。隋初州亦置録事參軍事，品秩依州之等級而不同。從七品上至從八品上。掌付事勾稽，省署抄目，糾正非違，監守本州符印。開皇三年改長官自闢除爲吏部選授。煬帝大業三年罷州置郡後廢。

[9]西曹書佐：官名。州刺史僚屬。晉改功曹書佐置。南朝、

北魏、北齊、隋俱置。北齊司州西曹書佐視八品，他州視從八品。隋雍州西曹書佐視從八品，他州視正九品。煬帝大業三年罷州置郡後廢。

[10]金、户、兵、法、士等曹從事：官名。漢元帝始置從事爲州部佐吏官名，秩百石。東漢因之，稱從事史，皆爲州長官自辟。三國、晋、南北朝沿置，名目不一。隋初州置金、户、兵、法、士等曹從事爲僚屬。雍州諸曹從事視從八品。開皇十二年改爲金、户、兵、法、士等曹參軍。煬帝大業三年罷州置郡後廢。

[11]部郡從事：官名。隋初州置部郡從事爲僚屬。雍州部郡從事視正九品，其他州視從九品。開皇十二年改爲部郡參軍。煬帝大業三年罷州置郡後廢。

[12]武猛從事：官名。東漢末臨時設置。三國魏、晋司隸校尉、諸州刺史皆置，參掌軍事。北齊唯司州置，視從九品。隋初於雍州置武猛從事爲僚屬，視正九品，其他州視從九品。開皇十二年改爲武猛參軍。煬帝大業三年罷州置郡後廢。

[13]佐、史：此爲州官署内其他低級官、吏的統稱。

京兆郡，[1]置尹，[2]丞，[3]正，[4]功曹，[5]主簿，[6]金、户、兵、法、士等曹佐等員。[7]并佐史，合二百四十四人。

[1]京兆郡：治所在今陝西西安市。

[2]尹：官名。即京兆尹。隋亦於京城長安所在地京兆郡置京兆尹爲長官，正三品。煬帝大業三年罷州置郡，京兆、河南俱爲尹，皆正三品。

[3]丞：官名。即京兆丞。隋中央和地方部分官署多置丞。京兆丞是其中之一，爲處理本官署日常事務之佐官。從五品下。

[4]正：官名。京兆郡正之省稱。職掌同郡正。視從八品。

　　[5]功曹：官名。即京兆郡功曹。漢郡縣置功曹史，省稱功曹，掌人事，並參與政務。三國魏、晋之不開府將軍、太子二府、特進、郡縣皆置。南朝宋、齊沿之，梁、陳之列卿、皇弟皇子府等置。北魏凡皇子、不開府將軍、太常光禄衞尉、郡，北齊九寺、郡縣皆置，北周郡亦置。職掌吏事或選舉。隋置功曹之官署衆多，京兆郡功曹是其中之一，視從八品。掌京兆郡府之簿書、考課等事。煬帝大業三年改稱司功書佐。

　　[6]主簿：官名。即京兆郡主簿。隋中央和地方置主簿官署衆多，郡主簿是其中之一。職掌監郡印，檢核文書簿籍，勾稽缺失。京兆郡主簿視正九品，諸郡主簿視從九品。

　　[7]金、户、兵、法、士等曹佐：官名。隋州、郡、縣、鎮諸曹皆置佐，稱某曹佐。京兆郡金、户、兵、法、士曹佐是其中一類，爲流外官，任各曹職事。

　　大興、長安縣，[1]置令，[2]丞，[3]正，[4]功曹，[5]主簿，[6]西曹，[7]金、户、兵、法、士曹等員。[8]并佐史，合一百四十七人。

　　[1]大興：縣名。隋開皇三年改萬年縣爲大興縣，與長安縣同城而治。治所在今陝西西安市。　　長安：縣名。治所在今陝西西安市。

　　[2]令：官名。即大興、長安縣令。西漢京兆郡尹統長安令，東漢河南尹統洛陽令，三國魏、晋以後皆因之。隋於京師長安置大興、長安縣，大興、長安縣令即兩縣長官，職掌治民，舉凡一縣行政、治安、賦役、教化、獄訟等無所不管。初從五品下，煬帝大業三年升正五品。

　　[3]丞：官名。即大興、長安縣丞。漢長安令即有長安縣丞爲副長官，三國魏、晋以後皆因之。隋大興、長安縣令亦皆置丞，爲

副長官，佐長官職掌治民。從七品下。

　　[4]正：官名。隋初縣置正爲屬員。大興、長安縣正視從九品，其他爲流外品。隋初縣長官自辟，理時事；開皇三年始不理事，謂鄉官；十五年罷。煬帝大業三年後改縣尉爲縣正，尋又改爲户曹、法曹。

　　[5]功曹：官名。即縣功曹。隋置功曹之官署衆多，縣功曹是其中之一。掌縣之簿書、考課等事。大興、長安縣功曹視從九品，其他爲流外品。

　　[6]主簿：官名。即縣主簿。隋中央和地方置主簿官署衆多，縣主簿是其中之一。職掌監縣印，檢核文書簿籍，勾稽缺失。大興、長安縣主簿視從九品，其他爲流外品。

　　[7]西曹：官名。即縣西曹。此爲縣西曹掾佐省稱。北齊諸縣置西曹掾。隋縣沿置，爲流外官，掌西曹職事。

　　[8]金、户、兵、法、士曹：官名。北齊諸縣置户、金、租、兵曹掾。隋縣置金、户、兵、法、士曹佐，爲流外官。任各曹職事。

　　上上州，[1]置刺史，[2]長史，[3]司馬，[4]錄事參軍事，功曹，[5]户、兵等曹參軍事，[6]法、士曹等行參軍，[7]行參軍，[8]典籤，[9]州都，光初主簿，[10]郡正，主簿，[11]西曹書佐，祭酒從事，[12]部郡從事，倉督，[13]市令、丞等員。[14]并佐史，合三百二十三人。上中州，減上州吏屬十二人。上下州，減上中州十六人。中上州，減上下州二十九人。中中州，減中上州二十人。中下州，減中中州二十人。下上州，減中下州三十二人。下中州，減下上州十五人。下下州，減下中州十二人。

〔1〕上上州：地方行政區劃名。西漢武帝爲監察郡國行政，分全國爲十三州，初置十三部刺史。刺史由中央派遣，奉詔條察諸州，秋、冬入奏，居無常所。此時州是監察區域。東漢因之並發展，刺史皆有定所，州逐漸形成郡之上的行政區劃。三國魏、晋、南北朝因之。北魏孝文帝分州爲上、中、下三等。北齊將全國州分上中下三等，每等又有上中下之差，自上上州至下下州凡九等。隋初沿北齊制，亦分州爲九等；開皇十四年改州、縣爲四等；煬帝大業三年罷州置郡。

〔2〕刺史：官名。隋初一般州置刺史一員爲行政長官，不帶軍號。上州刺史正三品，中州從三品，下州正四品上。舉凡一州行政、治安、賦役、教化、獄訟等無所不統。有兵的州則刺史帶諸軍事（總管刺史加使持節）以統之。煬帝大業三年改州爲郡，刺史爲太守。另於司隸臺置刺史十四人，掌以六條巡察郡縣，與漢制略同。

〔3〕長史：官名。即州長史。置一員，爲府署幕僚之長，掌統理府僚，紀綱職務。上州長史正五品上，中州從五品上，下州正六品上。

〔4〕司馬：官名。即州司馬。置一員，位次於長史。掌統理府僚，紀綱職務。上州司馬正五品下，中州從五品下，下州正六品下。

〔5〕功曹：官名。即州功曹。掌州之簿書、考課等事。煬帝大業三年改稱司功書佐。

〔6〕户、兵：官名。即州户曹參軍事、州兵曹參軍事。州户曹參軍事，隋初沿前制，所置户曹參軍事官署衆多，州户曹參軍事是其一類。掌州户籍、計帳、道路、旅店、田疇、六畜、過所、蠲符之事，而剖斷人之訴競。上州户曹參軍事從七品下，中州正八品下，下州從八品下。開皇三年改稱司户參軍事，煬帝大業三年改爲司户書佐。州兵曹參軍事，隋初沿前制，所置兵曹參軍事官署衆多，州兵曹參軍事是其一類。開皇三年改稱司兵參軍事，煬帝大業

三年改爲司兵書佐。掌州武官選舉，兵甲器仗，門户管鑰，烽候傳驛之事。上州兵曹參軍事從七品下，中州正八品下，下州從八品下。

[7]法：官名。即法曹等行參軍，隋初沿前制，所置兵曹官署衆多，州法曹行參軍是其一類。掌律、令、格、式，鞫獄定刑，督捕盜賊，糾正奸非之事。上州法曹行參軍正八品上，中州從八品上，下州正九品上。開皇三年改稱司法行參軍，煬帝大業三年改爲司法行書佐。　士曹：官名。即士曹行參軍。隋初沿前制，所置士曹行參軍官署衆多，州士曹行參軍是其一類。掌津梁、舟車、舍宅、百工衆藝之事。上州士曹行參軍正八品上，中州從八品上，下州正九品上。開皇三年改稱司士行參軍，煬帝大業三年改爲司士行書佐。

[8]行參軍：官名。即州行參軍。隋置行參軍官署衆多，州行參軍是其中之一。上州行參軍正九品上，中州正八品下，下州從九品上。煬帝大業三年改爲行書佐。

[9]典籤：官名。即州典籤。隋置典籤的官署衆多，州典籤是其中之一。上州典籤正九品下，中州從九品上，下州從九品下。

[10]州都，光初主簿：中華本標點爲“州都光初主簿”。此不確。因“州都”和“光初主簿”是兩個官名，按本段標點體例中間應加逗號。光初主簿，隋州、郡、縣均置爲屬官。隋初皆地方長官自辟，理時事；開皇三年始不理時事，稱鄉官；開皇十五年罷。

[11]主簿：官名。即州主簿。隋中央和地方置主簿官署衆多，州主簿是其中之一，掌監州印，檢核文書簿籍，勾稽缺失。視從八品。煬帝大業三年罷州置郡後廢。

[12]祭酒從事：官名。晋置爲州府主要僚屬，掌州所置兵、賊、倉、户、水、鎧諸曹事，不設之州則以主簿治事。南朝沿之，無定員，梁自一班至流外四班，陳九品。北齊諸州置，視九品。隋州亦置，視正九品。煬帝大業三年罷州置郡後廢。

[13]倉督：官名。北齊爲郡、鎮屬官。隋州置，爲流外官，掌

倉糧出納。

[14]市令：官名。隋京城、州、郡、縣皆置市令，爲流外官，掌市場交易。　丞：官名。即市丞。隋置爲市令副職，佐長官掌判市事。

郡，[1]置太守，[2]丞，[3]尉，[4]正，光初功曹，[5]光初主簿，縣正，[6]功曹，[7]主簿，西曹，[8]金、户、兵、法、士等曹，[9]市令等員。并佐史，合一百四十六人。上中郡，減上上郡吏屬五人。上下郡，減上中郡四人。中上郡，減上下郡十九人。中中郡，減中上郡六人。中下郡，減中中郡五人。下上郡，減中下郡十九人。下中郡，減下上郡五人。下下郡，減下中郡六人。

[1]郡：地方行政區劃名。隋初沿北齊郡九等之制；開皇三年廢郡，以州轄縣；煬帝大業三年又改州爲郡，仍爲九等，下轄縣。

[2]太守：官名。隋初沿北齊郡三等九階之制，太守爲郡行政長官，凡郡之民政、財政、司法、治安、教化無所不統。上等郡太守從四品上，中等郡從五品上，下等郡六品上。開皇三年罷郡，廢郡太守。煬帝大業三年罷州置郡，又設郡太守爲地方最高一級行政長官。上郡太守從三品，中郡正四品，下郡從四品。

[3]丞：官名。即郡丞。隋初沿北齊制，郡置丞爲太守副貳，佐長官掌郡行政。上郡丞從七品上，中郡丞正八品上，下郡丞從八品上。開皇三年罷郡，廢郡丞。煬帝大業三年罷州置郡，設贊務爲郡太守副貳；其後郡又加置通守爲太守副貳，並改贊務爲丞，位在通守下。

[4]尉：官名。即郡尉。秦統一後分天下爲三十六郡，郡置尉，秩比千石，佐郡守掌武職甲卒。西漢因之，景帝改名都尉。東漢建武七年（31）省諸郡都尉，並職於太守；需要時郡臨時設，事訖

罷；唯邊郡置都尉及屬國都尉。三國時郡置都尉掌兵。自後無聞。
隋初郡置尉爲佐官，上郡尉從八品下、中郡尉正九品上、下郡尉正
九品下。開皇三年罷郡，廢郡尉。煬帝時別置都尉，又置京輔
都尉。

　　[5]光初功曹：官名。隋諸郡、縣均置爲屬官。隋初皆地方長
官自辟，理時事；開皇三年始不理時事，稱鄉官；開皇三年罷郡後
廢郡光初功曹，十五年皆罷。

　　[6]縣正：官名。隋初郡置縣正爲屬員，郡長官自辟，理時事。
大興長安縣正視從九品。開皇三年始不理時事，稱鄉官，十五年
廢。煬帝大業三年以後改縣尉爲縣正。

　　[7]功曹：官名。即郡功曹。隋沿前制，所置功曹官署衆多，
郡功曹是其一類。掌郡之簿書、考課等事。開皇三年罷郡後廢；煬
帝大業三年改州爲郡又置，稱司功書佐。

　　[8]西曹：官名。即郡西曹。此爲郡西曹掾佐省稱。北齊諸郡
置西曹掾佐。隋郡沿置，爲流外官，掌西曹職事。

　　[9]金、户、兵、法、士等曹：官名。此爲郡金、户、兵、法、
士等曹佐省稱。北齊諸郡置户、金、租、兵、集曹掾佐。隋郡置
金、户、兵、法、士曹佐，爲流外官。任各曹職事。

　　　　縣，[1]置令，[2]丞，[3]尉，[4]正，光初功曹，光初主
簿，功曹，主簿，西曹，金、户、兵、法、士等曹佐，
及市令等員。合九十九人。上中縣，減上上縣吏屬四
人。上下縣，減上中縣五人。中上縣，減上下縣十人。
中中縣，減中上縣五人。中下縣，減中中縣五人。下上
縣，減中下縣十二人。下中縣，減下上縣六人。下下
縣，減下中縣五人。

　　[1]縣：地方行政區劃名。隋初沿北齊縣三等九階之制，開皇

三年廢郡，以州轄縣。煬帝大業三年又改州爲郡，下轄縣。

[2]令：官名。即縣令。縣級地方行政機構長官。職掌治民，舉凡一縣行政、治安、賦役、教化、獄訟等無所不管。隋大興、長安、河南、洛陽縣令從五品下（煬帝大業三年升正五品）。其他分三等：上縣令從六品上，中縣令從七品上，下縣令正八品上。

[3]丞：官名。即縣丞。隋諸縣置縣丞，由中央任命，盡用他郡之人。佐縣令職掌治民。大興、長安縣丞從七品下，上縣丞從八品下，中縣丞正九品上，下縣丞從九品上。

[4]尉：官名。即縣尉。隋諸縣置縣尉，大興、長安縣無尉，有正，煬帝後置尉。其他縣置尉，上縣尉從九品上，中縣尉從九品下。縣尉親理庶務，分判衆曹，徵收課調。煬帝改縣尉爲縣正，又改縣正爲户曹、法曹。

　　州，置總管者，[1]列爲上中下三等。總管刺史加使持節。[2]

[1]總管：官名。北周之制，總管加使持節諸軍事。總管或單任，然多兼帶刺史或領、行刺史。故總管職權雖以軍事爲主，實際是一地區若干州、防（鎮）的最高軍政長官。隋初因之，於并、益、揚、荆四州置大總管，并、益、揚由親王臨統。其餘諸州要地設總管，品秩分三等：上總管視從二品，中總管視正三品，下總管視從三品。總管多兼帶刺史，並加使持節。轄一州或數州、十數州軍政事務，爲地方最高軍政長官。煬帝大業三年悉罷諸總管。

[2]使持節：漢朝官員奉使外出時，或由皇帝授予節杖，以提高其威權。魏、晋以後，凡重要軍事長官出征或出鎮時，加使持節，可誅殺二千石以下官員。皇帝派遣大臣出巡或祭吊等事時，也使持節，以表示權力和尊崇。隋亦作爲皇帝賜以調度軍事的符信。時諸州都督、總管、刺史，例加號使持節，以總軍戎，然實際並不

帶節。

鎮，^[1]置將、副。^[2]戍，^[3]置主、副。^[4]關，^[5]置令、丞。^[6]其制，官屬各立三等之差。

[1]鎮：捍防守禦據點。北魏於各地置，地位與州等同，以鎮都大將或鎮將爲長官。不置州郡的西、北地區鎮兼統軍政、民政，與州郡並置地區僅掌軍政，若兼所在州刺史則仍兼掌軍政、民政。孝文帝改制後内地多廢，北魏末年北方亦改爲州。北齊沿置，分上中下三等。隋僅於邊防處設鎮，置鎮將、副將爲長貳官，以捍邊防。

[2]將：官名。即鎮將。隋僅於邊防處設鎮置鎮將爲長官，掌捍衛邊防，總判鎮事。上鎮將從四品下，中鎮將從五品下，下鎮將正六品下。　　副：官名。鎮將副貳。佐長官掌捍衛邊防。北魏鎮已置。北齊鎮副將位從四品下。隋上鎮副將從五品下，中鎮副將正六品下，下鎮副將從六品下。

[3]戍：捍防守禦據點。晋已置。南北朝亦置，多設於邊境軍事要地，以戍主爲長官，掌轄區内軍務，守衛邊防。隸屬於州。北魏設鎮處隸於鎮。北齊以防人多少分上、中、下三等。隋僅設於邊防，隸於鎮。置戍主、副爲長貳官，掌捍衛邊防。

[4]主：官名。即戍主。西晋末始置，南北朝沿置，爲戍的主將。掌防守捍禦之事，除管理軍政，還干預民政和財政。多以郡太守、縣令、州參軍及雜號將軍等官兼領。北齊戍主從七品下，北周三命。隋上戍主正七品下，中戍主正八品下，下戍主正九品下。掌捍衛邊防。　　副：官名。即戍副。南北朝置，爲戍副主將，佐戍主掌戍軍政事務。北齊戍副從八品，北周二命。隋上戍副正八品下。

[5]關：稽查據點名。隋於山林河口要道置關，設關令、丞爲長貳官，掌稽查行人車馬出入，驗其過所（通行證），禁察奸慝、

游惰者。

[6]令：官名。即關令。隋於關置關令爲長官。上關令從八品上，中關令從八品下，下關令正九品上。　丞：官名。即關丞。隋於關置關丞爲副長官。上關丞正九品上，中關丞從九品上。

　　同州，[1]總監、副監各一人，[2]置二丞。[3]統食貨農圃二監、副監。[4]岐州亦置監、副監。[5]諸冶亦置三等監。[6]各有丞員。[7]

[1]同州：治所在今陝西大荔縣。

[2]總監：官署名、官名。即同州總監。隋置總監一員，下轄食貨、農圃二監。總管膳食、財務、賓客、鋪設、醫藥、倉廩、園圃、柴炭等事。視從五品。　副監：官名。即同州副監。隋置總副監一員，爲總監副貳。視從六品。

[3]丞：官名。即同州總監丞。隋於同州總監置總監丞二員，爲總監僚屬。視正八品。

[4]食貨監：官名。同州食貨監長官。掌膳食、財務、賓客、鋪設、醫藥等事。視正八品。　食貨副監：官名。隋於同州食貨監置副監爲副長官，視正九品。　農圃監：官員。隋於同州農圃監置監爲長官，掌倉廩、園圃、柴炭等事。視正八品。　農圃副監：官名。隋於同州農圃監置副監爲副長官。視正九品。

[5]岐州：治所在今陝西鳳翔縣。

[6]冶：冶鑄機構。西晉於衛尉下置冶令三十九，掌工徒冶鑄，遂有冶名。東晉省衛尉，冶改隸少府。南朝宋有東、南冶，仍隸少府；齊因之；梁、陳有東、西冶。北齊諸冶東西道署隸太府寺。隋諸冶初隸太府寺，煬帝大業三年分太府寺爲少府監後諸冶改隸少府監。　監：官署名、官名。即冶監。掌鑄造兵農之器。隋置大中小三等冶監，以監爲長官，大冶監視正八品，中冶監視從八品，小冶

監視正九品。隋初隸太府寺，煬帝大業三年分太府寺爲少府監後諸冶改隸少府監。

[7]丞：官名。即冶監丞。爲冶監貳官。大冶監丞視正九品，中冶監丞視從九品。

鹽池，[1]置總監、副監、丞等員。[2]管東西南北面等四監，[3]亦各置副監及丞。[4]隴右牧，[5]置總監、副監、丞，[6]以統諸牧。[7]其驊騮牧及二十四軍馬牧，[8]每牧置儀同及尉、大都督、帥都督等員。[9]驢騾牧，[10]置帥都督及尉。原州羊牧，[11]置大都督并尉。原州駞牛牧，[12]置尉。又有皮毛監、副監及丞、錄事。[13]又鹽州牧監，[14]置監及副監，[15]置丞，[16]統諸羊牧，[17]牧置尉。苑川十二馬牧，[18]每牧置大都督及尉各一人，帥都督二人。沙苑羊牧，[19]置尉二人。緣邊交市監及諸屯監，[20]每監置監、副監各一人。[21]畿內者隸司農，自外隸諸州焉。

[1]鹽池：即今山西運城市南中條山北麓解池。

[2]總監：官名。即鹽池總監。隋設總監爲長官，轄東、西、南、北面四監，總掌鹽務。視從六品。 副監：官名。即鹽池副總監。隋鹽池總監貳官。視從七品。 丞：官名。即鹽池總監丞。隋置鹽池總監丞爲鹽池總監僚屬，掌判監事。視從八品。

[3]四監：即鹽池東、西、南、北面四監，簡稱鹽池四面監。隋鹽池總監下轄東、西、南、北面四監之長官，分掌四監鹽務事。視正八品。

[4]副監：官名。即鹽池東、西、南、北面四副監，簡稱鹽池四面副監。隋鹽池東、西、南、北面四監之貳官。視從八品。

丞：官名。即鹽池東、西、南、北面四監丞，簡稱鹽池四面監丞。隋鹽池東、西、南、北面四監之僚佐。視從九品。

[5]隴右牧：官署名。隋諸牧總署，總掌畜牧事務。置總監、副監、丞等官屬。統驊騮牧、二十四軍馬牧、驢騾牧、原州羊牧、原州駝牛牧等，又領皮毛監。隴右，泛指隴山以西地區，約當今甘肅隴山、六盤山以西，黃河以東一帶。

[6]總監：官名。即隴右牧總監。隋隴右牧長官，一員，掌統諸牧。視從五品。　副監：官名。即隴右牧副監。隋隴右牧貳官，一員。視從六品。　丞：官名。即隴右牧丞。隋隴右牧屬官，一員。視正八品。

[7]牧：官署名。隋於國家諸牧場各置牧，管理飼養繁殖的馬、牛、驢、騾、駝、羊等牲畜，以供官用。

[8]驊騮牧：官署名。隋隴右牧總監所轄諸牧之一，置儀同、尉、大都督、帥都督等員，掌牧畜。煬帝大業三年驊騮牧置左、右牧監各一人，以統之。　二十四軍馬牧：官署合稱。隋隴右牧總監所轄軍馬署，每牧置儀同、尉、大都督、帥都督等員，掌軍馬牧畜。煬帝大業三年二十四軍馬牧皆置左、右牧監各一人，以統之。

[9]尉：官名。即牧尉。隋隴右牧、鹽州牧等所轄諸牧皆置，掌糾察。

[10]驢騾牧：官署名。隋隴右牧總監所轄諸牧之一，置帥都督、尉等員，掌牧畜。煬帝大業三年驢騾牧置左、右牧監各一人，以統之。

[11]原州羊牧：官署名。隋隴右牧總監所轄諸牧之一，置大都督、尉等員，掌牧畜。煬帝大業三年原州羊牧置左、右牧監各一人，以統之。原州，治所在今寧夏固原市。

[12]原州駝牛牧：官署名。隋隴右牧總監所轄諸牧之一，置尉掌牧畜。煬帝大業三年原州駝牛牧置左、右牧監各一人，以統之。

[13]皮毛監：官名。隋隴右群牧所轄皮毛監置監爲長官。視正八品。　副監：官名。即皮毛副監。隋隴右群牧所轄皮毛監貳官。

視從八品。　丞：官名。即皮毛監丞。隋隴右群牧所轄皮毛監屬官。視從九品。　錄事：官名。即皮毛監錄事。隋隴右群牧所轄皮毛監屬官。

[14]鹽州牧監：官署名。鹽州牧監是隋所置管理飼養繁殖牲畜的官署之一，置監、副監、丞，統諸羊牧。鹽州，治所在今陝西定邊縣。

[15]監：官名。即鹽州牧監。隋鹽州牧監之長官，掌鹽州牧牲畜飼養繁殖。視從七品。　副監：官名。即鹽州牧副監。隋鹽州牧監之貳官。

[16]丞：官名。即鹽州牧丞。隋鹽州牧監之屬官。視正九品。

[17]羊牧：官署名。即鹽州羊牧。隋鹽州牧監所轄諸牧之一，置尉等員，掌牧畜。煬帝大業三年鹽州羊牧置左、右牧監各一人，以統之。

[18]苑川十二馬牧：官署名合稱。是隋諸牧之一，各置大都督、尉各一人，帥都督二人，掌牧畜。煬帝大業三年苑川十二馬牧皆置左、右牧監各一人，以統之。苑川，在今甘肅榆中縣苑川河流域。

[19]沙苑羊牧：官署名合稱。沙苑羊牧是隋諸牧之一，置尉二人為長官，掌牧畜。煬帝大業三年沙苑羊牧置左、右牧監各一人，以統之。沙苑，在今陝西大荔縣南洛、渭兩水之間。

[20]交市監：官署名（官名同）。漢、魏已來，緣邊郡國皆有互市，與少數族群交易，郡縣主之，而不別置官吏。隋緣邊州始置交市監，畿內隸司農寺，畿外分隸諸州，置監、副監等，掌緣邊交易事。　屯監：官署名（官名同）。西魏始置。隋緣邊州置諸屯監，畿內隸司農寺，畿外分隸諸州，置監、副監等，掌屯田稼穡之事。

[21]監、副監：官名。即交市監、交市副監、屯監、屯副監。交市監，隋於交市監置監一人為長官，掌緣邊交易事。視從八品。交市副監，隋於交市監置副監一人為貳官。視正九品。屯監，隋於屯監置監一人為長官，掌屯田稼穡之事。視從七品。屯副監，隋於

屯監置副監一人爲貳官。視從八品。

五岳各置令，[1]又有吳山令，[2]以供其洒掃。

[1]五岳各置令：五岳是中國五大名山總稱。隋於五岳各置令，
視從八品，掌灑掃祭祀五岳之事。

[2]吳山令：官名。吳山全國有七處，此指其中位於今陝西隴
縣西南之吳山。因《爾雅·釋山》以其爲五岳之一，故雖不在隋朝
五岳中，但亦當受崇拜。吳山令爲隋所置掌灑掃祭祀此山之官，視
從八品。

三師、王、三公，爲正一品。

上柱國、郡王、國公、開國郡縣公，[1]爲從一品。

[1]開國郡縣公：即始封的郡、縣公爵。開國，古代始封之諸
侯開建邦國，稱開國。晋始用於封爵，五等封爵前皆加“開國”稱
號。南北朝及隋於始受封者前加“開國”二字，以別承襲爵位者。

柱國、太子三師、特進、尚書令、左右光禄大夫、
開國侯，爲正二品。

上大將軍、尚書左右僕射、雍州牧、金紫光禄大
夫，爲從二品。

大將軍，吏部尚書，太常、光禄、衛尉等三卿，太
子三少，納言，内史令，左右衛、左右武衛、左右武
候、領左右等大將軍，禮部、兵部、都官、度支、工部
尚書，宗正、太僕、大理、鴻臚、司農、太府等六卿，
上州刺史，京兆尹，秘書監，銀青光禄大夫，開國伯，

爲正三品。

上開府儀同三司，散騎常侍，左右衛、武衛、武候、領左右、監門等將軍，國子祭酒，御史大夫，將作大匠，中州刺史，親王師，朝議大夫，爲從三品。

驃騎將軍，[1]開府儀同三司，太常、光禄、衛尉等三少卿，太子左右衛、宗衛、内等率，尚書吏部侍郎，給事黄門侍郎，太子左庶子，宗正、太僕、大理、鴻臚、司農、太府等少卿，下州刺史，已前上階。内史侍郎，太子右庶子，通直散騎常侍，左右監門郎將，朝散大夫，開國子，爲正四品。

[1]驃騎將軍：官名。西漢武帝置爲重號將軍，僅次於大將軍。秩萬石。東漢位比三公，地位尊崇。魏、晋、南北朝因之，居諸名號將軍之首，僅作爲軍府名號，加授大臣、重要州郡長官，無具體職掌，漸成武散官名。三國魏、晋、南朝宋二品，開府者一品；梁班第二十四；陳一品。北魏亦置爲雜號將軍，孝文帝初定爲一品下，後改二品。北齊正二品。北周爲九命或正八命。隋初置驃騎將軍爲驃騎府長官，分駐各地，統領府兵經，正四品上。煬帝大業三年隨府名改稱鷹揚郎將。"驃"亦作"票"。

上儀同三司，尚書左丞，太子左右衛、宗衛、内等副率，左右監門率，上郡太守，雍州別駕，親王府長史，太子家令，率更令、僕，内侍，城門校尉，已前上階。尚書右丞，上鎮將軍，[1]雍州贊務，直閤將軍，親王府司馬，諫議大夫，爲從四品。

[1]上鎮將軍：中華書局新修訂本删"軍"字，其校勘記云："'將'下，原衍'軍'，大德本有一字空格，據至順本删。按，本卷上文敘鎮之設官，有鎮將、副；下文敘隋官品秩，從五品下階有'中鎮將'、正六品下階有'下鎮將'。""軍"字當從删。

車騎將軍，[1]儀同三司，内常侍，秘書丞，國子博士，散騎侍郎，太子内舍人，太子左右監門副率，員外散騎常侍，上州長史，親王府諮議參軍事，開國男，已前上階。尚食、尚藥典御，上州司馬，爲正五品。

[1]車騎將軍：官名。隋初置車騎將軍，正五品上。置於驃騎府者爲貳官，置於車騎府者爲長官，領分駐各地的驃騎、車騎府府兵。煬帝大業三年改車騎府、驃騎府爲鷹揚府，改車騎將軍爲鷹揚副郎將。大業五年又改名鷹擊郎將，置一員，皆爲副職。從五品。

著作郎，通直散騎侍郎，中郡太守，直寢，太子洗馬，中州長史，奉車都尉，已前上階。都水使者，治書侍御史，大興、長安令，大理司直，直齋，太子直閣，京兆郡丞，中州司馬，中鎮將，上鎮副，内給事，駙馬都尉，[1]親王友，員外散騎侍郎，爲從五品。

[1]駙馬都尉：官名。西漢武帝始置，皇帝出行時副車，爲侍從近臣，常用作加官，秩比二千石。東漢員五人，名義隸光禄勳。三國魏置，爲六品。西晉沿之，與奉車、騎都尉並號三都尉，以宗室、外戚等爲之。東晉唯留駙馬都尉，餘皆罷。東晉、南朝隸集書省，無定員，無實職。自南朝宋始專以公主夫婿任駙馬都尉；梁無班秩，陳七品。北朝略同。北魏孝文帝初定從四品上，後爲六品

下。北齊爲從五品下。隋初駙馬都尉隸左右衛府，從五品下。煬帝大業三年廢。

翊軍、翊師將軍，尚書諸曹侍郎，内史舍人，下郡太守，大都督，親王府掾、屬，下州長史，已前上階。四征將軍，征東、征南、征西、征北。三將軍，内軍、鎮軍、撫軍。大理正、監、評，千牛備身左右，[1] 左右監門校尉，内尚食典御，符璽監，御府監，殿内監，太子内直監，下州司馬，下鎮將，中鎮副，爲正六品。

[1] 千牛備身左右：千牛備身、備身左右，是左右領左右府所屬的兩類官，將兩者簡合稱爲“千牛備身左右”令人費解，亦不準確。檢後文列内率所屬的同類官記爲“太子千牛備身，太子備身左右”，可斷“千牛備身左右”之“左右”前脱“備身”兩字，當作“千牛備身，備身左右”。

四平將軍，平東、平南、平西、平北。四將軍，前軍、後軍、左軍、右軍。通事舍人，親王文學，帥都督，左右領軍府長史，太子直寢，親王府主簿，親王府録事參軍事，太子門大夫，給事，上縣令，已前上階。冠軍、輔國二將軍，太子舍人，直後，三寺丞，親王府功曹、記室、倉户曹參軍事，城門直長，太子直齋，太子副直監，太子典内，左右領軍府司馬，下鎮副，爲從六品。

鎮遠、安遠二將軍，員外散騎侍郎，御醫，左右衛、武衛、武候、領左右等府長史，親衛，親王府諸曹參軍事，已前上階。建威、寧朔二將軍，六寺丞，秘書郎，著作佐郎，太子千牛備身，太子備身左右，尚食、尚藥、左右監門等直長，太子通事舍人，左右衛、武衛、武候、領左右等府司馬，都督，太子典膳、藥藏等監，太子齋帥，上戍主，爲正七品。

寧遠、振威二將軍，左右監門府長史，太子左右衛、宗衛等率，左右虞候、左右內率等府長史，符璽、御府、殿內等直長，上州錄事參軍事，左右領軍府掾、屬，親王府東西閣祭酒，中縣令，上郡丞，太子親衛，[1]將作丞，勳衛，親王府參軍事，上鎮長史，[2]已前上階。伏波、輕車二將軍，太學、太常二博士，武騎常侍，奉朝請，國子助教，親王府諸曹行參軍，太子直後，太子左右監門直長，大興、長安縣丞，太子侍醫，侍御史，太史令，上州諸曹參軍事，左右監門府、太子左右衛、左右宗衛、左右虞候、左右內率等司馬，上鎮司馬，[3]爲從七品。

[1]太子親衛：官名。太子左、右衛率府所統之親衛府屬官，爲禁衛官，宿衛東宮內廷。從七品上。煬帝大業三年改名太子功曹。

[2]上鎮長史：官名。隋沿前制，所置長史官署衆多，鎮長史是其一類。爲鎮幕僚之長，掌統理府僚，紀綱職務。上鎮長史從七品下，中鎮長史正八品上，下鎮長史從八品上。

[3]上鎮司馬：官名。隋沿前制，所置司馬官署衆多，上鎮司馬是其一類，掌統理府僚，紀綱職務。從七品下。

宣威、明威二將軍，協律郎，都水丞，殿內將軍，太子左右監門率府長史，別將，[1]下縣令，中郡丞，中州録事參軍事，上上州諸曹行參軍事，親王府行參軍，左右領軍府録事參軍事，中鎮長史，太子内坊丞，太子勳衞，[2]已前上階。襄威、屬威二將軍，殿内御史，[3]掖庭、宮闈二令，上署令，公車、郊社、太廟、太祝、平準、太樂、驊騮、武庫、典客、鈎盾、左藏、太倉、左尚方、右尚方、司染、典農、京市、太官、鼓吹。太子左右監門率府司馬，中州諸曹參軍事，左右衞、武衞、武候等府録事參軍事，左右領軍府諸曹參軍事，内尚食丞，中戍主，上戍副，爲正八品。

[1]別將：官名。秦、漢泛指率部分兵力與主力分道而進的次要將領。北魏中葉以後，出兵之制，軍之統帥爲都督，與主力分道而行的輔翼將領稱別道都將，後“別將”逐漸成爲一級統兵武官名。初權任較重，後期地位漸低。北周別將隸諸州總管，六命。北齊置爲禁軍諸府及太子左、右衞率近衞武官，品級自七品至從八品不等。隋初仍置爲府兵低級武官，正八品上。煬帝大業三年罷。

[2]太子勳衞：官名。太子左、右衞率府所統之勳衞府屬官，爲禁衞官，宿衞東宮内廷。正八品上。煬帝大業三年改名太子勳侍。

[3]殿内御史：諸本同，《通典》卷三九《職官·隋官品令》則爲“殿中（隋避諱當爲‘内’）侍御史”。考本卷和《唐六典》卷一三《御史臺》均載，隋開皇初御史臺所置屬官名“殿内侍御史”，可判此“殿内御史”當是“殿内侍御史”之省稱。

威戎、討寇二將軍，四門博士，主書，門下録事，尚書都事，監察御史，内謁者監，上關令，中署令，太醫、右藏、黄藏、乘黄、龍厩、衣冠、守宮、華林、上林、掌治、導官、左校、右校、牛羊、典牧。[1]下郡丞，下州録事參軍事，中州諸曹行參軍，備身，左右衛、武衛、武候、領左右等府諸曹參軍事，左右領軍府諸曹行參軍，太子左右衛、宗衛、率等府録事參軍事，下鎮長史，太子翊衛，[2]已前上階。盪寇、盪難二將軍，親王府長兼行參軍及典籤，員外將軍，統軍，[3]太子三寺丞，中關令，奚官、內僕二令，下署令，諸陵、崇玄、太卜、車府、清商、司儀、肴藏、良醞、掌醢、甄官、廩犧。上津尉，下州諸曹參軍事，左右衛、武衛、武候等府諸曹行參軍，領左右府鎧曹行參軍，左右監門、太子左右衛、宗衛等率，左右虞候、左右內率等府諸曹參軍事，掌船局都尉，上鎮諸曹參軍事，[4]上縣丞，上郡尉，爲從八品。

[1]黃藏：《通典》卷三九《職官·隋官品令》記爲“廣藏”，但本書太府寺所統署兩處均記爲“黃藏”。

[2]太子翊衛：官名。太子左、右衛率府所統之翊衛府屬官，爲禁衛官，宿衛東宮內廷。從八品上。煬帝大業三年改名良曹。

[3]統軍：官名。北魏孝文帝時始置，統兵武官，位在軍主之上，別將之下。由朝廷或州府、都督、鎮將任命，又多以府州之佐僚兼領。北齊領左右府之刀劍備身五職、備身五職等均各有統軍。北周統軍正五命。隋亦置統軍，爲府兵低級武官，從八品下。煬帝大業三年罷。

[4]上鎮諸曹參軍事：官名。隋初沿前制，所置諸曹參軍事官署衆多，鎮諸曹參軍事是其一類。掌鎮倉庫、飲食、醫藥，付事勾稽、省署抄目、監印、市易、防人名帳、戎器、管鑰、差點及土木興造等事。上鎮諸曹參軍事從八品下，中鎮諸曹參軍事正九品上，下鎮諸曹參軍事從九品上。煬帝大業三年改爲書佐。

殄寇、殄難二將軍，太學助教，太子備身，大理寺律博士，諸校書郎，都水參軍事，內史錄事，內謁者令，內寺伯，中縣丞，下關令，中津尉，下州諸曹行參軍，上州行參軍，左右監門府鎧曹行參軍，太子左右衛、宗衛、虞候府等諸曹行參軍，太子左右內率府鎧曹行參軍，左右領軍府行參軍，中鎮諸曹參軍事，上鎮士曹行參軍，[1]中郡尉，已前上階。掃寇、掃難二將軍，殿內司馬督，太子食官、典倉、司藏等令，尚食、尚醫、軍主、太史、掖庭、宮闈局等丞，[2]上署令，[3]太子左右監門率府諸曹參軍事，中州行參軍，左右衛、武衛、武候等府行參軍，上州典籤，下戍主，上關丞，太子典膳、藥藏等局丞，下郡尉，典客署掌客，司辰師，爲正九品。

[1]上鎮士曹行參軍：官名。隋初沿前制，所置士曹行參軍官署衆多，鎮士曹行參軍是其一類。上鎮士曹行參軍正九品上，中鎮從九品上，下鎮從九品上。煬帝大業三年改爲司士行書佐。

[2]尚食：官名。即尚食局丞。北齊置門下省尚食局貳官，四員，佐尚食典御負責皇帝飲食，從七品下。隋初爲門下省尚食局屬官，正九品下。煬帝大業三年改爲殿內省尚食局屬官。　尚醫：諸本均同，《通典》卷三九《隋品官令》所載亦同。但檢本卷前載門下省有"尚藥局"，而無"尚醫局"（煬帝朝"尚藥局"歸屬殿內省）。檢《唐六典》卷一一《殿中省》、《通典》卷二六《職官·殿中監》所載同。《唐會要》卷六五《殿中省》載："尚醫局，（唐高宗）龍朔年改爲奉醫局。"但《新唐書》卷四七《殿中省》又載："龍朔二年，改尚藥局曰奉醫局。"故《唐會要》記載之"尚醫局"

頗可疑。總之，隋朝有"尚藥局"而無"尚醫局"，此"尚醫"似"尚藥"之訛。尚藥，官名。即尚藥局丞。北齊門下省尚藥局貳官，二員，佐尚藥典御總知醫藥事，從七品。隋初爲門下省尚藥局屬官，正九品下。煬帝大業三年改爲殿内省尚藥局屬官。　軍主：此應指軍主局丞，然檢本書，不見此官。考《通典》卷三九《隋品官令》、《文獻通考》卷六七《官品》皆將"軍主"獨列爲一官名，當從之。軍主，官名。南北朝置，爲軍之主將。南朝無固定品階，多以將軍領之。北朝地位稍低南朝。北齊宿衛宮禁的諸備身五職中皆置軍主，職掌作戰、警衛，從七品下。亦有掌營造事務者，隸將作大匠。隋初爲親、勳、翊三衛屬官，正九品下。煬帝大業三年改三衛爲三侍，遂廢。

[3]上署令：殿本同。中華本作"上署丞"，其校勘記云："'丞'原作'令'，據《通典》三九改。"考庫本爲"上署丞"。另，本卷前文"正八品下"條已列"上署令"，不應在"正九品下"條再列；而此若爲"上署丞"，又恰和"從九品上"條所列"中署丞"邏輯相符。故斷此"上署令"乃"上署丞"之訛。

曠野、橫野二將軍，掖庭局宮教博士，太祝，太子厩牧令，太子校書，下縣丞，中署丞，左右監門率府鎧曹行參軍，下州行參軍，中州典籤，左右監門府、太子左右衛、宗衛、虞候、率府等行參軍，正字，太子内坊丞直，中關、上津丞，下鎮諸曹參軍事，中鎮士曹行參軍，上縣尉，已前上階。偏、裨二將軍，四門助教，書算學博士，奉禮郎，員外司馬督，幢主，奚官、内僕等局丞，[1]下署丞，下州典籤，内謁者局丞，中津丞，中縣尉，太子正字，太史監候，太官監膳，御府局監事，[2]左右校及掖庭監作，太史司曆，諸樂師，爲從九品。

[1]幢主，奚官、内僕等局丞：中華本標點爲"幢主、奚官、内僕等局丞"。若此，"幢主"便指"幢主局丞"了。但檢本書隋朝有"幢主"而不載"幢主局丞（幢主丞）"。再考《通典》卷三九《隋品官令》記爲"幢主，奚官局丞，内僕局丞"；《文獻通考》卷六七《官品》在從九品欄亦將"幢主"獨立列爲一官名；且後兩書在從九品欄中亦皆不載隋"幢主局丞（幢主丞）"。故斷此處"幢主"是一獨立官名，中華本將其後標頓號誤，應爲逗號。幢主，官名。南北朝置，爲幢的主將。北齊與軍主、別將、統軍、都將合列爲"備身五職"，備宿衛。從九品下。將作寺亦置，掌營造。隋初爲親、勳、翊三衛屬官，從九品下。煬帝大業三年改三衛爲三侍，遂廢。

[2]御府局監事：官名。隋初置於門下省御府局屬官，從九品下。煬帝大業三年改隸殿内省。按，《通典》卷三九《隋品官令》記爲"御府局監"，但《通典》和本卷於正六品中均已載"御府監"，此不應再列，故斷《通典》"御府局監"似脱"事"字。另，《文獻通考》卷六七《官品》於隋從九品欄記"御府局丞"，而不記"御府局監事""御府局監"。

又有流内視品十四等：[1]

[1]流内視品：官制術語。在一定官階、品位之内，謂流内，其官稱流内官；相反，則爲流外、流外官。三國魏，官制品級定位九品，歷代相沿。自第一至從九品之官皆稱流内官。南朝梁定流内九品十八班，爲清流；陳沿其制。北魏孝文帝定流内九品官以序士人君子，其外復置流外七品，以序小吏。北齊定九品三十階、視官十三等爲流内官。隋沿之，定九品三十階爲流内；此外，又定十四等也爲流内，稱流内視品。

行臺尚書令，爲視正二品。

上總管、行臺尚書僕射，爲視從二品。

中總管、行臺諸曹尚書，爲視正三品。

下總管，爲視從三品。

行臺尚書左右丞，爲視從四品。

同州總監、隴右牧總監，爲視從五品。

行臺諸曹侍郎，爲視正六品。

上柱國、嗣王、郡王、柱國府長史、司馬、諮議參軍事，[1]鹽池總監，同州、隴右牧總副監，王、二王後國令，爲視從六品。

[1]長史、司馬、諮議參軍事：官名。此爲上柱國、嗣王、郡王、柱國府之長史、司馬、諮議參軍事。長史爲幕僚之長，掌判諸曹事務；司馬爲次，掌統理府僚，紀綱職務；諮議參軍事爲僚屬，掌謀劃左右，參議庶事。皆視從六品。

上大將軍、大將軍府長史、司馬，[1]上柱國、嗣王、郡王、柱國府掾、屬，[2]嗣王文學，[3]公國令，王、二王後大農、尉、典衛，[4]爲視正七品。

[1]上大將軍、大將軍府長史、司馬：官名。長史爲幕僚之長，掌判諸曹事務；司馬爲貳，掌統理府僚，紀綱職務。隋沿前制，上大將軍、大將軍府之長史、司馬皆視正七品。

[2]上柱國、嗣王、郡王、柱國府掾、屬：官名。掾爲長，屬爲貳，分判諸曹事。隋沿前制，上柱國、嗣王、郡王、柱國府掾、屬皆視正七品。

[3]嗣王文學：官名。掌校讎王府典籍，侍從文章。視正七品。

[4]王、二王後大農、尉、典衛：中華本標點爲“王、二王後大農尉、典衛”。按，據本卷前文諸王國官條云：“有令、大農各一人，尉各二人，典衛各八人”，“二王後，置國官，與諸王同”。則“王、二王後大農”和“王、二王後尉”是兩個官名，故中間應加頓號。後“公國大農、尉”，“侯、伯國大農、尉”皆類此，不再出注説明。

　　上開府、開府府長史、司馬，[1]上大將軍、大將軍府掾、屬，[2]上柱國、嗣王、郡王、柱國府諸曹參軍事，[3]鹽池總副監，鹽州牧監，諸屯監，國子學生，侯、伯國令，[4]公國大農、尉、典衛，[5]雍州薩保，[6]爲視從七品。

　　[1]上開府、開府府長史、司馬：官名。長史爲幕僚之長，掌判諸曹事務；司馬爲貳，掌統理府僚，紀綱職務。隋沿前制，上開府、開府府長史、司馬視從七品。
　　[2]上大將軍、大將軍府掾、屬：官名。掾爲長，屬爲貳，分判諸曹事。隋沿前制，上大將軍、大將軍府掾、屬視從七品。
　　[3]上柱國、嗣王、郡王、柱國府諸曹參軍事：官名合稱。掌出使及雜檢校事。隋沿前制，上柱國、嗣王、郡王、柱國府諸曹參軍事皆視從七品。煬帝大業三年改爲諸司書佐。
　　[4]侯、伯國令：官名。隋初諸侯、伯國各置國令一人，與國大農通判國司事，皆視從七品。煬帝大業三年改國令爲家令。
　　[5]公國大農：官名。隋初王、公、侯、伯、子、男國皆置大農，與國令協理封國事務。其中公國大農視從七品。煬帝大業三年廢伯、子、男大農，改王、公、侯國官爲府官。　　尉：官名。即公國尉。隋初公國置尉，分判國司事，視從七品。煬帝大業三年改國官爲府官。　　典衛：官名。即公國典衛。隋初公國置典衛，掌守衛

居宅事，從七品。煬帝大業三年改國官爲府官。

　　[6]薩保：官名。隋諸州置掌袄教事務官，雍州薩保視從七品，其他州胡二百戶以上所置薩保視正九品。

　　　上儀同、儀同府長史、司馬，[1]上大將軍、大將軍府諸曹參軍事，[2]上柱國、嗣王、郡王、柱國府參軍事、諸曹行參軍，[3]行臺諸監，同州諸監，鹽池四面監，皮毛監，歧州監，[4]同州總監、隴右牧監等丞，諸大冶監，雍州州都、主簿，[5]子、男國令，[6]侯、伯國大農、尉、典衛，[7]王、二王後國常侍，爲視正八品。

　　[1]上儀同、儀同府長史、司馬：官名。隋沿前制，置長史、司馬官之官署衆多，長史爲幕僚之長，掌判諸曹事務；司馬爲貳，掌統理府僚，紀綱職務。上儀同、儀同府長史、司馬皆視正八品。按，中華本標點爲“上儀同儀同府長史、司馬”。因“上儀同”和“儀同”是兩個勳官名，故中間應加頓號。後同此者徑加，不再出注説明。

　　[2]上大將軍、大將軍府諸曹參軍事：官名。隋沿前制，置諸曹參軍事之官署衆多，掌出使及雜檢校事。其中上大將軍、大將軍府諸曹參軍事視正八品。煬帝大業三年改爲諸司書佐。

　　[3]上柱國、嗣王、郡王、柱國府參軍事：官名。隋初置上柱國、嗣王、郡王、柱國府參軍事，掌出使及雜檢校事，皆視正八品。煬帝大業三年改爲書佐。　諸曹行參軍：即上柱國、嗣王、郡王、柱國府諸曹行參軍。隋沿前制，所置諸曹行參軍官署衆多，其中上柱國、嗣王、郡王、柱國府諸曹行參軍皆視正八品，爲各府諸曹僚佐。煬帝大業三年改爲諸司行書佐。

　　[4]歧州監：汲古閣本同。殿本、庫本、中華本皆爲“岐州監”。本卷前文也載“岐州亦置監”。此處當是釋其官品位。另，

隋有"岐州"而無"歧州"。故斷此"歧"乃"岐"因字形相近而訛，"岐州監"確。

[5]雍州州都、主簿：中華本標點爲"雍州州都主簿"。按，雍州州都和雍州主簿是兩個官名，故中間應加頓號。後同此者徑加，不再出注説明。

[6]子、男國令：官名。隋初子、男國各置國令，與國大農通判國司事，視正八品。煬帝大業三年改國令爲家令。

[7]侯、伯國大農、尉、典衛：官名。大農與國令協理封國事務；尉分判國司事；典尉掌守衛居宅事。隋侯、伯國置大農、尉、典尉，皆視正八品。煬帝大業三年廢伯國大農、尉、典尉，改侯國官爲府官。

行臺尚書都事，上開府、開府府諸曹參軍事，[1]上大將軍、大將軍府參軍事、諸曹行參軍，[2]上柱國、嗣王、郡王、柱國府行參軍，[3]五岳、四瀆、吳山等令，[4]鹽池四面副監，諸皮毛副監，行臺諸副監，諸屯副監，諸中冶監，諸緣邊交市監，鹽池總監丞，諸州州都、主簿，雍州西曹書佐、諸曹從事，京兆郡正、功曹，[5]太學生，子、男國大農、典衛，[6]爲視從八品。

[1]上開府、開府府諸曹參軍事：官名。隋沿前制，置諸曹參軍事之官署衆多，其中上開府、開府府諸曹參軍事，掌出使及雜檢校事，視從八品。煬帝大業三年改爲諸司書佐。

[2]上大將軍、大將軍府參軍事：官名。隋初置上大將軍、大將軍府參軍事，掌出使及雜檢校事，皆視從八品。煬帝大業三年改爲書佐。　諸曹行參軍：官名。即上大將軍、大將軍府諸曹行參軍。隋初上大將軍、大將軍府置諸曹行參軍皆爲各府諸曹僚佐，視

從八品。煬帝大業三年改爲諸司行書佐。

[3]上柱國、嗣王、郡王、柱國府行參軍：官名。隋沿前制，所置行參軍官署衆多，其中上柱國、嗣王、郡王、柱國府行參軍，佐各府參軍事掌出使及雜檢校事，皆視從八品。煬帝大業三年改爲行書佐。

[4]四瀆：官名。即四瀆令。隋置四瀆（長江、黃河、淮河、濟水的合稱）令，掌祭祀四瀆神及判祠事。視從八品。

[5]京兆郡正、功曹：中華本標點爲“京兆郡正功曹”。按，京兆郡正和京兆郡功曹是兩個官名，故中間應加頓號。後同此者徑加，不再出注説明。

[6]子、男國大農、典衛：官名。隋初子、男國置大農、典尉，大農與國令協理封國事務，典尉掌守衛居宅事。皆視從八品。煬帝大業三年皆廢。

開府府法曹行參軍，[1]上儀同、儀同府諸曹參軍事，[2]上大將軍、大將軍府行參軍，[3]上柱國、嗣王、郡王、柱國府典籤，[4]同州諸副監，岐州副監，諸小冶監，鹽州牧監丞，諸大冶監丞，諸緣邊交市副監，諸郡正、功曹，京兆郡主簿，諸州西曹書佐、祭酒從事，雍州部郡從事，公國常侍，[5]王、二王後國侍郎，公主家令，諸州胡二百户已上薩保，爲視正九品。

[1]開府府法曹行參軍：官名。隋沿前制，所置諸法曹行參軍官署衆多，其中開府府法曹行參軍，爲法曹僚佐。開皇三年改稱司法行參軍，煬帝大業三年改爲司法行書佐。

[2]上儀同、儀同府諸曹參軍事：官名。隋初上儀同、儀同府置諸曹參軍事，掌出使及雜檢校事，皆視正九品。煬帝大業三年改爲諸司書佐。

[3]上大將軍、大將軍府行參軍：官名。隋初上大將軍、大將軍府置行參軍，佐各府參軍事掌出使及雜檢校事，皆視正九品。煬帝大業三年改爲行書佐。

[4]上柱國、嗣王、郡王、柱國府典籤：官名。隋沿前制，置典籤官署衆多，其中上柱國、嗣王、郡王、柱國府典籤，掌宣傳府主教令事。皆視正九品。

[5]公國常侍：官名。隋公國置常侍，參掌表啓、書、疏，贊相禮儀，視正九品。煬帝大業三年改國官爲府官。

儀同府法曹行參軍，[1]上開府、開府府行參軍，[2]上大將軍、大將軍府典籤，[3]上儀同、儀同府行參軍，[4]上開府府典籤，行臺諸監丞，鹽池四面監丞，皮毛監丞，諸中冶監丞，四門學生，諸郡主簿，諸州部郡從事，雍州武猛從事，大興、長安縣正、功曹、主簿，侯、伯、子、男國常侍，[5]公國侍郎，[6]爲視從九品。

[1]儀同府法曹行參軍：官名。隋初儀同府所置法曹行參軍視從九品，爲法曹僚佐。開皇三年改稱司法行參軍，煬帝大業三年改爲司法行書佐。

[2]上開府、開府府行參軍：官名。隋初上開府、開府府皆置行參軍，佐各府參軍事掌出使及雜檢校事，視從九品。煬帝大業三年改爲行書佐。

[3]上大將軍、大將軍府典籤：官名。隋沿前制，上大將軍、大將軍府及上開府府皆置典籤，掌宣傳府主號令事，視從九品。

[4]上儀同、儀同府行參軍：官名。隋初上儀同、儀同府皆置行參軍，佐各府參軍事掌出使及雜檢校事，視從九品。煬帝大業三年改爲行書佐。

[5]侯、伯、子、男國常侍：官名。隋初侯、伯、子、男國皆

置常侍，參掌表啓、書、疏，贊相禮儀，視從九品。煬帝大業三年廢伯、子、男常侍，改侯國官爲府官。

[6]公國侍郎：官名。隋初公國亦置侍郎，掌侍從左右，贊相禮儀，視從九品。煬帝大業三年改國官爲府官。

又有流外勳品、二品、三品、四品、五品、六品、七品、八品、九品之差。[1]又視流外，亦有視勳品、視二品、視三品、視四品、視五品、視六品、視七品、視八品、視九品之差。極於胥吏矣，[2]皆無上下階云。

[1]流外勳品：官制術語。在一定官階、品位之外，謂流外，其官稱流外官。南朝梁指不登鄉品二品、十八班之外的七班，皆以寒微士人爲之；陳沿梁制。北魏孝文帝置流外七品，以序小吏。北齊置流外九品。隋流外官置流外勳品至九品、視流外勳品至九品。

[2]胥吏：官府中的小吏。

京官正一品，祿九百石，其下每以百石爲差，至正四品，是爲三百石。從四品，二百五十石，其下每以五十石爲差，至正六品，是爲百石。從六品，九十石，以下每以十石爲差，至從八品，是爲五十石。食封及官不判事者，[1]并九品，皆不給祿。其給皆以春秋二季。刺史、太守、縣令，則計户而給祿，各以户數爲九等之差。大州六百二十石，其下每以四十石爲差，至於下下，則三百石。大郡三百四十石，其下每以三十石爲差，至於下下，則百石。大縣百四十石，其下每以十石爲差，至於下下，則六十石。其祿唯及刺史二佐及郡守、縣令。[2]

[1]食封：受封者享有封邑、封戶，收其租稅而食，故名。春秋時晉國將縣邑分封給大夫，作爲俸禄形式。西漢初，諸侯王、列侯對封邑不僅享有租稅權，還享有一定的行政管理權。景帝後行政權逐漸被剥奪。東漢食封者僅可斂取封戶的租稅。魏晉南北朝各朝皆置。其制大抵是受封者分成食封戶所納租稅，西晉諸封國三分食一；東晉九分食一；北魏王食半，公三分食一，侯、伯四分食一，子、男五分食一；北齊王三分食一，公以下四分食一。又，自三國魏始有些食封是“虚封”，即有封戶數但不食租稅。隋封爵之户、邑率多虚名，其言“食實封”“真食”者乃得真户，享受租賦。

[2]刺史二佐：指州長史、司馬。

三年四月，詔尚書左僕射，掌判吏部、禮部、兵部三尚書事，御史糺不當者，兼糺彈之。尚書右僕射，掌判都官、度支、工部三尚書事，又知用度。餘皆依舊。尋改度支尚書爲户部尚書，[1]都官尚書爲刑部尚書。諸曹侍郎及内史舍人，並加爲從五品。增置通事舍人十二員，通舊爲二十四員。廢光禄寺及都水臺入司農，廢衛尉入太常、尚書省，[2]廢鴻臚亦入太常。罷大理寺監、評及律博士員，加置正爲四人。罷郡，以州統縣，改別駕、贊務，以爲長史、司馬。舊周、齊州郡縣職，自州都、郡縣正已下，皆州郡將縣令至而調用，[3]理時事。至是不知時事，直謂之鄉官。[4]別置品官，皆吏部除授，每歲考殿最。刺史、縣令，三年一遷，佐官四年一遷。[5]佐官以曹爲名者，並改爲司。六年，尚書省二十四司，各置員外郎一人，[6]以司其曹之籍帳。侍郎闕，則釐其曹事。吏部又別置朝議、通議、朝請、朝散、給事、承奉、儒林、文林等八郎，[7]武騎、屯騎、驍騎、游騎、飛騎、旅騎、雲騎、羽騎八尉。[8]其品則正六品以下，從九品以上。上階爲郎，下階爲尉。散官番直，常出使監檢。罷門下省員外散騎常侍、奉朝請、通事令史員，及左右衛、殿內將軍，[9]司馬督，武騎常侍等員。

　　[1]尋改度支尚書爲户部尚書：岑仲勉考此"户部尚書"爲"民部尚書"，乃唐人避諱改（參見岑仲勉《隋書求是》，第29頁）。

　　[2]廢衛尉入太常、尚書省：中華本標點爲"廢衛尉入太常尚書省"，因太常、尚書省是兩個官署名，中間加頓號更明確。後同者徑加，不再出注。

　　[3]州郡將：州刺史、郡太守別稱。北周、北齊刺史、郡守常兼領武事，故亦有此稱。

　　[4]鄉官：秦朝以前大體指鄉級政府治事之所。漢朝沿用。漢朝亦指三老、孝悌、力田等協助郡縣治理一鄉的官吏。通常由政府選任，無一定職掌，有位無禄。隋初指自州都、郡正、縣正及以下光初主簿、光初功曹等佐官，由地方長官署用，不理時事。開皇十五年罷。

　　[5]刺史、縣令，三年一遷，佐官四年一遷：諸本均同。但本書卷二《高祖紀下》記，開皇十四年"十一月壬戌，制州縣佐吏，三年一代，不得重任"。《北史》卷一一《隋文帝紀》所載同。與此處所記佐官遷轉時間有異。細考本書《百官志》載"佐官四年一遷"的時間是"開皇三年四月"，而本書和《北史》之《隋文帝紀》所載"佐吏三年一代"的時間是開皇十四年十一月壬戌。故前引本書所記佐官遷轉時間的差異反映的是制度前後變化，非有錯

訛。另，本書《刑法志》載：開皇十六年"諸州縣佐史，三年一代"。此時間不確，當以《隋文帝紀》所記時間為準。其考詳見本書《刑法志》注。

［6］員外郎：官名。隋文帝開皇六年始置，為尚書省吏、民、禮、兵、刑、工六部二十四司貳官，協助長官侍郎掌本司籍帳等事務。侍郎闕則代理其職。煬帝大業三年廢，後各司置承務郎一員行其職。

［7］朝議、通議、朝請、朝散、給事、承奉、儒林、文林等八郎：官名。屬文散官。隋開皇六年始置，自正、從六品上階，至正、從九品上階。輪番上直，常受命出使監檢。煬帝大業三年廢。

［8］武騎、屯騎、驍騎、游騎、飛騎、旅騎、雲騎、羽騎八尉：官名。屬武散官。隋開皇六年始置，自正、從六品下階，至正、從九品下階。輪番上直，常受命出使監檢。煬帝大業三年廢，但又置建節、奮武、宣惠、綏德、懷仁、守義、奉誠、立信等八尉，自正六品至從九品，仍為散官。

［9］"罷門下省"至"及左右衛、殿內將軍"：諸本皆同。考本書《高祖紀》開皇六年不見"罷左、右衛"之記載，而檢開皇九年正月虞慶則為"右衛大將軍"，十一年五月元旻為"左衛大將軍"，十二年正月楊諒為"右衛大將軍"。又《唐六典》卷二四《左右衛》注文載："開皇末年，罷十二衛大將軍員。煬帝大業三年，復置左、右衛為左、右翊衛。"該書校勘記云："案：《隋志》及《通典·職官》十《武官上》'左右衛'條均直云煬帝改左、右衛為左、右翊衛，未言中間有廢興事。"其又考本書本紀，開皇二十年、仁壽中、大業元年均有人任左右衛大將軍、左武候大將軍、左領軍大將軍、左右武衛大將軍等。故認為"《六典》原注所謂開皇末年廢（十二衛大將軍）而煬帝復置者，其事蓋有可疑焉"。總之，本書此處載開皇六年"罷左右衛"及《唐六典》載"開皇末年，罷十二衛大將軍員"均可疑。

十二年，復置光禄、衛尉、鴻臚等寺。諸州司以從事爲名者，改爲參軍。

十三年，復置都水臺。國子寺罷隸太常，又改寺爲學。

十四年，諸省各置主事令史員。改九等州縣爲上、中、中下、下，凡四等。

十五年，罷州縣鄉官。[1]

[1]罷州縣鄉官：中華本標點爲"罷州縣、鄉官"，誤。隋文帝從未罷過"州縣"，罷的是州縣之"鄉官"，即州都、郡縣正等。因此"罷州縣鄉官"句中不應加頓號。

十六年，内侍省加置内主事員二十人，[1]以承門閤。

[1]内主事：官名。隋文帝開皇十六年内侍省始置二十員，以承值門閤，由宦官充任。

十八年，置備身府。[1]

[1]備身府：官署名。隋文帝開皇十八年置左、右備身府，職掌宿衛。煬帝大業三年改左、右備身府爲左、右驍騎衛府，所領軍士名豹騎；又改左、右領左右府爲左、右備身府，各置備身郎將一人爲長官，直齋二人爲貳官，統千牛左右、司射左右，侍衛左右。

二十年，改將作寺爲監，[1]以大匠爲大監。[2]初加置副監。[3]

　　[1]監：官署名。即將作監。隋文帝開皇二十年改將作寺爲將作監，設匠作大監爲長官。領左、右校及甄官署。掌營繕宮室、宗廟、城門、東宮、王府、中央官署及京都其他土木工程。

　　[2]大監：官名。即將作大監。隋文帝開皇二十年改將作寺爲將作監，改長官將作大匠爲將作大監。煬帝大業三年又改名爲將作大匠；五年又改名將作大監，降爲正四品；十三年改名將作令。領左、右校及甄官署。掌營繕宮室、宗廟、城門、東宮、王府、中央官署及京都其他土木工程。

　　[3]副監：官名。即將作副監。隋文帝開皇二十年始置，爲將作監貳官。煬帝改副監爲將作少監；大業三年改名爲將作少匠；五年又改名爲將作少監，正五品；十三年改名爲將作少令。

　　仁壽元年，改都水臺爲監，更名使者爲監。罷國子學，唯立太學一所，置博士五人，從五品，學生七十二人。

　　三年，監門府又置門候一百二十人。[1]

　　[1]門候：官名。西漢城門校尉屬官有十二城門候，掌按時開閉城門。東漢沿置，每城門置門候一人，六百石。又，諸將軍營部亦置。隋文帝仁壽三年於左右監門府置門候一百二十人。煬帝大業三年增至二百四十人，與左右門尉分掌門禁守衛。正七品。

　　煬帝即位，多所改革。三年定令，品自第一至于第九，唯置正從，而除上下階。罷諸總管，廢三師、特進官。分門下、太僕二司，取殿内監名，以爲殿内省，[1]并尚書、門下、内史、秘書，以爲五省。增置謁者、司隷二臺，[2]并御史爲三臺。分太府寺爲少府監。[3]改内侍

省爲長秋監，[4]國子學爲國子監，[5]將作寺爲將作監，[6]
并都水監，總爲五監。[7]改左、右衛爲左、右翊衛，[8]
左、右備身爲左、右騎尉。[9]左、右武衛依舊名。改領
軍爲左、右屯衛，[10]加置左、右禦衛。[11]改左、右武候
爲左、右候衛。[12]是爲十二衛。又改領左、右府爲左、
右備身府，[13]左、右監門依舊名，凡十六府。其朝之班
序，以品之高卑爲列。品同則以省府爲前後，省府同則
以局署爲前後焉。

[1]殿內省：官署名。隋煬帝大業三年，分門下省之尚食、尚
藥、御府、殿內等局，分太僕寺之車府、驊騮等署，始置殿內省。
設殿內監爲長官。掌皇帝諸供奉，進御輿馬，統尚食、尚藥、尚
舍、尚衣、尚乘、尚輦六局及車府、驊騮等署。

[2]謁者：官署名。即謁者臺。東漢置，設謁者僕射爲長官。
三國沿置。晉省併入御史臺。南北朝復置，掌朝覲賓饗吉凶典禮之
司儀、安排朝會班次、傳宣詔命，職權減輕。隋初罷。煬帝大業三
年復置，與御史、司隸臺合稱三臺。設謁者臺大夫爲長官。掌遣使
奉詔勞問，持節察授，受理冤枉而申奏之，駕出，對御史引駕。
司隸：官署名。即司隸臺。隋煬帝大業三年始置。設司隸臺大夫爲
長官，掌諸巡察。設別駕分察京師、東都；設刺史巡察畿外；設諸
郡從事佐刺史巡察。每年二月出巡郡縣，十月入奏。後罷司隸臺，
留司隸從事之名，不爲常員，臨時選京官清明者權攝之。

[3]分太府寺爲少府監：觀前文，知此云分太府寺爲少府監亦
在大業三年，《通鑑》卷一八〇《隋紀》所載時間同此；考《唐六
典》卷二二《少府監》、《通典》卷二七《職官·少府監》、《舊唐
書》卷四四《職官三》則均記爲“大業五年”。少府監，官署名。
隋煬帝大業三年始由太府寺析置，設監（後改稱“令”）爲長官。
統左尚、右尚、內尚、司織、司染、鎧甲、弓弩、掌冶等署。後併

司織、司染爲織染署，廢鎧甲、弓弩二署。

　　[4]長秋監：官署名。隋煬帝大業三年改内侍省爲長秋監，置令、少令、丞，並用士人。改内常侍爲内承奉，内給事爲内承直，並用宦者。又省所領機構，祇留掖庭、宮闈、奚官三署，並參用士人。掌宮廷侍奉，宣傳制令。

　　[5]國子監：官署名。隋初置國子寺，隸太常寺。設國子祭酒爲長官。文帝開皇十三年罷隸太常寺而獨立，改名國子學。仁壽元年省國子祭酒、博士；罷國子學，唯立太學一所，置太學博士五人總知學事。煬帝大業三年改國子學爲國子監，依舊置祭酒，加置司業、丞，並置主簿、録事。並恢復國子學，置國子學博士、助教、學生等。

　　[6]將作寺爲將作監：此云大業三年改將作寺爲將作監，實誤。考本卷前載，文帝“（開皇）二十年，改將作寺爲監”，《唐六典》卷二三《匠作監》、《通典》卷二七《職官·匠作監》所載時間同此，而且均不載大業三年改“將作寺爲將作監”。

　　[7]“分太府寺爲少府監”至“總爲五監”：經前考，知此列“五監”名稱形成非在同一年，但該句將改制時間不完全相同的事合記在“大業三年”條中欠嚴謹。

　　[8]左、右翊衛：官署名合稱。煬帝大業三年左右衛改名左右翊衛，改其所統親、勳、翊三衛爲三侍。廢直閣將軍、直寢、奉車都尉、駙馬都尉、直齋、別將、統軍、軍主、幢主等。置左右翊衛大將軍各一員，將軍各二員總府事。又置護軍，掌副貳將軍；尋改護軍爲虎賁郎將，置虎牙郎將爲副。衛還置長史、録事參軍及司倉、兵、騎、鎧等員。左右翊衛統領諸鷹揚府，軍士名驍騎。

　　[9]左、右騎尉：汲古閣本、殿本、庫本同底本。中華本作“左右騎衛”，校勘記云：“‘衛’原作‘尉’，據《職官分紀》三五改。”中華本確。左右騎衛，關於此官署名，史籍記載多有歧異，如本卷後文不云“左右騎衛”，而稱“左右驍衛”。陳寅恪、岑仲勉、唐長孺對歧異點均有考，但結論不一（參見王永興《陳寅恪先

生史學述論稿》，北京大學出版社 1998 年版，第 271 頁；岑仲勉《隋書求是》，第 30 頁；唐長孺《唐書兵志箋證》，科學出版社 1957 年版，第 1—2 頁）。進一步考證可知，本卷前文所記"左右騎衛""左右驍衛"，均是"左右驍騎衛"之省稱或脫文（馬俊民《中華書局校點本"兩唐書"質疑二十則》，朱鳳瀚等編《仰止集》，天津人民出版社 2007 年版，第 154—156 頁）。左右驍騎衛，官署名。隋煬帝大業三年改左右備身府置。設左右驍騎衛大將軍各一員、將軍各二員總府事。又置護軍，掌副貳將軍；尋改護軍虎賁郎將，置虎牙郎將爲副。衛還置長史、錄事參軍及司倉、兵、騎、鎧等員。左右驍騎衛統諸鷹揚府，軍士名豹騎。

[10]左、右屯衛：官署名。煬帝大業三年改左、右領軍府爲左、右屯衛，設左、右屯衛大將軍各一員、將軍各二員總府事。又置護軍，掌副貳將軍；尋改名虎賁郎將，而置虎牙郎將爲副。衛還置長史、錄事參軍及司倉、兵、騎、鎧等員。左右屯衛統諸鷹揚府，所領軍士名羽林。

[11]左、右禦衛：官署名。隋煬帝大業三年置左禦衛、右禦衛，設左、右禦大將軍各一員爲長官，將軍各二員。又置護軍四員，掌副貳將軍。尋改護軍爲虎賁郎將，又置虎牙郎將六員副之。衛還置長史、錄事參軍及司倉、兵、騎、鎧等員。左右禦衛統諸鷹揚府兵，軍士名射聲。按，"衛"字原缺，據中華書局新修訂本校勘記補。

[12]左、右候衛：官署名。煬帝大業三年改左、右武候衛爲左、右候衛。各置左、右候衛大將軍一員、將軍二員總府事。置護軍，掌副貳將軍。尋改護軍爲虎賁郎將，置虎牙郎將爲副。左、右候衛統諸鷹揚府，軍士名伏飛。增置察非掾二人，專糾彈之事；將司辰師改隸太史監。

[13]左、右備身府：官署名。煬帝大業三年改左右領左右府爲左、右備身府。各置備身郎將一員、直齋二員爲長貳官，掌侍衛左右。統千牛左右十六人，執千牛刀宿衛；司射左右十六人，掌供御

弓箭。屬官有長史、録事及司兵、倉、騎參軍等員。後又置折衝、果毅、武勇、雄武等郎將，以統領驍果。

尚書省六曹，[1]各侍郎一人，[2]以貳尚書之職。又增左、右丞階，與六侍郎，並正四品。諸曹侍郎，並改爲郎。[3]又改吏部爲選部郎，[4]戶部爲人部郎，[5]禮部爲儀曹郎，[6]兵部爲兵曹郎，[7]刑部爲憲部郎，[8]工部爲起部郎，[9]以異六侍郎之名，廢諸司員外郎，而每增置一曹郎，各爲二員。都司郎各一人，[10]品同曹郎，掌都事之職，以都事爲正八品，分隸六尚書。諸司主事，並去令史之名。其令史隨曹閑劇而置。[11]每十令史，置一主事，[12]不滿十者，亦置一以。[13]其餘四省三臺，[14]亦皆曰令史，九寺五監諸衛府，[15]則皆曰府史。[16]後又改主客郎爲司蕃郎。[17]尋又每減一郎，置承務郎一人，[18]同員外之職。

[1]六曹：此指尚書省下轄之吏部、禮部、兵部、刑部（都官）、民部（度支）、工部。曹，官署統稱，即分科辦事機構。

[2]侍郎：官名。隋初於六部下屬各曹置侍郎一員，爲該曹長官，正六品上，開皇三年加爲從五品。煬帝大業三年諸曹（司）侍郎並改稱“郎”，又始置“侍郎”爲尚書省下轄六部之副長官，協助長官諸部尚書掌政令，正四品。此指後者。

[3]郎：官名。此指隋煬帝大業三年諸曹（司）侍郎改稱之“郎”，爲六部下轄諸曹之長官。

[4]選部郎：官名。魏晋南北朝爲尚書吏部郎的別稱。隋煬帝大業三年改吏部侍郎名選部郎，爲吏部選部曹（司）長官，置二員，從五品。

[5]户部:"民部"諱改。　人部郎:官名。隋煬帝大業三年改民部侍郎名人部郎,爲人部曹(司)長官,置二員,從五品。

[6]儀曹郎:官名。魏晉南北朝爲尚書省儀曹長官統稱,亦稱郎中。隋初廢。煬帝大業三年改禮部侍郎名儀曹郎,爲禮部曹(司)長官,置二員,從五品。

[7]兵曹郎:官名。隋煬帝大業三年改兵部侍郎名兵曹郎,爲兵部之兵部曹(司)長官,置二員,從五品。

[8]憲部郎:官名。隋煬帝大業三年改刑部侍郎名憲曹郎,爲刑部憲部曹(司)長官,置二員,從五品。

[9]起部郎:官名。隋煬帝大業三年改工部侍郎名起部郎,爲工部起部曹(司)長官,置二員,從五品。

[10]都司郎:官名。隋煬帝大業三年置都司郎各一員(即左、右司郎中),代替原尚書都事,爲尚書省處理日常事務的官員,掌文書收發,稽查缺失,監印給紙筆等事,從五品。原尚書都事改爲分隸六尚書。

[11]令史:官名。隋初於省寺監衛府之諸司置主事令史,爲官署僚屬。煬帝大業三年改"主事令史"爲"主事",並於尚書、門下、内史、秘書、殿内五省和御史、謁者、司隸三臺之諸司另置令史,爲主事屬下,是流外勳品,掌文書案牘,亦常差充他職,得官者少。

[12]主事:官名。隋初於省寺監衛府諸司亦置主事令史,爲官署僚屬,是掌署覆文書案牘的低級官員。煬帝大業三年改"主事令史"爲"主事",並於五省、三臺之諸司另置令史。規定每十令史置一主事,不滿十人,亦置一人,雜用士人。

[13]一以:殿本、庫本同底本,汲古閣本、中華本作"一人"。考《唐六典》卷一《尚書都省》、《通典》卷二二《職官·歷代都事主事令史》皆載:"不滿十者亦置一人。"再讀前後文語意,故可判"以"爲"人"之訛。中華本確。

[14]四省三臺:此指門下、内史、秘書、殿内四省和御史、謁

者、司隸三臺。

[15]九寺五監諸衛府：九寺，指太常、光禄、衛尉、宗正、太僕、大理、鴻臚、司農、太府寺；五監，指少府、長秋、國子、將作、都水監；諸衛府，指左右翊衛、左右驍騎衛、左右武衛、左右屯衛、左右禦衛、左右候衛和左右備身府、左右監門府。

[16]府史：吏職名。隋初於諸省寺監衛府置主事令史，爲官署僚屬。煬帝大業三年改"主事令史"爲"主事"，並於九寺五監諸衛府另置"府史"爲主事屬下，爲流外勳品，掌文書案牘，亦常差充他職。

[17]主客郎：官名。隋初於禮部四曹之一主客曹置主客侍郎。爲該曹長官，正六品。開皇三年加爲從五品。煬帝大業三年諸曹侍郎並改稱"郎"，主客侍郎改名主客郎，後又改名司蕃郎。掌二王後及諸蕃朝聘之事。

[18]承務郎：官名。隋煬帝大業三年置，代原尚書省二十四司員外郎之職，協助本司長官掌籍帳等事。

舊都督已上，至上柱國，凡十一等，及八郎、八尉、四十三號將軍官，[1]皆罷之。并省朝議大夫。自一品至九品，置光禄、從一品。左右光禄、左正二品，右從二品。金紫、正三品。銀青光禄、從三品。正議、正四品。通議、從四品。朝請、正五品。朝散從五品。等九大夫，建節、正六品。奮武、從六品。宣惠、正七品。綏德、從七品。懷仁、正八品。守義、從八品。奉誠、正九品。立信從九品。等八尉，以爲散職。開皇中，以開府儀同三司爲四品散實官，至是改爲從一品，同漢、魏之制，位次王公。門下省減給事黃門侍郎員，置二人，去給事之名，移吏部給事郎名爲門下之職，[2]位次黃門下。置員四人，從五品，省讀奏案。廢散騎常侍、通直散騎常侍、諫議大夫、散騎侍郎等常員。改符璽監爲郎，置員二人，爲從六品。加錄事階爲正八品。以城門、殿內、尚食、尚藥、御府等五局隸殿內省。十二年，又改納言爲侍內。

[1]八郎：官名。此指隋文帝開皇六年於吏部所置的文散官，即朝議、通議、朝請、朝散、給事、承奉、儒林、文林八郎。自正、從六品上階，至正、從九品上階。煬帝大業三年罷。　八尉：官名。此指隋文帝開皇六年於吏部所置的武散官，即武騎、屯騎、驍騎、游騎、飛騎、旅騎、雲騎、羽騎八尉。自正、從六品下階，至正、從九品下階。煬帝大業三年罷，又新置八尉，仍爲散職。

[2]給事郎：官名。隋文帝開皇六年於尚書省吏部置給事郎，爲“八郎”之一，正八品上。爲散官番直，常出使監察。煬帝大業三年罷，並取其名置於門下省，位黃門侍郎下。掌省讀奏案，置四員，從五品。

內史省減侍郎員爲二人，減內史舍人員爲四人。加置起居舍人員二人，[1]從六品。次舍人下。改通事舍人員爲謁者臺職。減主書員，置四人，加爲正八品。十二年，改內史爲內書。

[1]起居舍人：官名。隋煬帝大業三年內史省始置，二員。掌記皇帝之言以備修史，錄天子制誥德音。從六品。

殿內省置監、正四品。少監、從四品。丞，[1]從五品。各一人，掌諸供奉。又有奉車都尉十二人，[2]掌進御輿馬。統尚食、尚藥、尚衣、尚舍、尚乘、尚輦等六局，[3]各置奉御二人，[4]正五品。皆置直長，[5]以貳之。正七品。尚食直長六人，又有食醫員。尚藥直長四人，又有侍御醫、司醫、醫佐員。[6]尚衣即舊御府也，改名之，有直長四人。尚舍即舊殿中局也，改名之，有直長八人。尚乘局置左右六閑：[7]一左右飛黃閑，二左右吉良閑，三左右龍媒閑，四左右駒騄閑，五左右騑騹閑，六左右天苑閑。有直長十四人，又有奉乘十人。[8]尚輦有直長四人，又有掌輦六人。[9]城門置校尉一人，[10]降爲正五品。後又改校尉爲城門郎，[11]置員四人，從六品。自殿內省隸爲門下省官。

[1] 監：官名。即殿內監。隋煬帝大業三年置殿內省，置殿內監一員爲長官，掌皇帝衣食住行等生活事務。正四品。　少監：官名。即殿內少監。隋煬帝大業三年置殿內省，置殿內少監一員爲貳官，佐長官掌皇帝衣食住行等生活事務。從四品。　丞：官名。即殿內丞。隋煬帝大業三年置殿內省，置殿內丞一員爲屬官，掌判監事，兼勾檢稽失，省署抄目。從五品。

[2] 奉車都尉：官名。隋初於左右衛各置奉車都尉爲屬官，掌馭副車，煬帝大業三年廢。此是煬帝於殿內省新置的奉車都尉，掌進御輿馬。

[3] 尚食：官署名。即尚食局。隋初門下省置。煬帝大業三年尚食局改隸殿內省，置奉御爲長官，直長爲副。掌宮廷膳食，百官宴饗及諸陵月饗之儲供。　尚藥：官署名。即尚藥局。隋初門下省沿置。煬帝大業三年尚藥局改隸殿內省，置奉御爲長官，直長爲副。掌宮廷醫藥與疾病治療。　尚衣：官署名。即尚衣局。隋煬帝大業三年改門下省御府局爲尚衣局，隸殿內省，置奉御爲長官，直長爲副。掌宮廷服用器玩。　尚舍：官署名。即尚舍局。隋煬帝大

業三年改門下省殿内局名尚舍局，隸殿内省，置奉御爲長官，直長爲副。掌殿庭張設，供湯沐，及灑掃等事；皇帝出行，則供帳幕等。　尚乘：官署名。即尚乘局。北齊太僕寺統驊騮等署。隋初因之。煬帝大業三年罷太僕寺驊騮署，以其職置尚乘局，改隸殿内省。置奉御爲長官，直長爲副。掌左右六閑御馬的飼養、訓練。

尚輦：官署名。即尚輦局。煬帝大業三年殿内省置尚輦局，設奉御爲長官，直長爲副。掌宮廷輿輦、傘扇等事務。

[4]奉御：官名。此指隋煬帝大業三年所置尚食、尚藥、尚舍、尚衣、尚乘、尚輦局奉御，爲各局長官。皆置二員，正五品。分掌各局事務。

[5]直長：官名。此指隋煬帝大業三年所置尚食、尚藥、尚舍、尚衣、尚乘、尚輦局直長，爲各局副長官。尚藥、尚衣、尚輦局各置四人，尚食局置六人，尚舍局置八人，尚乘局置十四人，皆正七品。佐長官分掌各局事務。

[6]司醫：官名。即尚藥司醫。煬帝大業三年於殿内省尚藥局置，爲尚藥局屬官。掌與醫佐分療衆疾。　醫佐：官名。即尚藥醫佐。煬帝大業三年於殿内省尚藥局置，爲尚藥局屬官，位次司醫。掌與司醫分療衆疾。

[7]左右六閑：官署名。即指左右飛黄閑、左右吉良閑、左右龍媒閑、左右駒騄閑、左右駃騠閑、左右天苑閑。皆爲尚乘局所屬飼養、訓練御馬的機構。

[8]奉乘：官名。北周左、右厩各置奉承二十人。煬帝大業三年於殿内省尚乘局置十員，爲尚乘局屬官，掌六閑御馬之飼養、調習事務。

[9]掌輦：官名。煬帝大業三年於殿内省尚輦局置六員，爲尚輦局屬官，掌輦輿以供事。

[10]城門校尉：官名。隋初爲門下省城門局長官。煬帝大業三年改門下省城門局隸殿内省，仍置城門校尉爲長官，正五品。

[11]城門郎：官名。隋煬帝改殿内省城門局城門校尉爲城門

郎，復隸門下省，置四員，降爲從六品。

秘書省降監爲從三品，[1]增置少監一人。[2]從四品。增著作郎階爲正五品，減校書郎爲十人。改太史局爲監，[3]進令階爲從五品，又減丞爲一人。置司辰師八人，增置監候爲十人。其後又改監、少監爲令、少令。增秘書郎爲從五品，加置佐郎四人，[4]從六品。以貳郎之職。降著作郎階爲從五品。又置儒林郎十人，[5]正七品。掌明經待問，唯詔所使。文林郎二十人，[6]從八品。掌撰録文史，檢討舊事。此二郎皆上在藩已來直司學士。[7]增校書郎員四十人，加置楷書郎員二十人，[8]從九品。掌抄寫御書。

[1]從三品：汲古閣本、殿本、庫本、中華本原作"從二品"。但《唐六典》卷一〇《秘書省》云："煬帝大業三年降爲從第三品。"兩者不同。考本卷和《通典》卷三九《職官·隋官品令》及前引《唐六典》，皆載煬帝大業三年改制前秘書監爲"正三品"，此記爲"從二品"是升非"降"，而《唐六典》所記"從第三品"則符合本句"降"的邏輯。故疑"二"爲"三"之訛。今改。

[2]少監：官名。即秘書少監。隋煬帝大業三年置秘書少監一員，爲秘書省貳官，佐長官掌圖書典籍，從四品。後又改稱秘書少令。

[3]改太史局爲監：《唐六典》卷一〇《秘書省》、《通典》卷二六《秘書監》皆云"改太史曹爲太史監"，"大唐初改監爲局"。故此云"太史局"誤，是以唐官署名誤改隋名。太史監，煬帝大業三年改秘書省之太史曹爲太史監。置太史令二員爲長官，進階從五品。屬官在原太史曹的基礎上也有變化，即減太史丞爲一員，置司

辰師八人，增監候爲十六人。職掌觀察天文，稽定曆數。

　　［4］佐郎：官名。即秘書佐郎。隋煬帝大業三年於秘書省加置秘書佐郎四員，爲貳官，佐長官掌四部圖書。從六品。

　　［5］儒林郎：官名。隋文帝開皇六年於吏部置儒林郎爲文散官，出使監檢，正九品上。煬帝大業三年罷。改於秘書省置十員，掌明經待問，唯詔所使，正七品。

　　［6］文林郎：官名。隋文帝開皇六年於吏部置文林郎爲文散官，常出使監檢，正九品上。煬帝大業三年罷，改於秘書省置二十員，掌撰録文史，檢討舊事，從八品。

　　［7］學士：官名。魏晉南北朝隋皆置，以文學之士充任，掌典禮、編纂、撰述、修史之事，爲文學侍從之臣。

　　［8］楷書郎：官名。隋煬帝大業三年於秘書省加置楷書郎爲屬員，二十人，掌抄寫御書。從九品。

　　御史臺增治書侍御史爲正五品。省殿内御史員，增監察御史員十六人，加階爲從七品。開皇中，御史直宿禁中，至是罷其制。又置主簿、録事員各二人。[1] 五年，[2] 又降大夫階爲正四品，減治書侍御史爲從五品；增侍御史爲正七品，唯掌侍從糾察，其臺中簿領，皆治書侍御史主之。後又增置御史，[3] 從九品，尋又省。

　　［1］又置主簿、録事員各二人：考本卷前載隋初所置御史臺屬官已設録事二人，不見廢省。而此處云“又置録事二人”，是增置録事還是他意，不明。主簿，官名。即御史臺主簿。隋煬帝大業三年始於御史臺增置主簿二員爲屬官，掌印及受事發辰，勾稽缺失。

　　［2］五年：諸本同，《唐六典》卷一三《御史臺》則爲大業八年。

　　［3］御史：官名。隋煬帝大業三年於御史臺增置御史，從九品。

尋又省。此外，隋唐以來，御史也成爲對侍御史、治書侍御史、殿中侍御史、監察御史等官的統稱。

謁者臺大夫一人，[1]從四品。五年，改爲正四品。掌受詔勞問，出使慰撫，持節察授，及受冤枉而申奏之。駕出，對御史引駕。置司朝謁者二人以貳之。[2]從五品。屬官有丞一人，[3]主簿、録事各一人等員。[4]又有通事謁者二十人，[5]從六品。即内史通事舍人之職也。次有議郎二十四人，[6]通直三十六人，[7]將事謁者三十人，[8]謁者七十人，[9]皆掌出使。其後廢議郎，通直、將事謁者，謁者等員，而置員外郎八十員。[10]尋詔門下、内史、御史、司隸、謁者五司，監受表，以爲恒式，不復專謁者矣。尋又置散騎郎，[11]從五品，二十人，承議郎、正六品。通直郎，[12]從六品。各三十人，宣德郎、正七品。宣義郎，[13]從七品，各四十人，徵事郎、正八品。將仕郎、從八品。常從郎、正九品。奉信郎，[14]從九品。各五十人，是爲正員。並得禄當品。又各有散員郎，[15]無員無禄。尋改常從爲登仕，奉信爲散從。自散騎已下，皆主出使，量事大小，據品以發之。

[1]謁者臺大夫：官名。隋謁者臺長官，煬帝大業三年置，一員。掌遣使奉詔勞問，持節察授，受理冤枉而申奏之；駕出，對御史引駕。從四品。五年改爲正四品。

[2]司朝謁者：官名。煬帝大業三年始置謁者臺，置司朝謁者二人爲副，佐長官掌執詔勞問、出使慰撫，受理冤枉而申奏之。從五品。

［3］丞：官名。即謁者臺丞。隋於謁者臺置丞一員爲屬官。

［4］主簿、録事：官名。即謁者臺主簿、録事。隋於謁者臺置主簿、録事各一員爲屬官。

［5］通事謁者：官名。隋初於内史省置通事舍人爲屬官，掌承旨傳宣之事。煬帝大業三年改通事舍人名通事謁者，隸謁者臺，爲屬官，員二十，掌出使巡察。從六品。

［6］議郎：官名。即謁者臺議郎。隋謁者臺屬官，煬帝大業三年置，二十四員，掌出使巡察。尋廢。

［7］通直：官名。即謁者臺通直。隋謁者臺屬官，煬帝大業三年置，三十六員，掌出使巡察。尋廢。

［8］將事謁者：官名。即謁者臺將事謁者。隋謁者臺屬官，煬帝大業三年置，三十員，掌出使巡察。尋廢。

［9］謁者：官名。即謁者臺謁者。隋謁者臺屬官，煬帝大業三年置，七十員，掌出使巡察。尋廢。

［10］員外郎：官名。即謁者臺員外郎。隋謁者臺屬官，八十員。

［11］散騎郎：官名。即謁者臺散騎郎。隋謁者臺屬官，二十員，掌出使巡察。從五品。

［12］承議郎、通直郎：官名。即謁者臺承議郎、通直郎。皆爲隋謁者臺屬官，各置三十員，掌出使巡察。前者正六品，後者從六品。

［13］宣德郎、宣義郎：官名。皆爲隋謁者臺屬官，各置四十員。前者正七品，後者從七品。掌出使巡察。

［14］徵事郎、將仕郎、常從郎、奉信郎：官名。皆爲隋謁者臺屬官，各置五十員，均掌出使巡察。分別爲正八品、從八品、正九品、從九品。尋又改常從郎名登仕郎，奉信郎名散從郎。

［15］散員郎：官名。即謁者臺散員郎。爲隋謁者臺屬官，掌出使巡察。無員額俸禄。

司隸臺大夫一人，[1]正四品。掌諸巡察。別駕二人，[2]從五品。分察畿内，一人案東都，一人案京師。刺史十四人，[3]正六品。巡察畿外。諸郡從事四十人，[4]副刺史巡察。其所掌六條：一察品官以上理政能不。二察官人貪殘害政。三察豪强姦猾，侵害下人，及田宅逾制，官司不能禁止者。四察水旱蟲災，不以實言，枉徵賦役，及無災妄蠲免者。五察部内賊盜，不能窮逐，隱而不申者。六察德行孝悌，茂才異行，隱不貢者。每年二月，乘軺巡郡縣，[5]十月入奏。置丞、從六品。主簿、從八品。録事從九品。各一人。[6]後又罷司隸臺，而留司隸從事之名，不爲常員。臨時選京官清明者，權攝以行。

[1]司隸臺大夫：官名。簡稱司隸大夫。隋煬帝大業三年置爲司隸臺長官，一員，掌巡察糾劾之事。正四品。後罷。

[2]別駕：官名。即司隸臺別駕。隋煬帝大業三年置爲司隸臺屬官，二員，分察京師、東都。從五品。後罷。

[3]刺史：官名。即司隸臺刺史。隋煬帝大業三年置爲司隸臺屬官，十四員。掌以六條巡察畿外，每年二月出巡，十月入奏。正六品。後罷。

[4]諸郡從事：官名。即司隸臺諸郡從事。簡稱司隸從事。隋煬帝大業三年置爲司隸臺屬官，四十員，佐刺史巡察諸郡。後罷司隸臺，留司隸從事之名，不爲常員，臨時選京官清明者權攝之。

[5]軺（yáo）：使節所用之車。

[6]丞、主簿、録事：官名。即司隸臺丞、主簿、録事。皆爲隋司隸臺屬官，各置一員。分别爲從六品、從八品、從九品。後皆罷。

光祿已下八寺卿，皆降爲從三品。少卿各加置二人，爲從四品。諸寺上署令，[1]並增爲正六品，中署令爲從六品，[2]下署令爲正七品。[3]始開皇中，署司唯典掌受納，至是署令爲判首，取二卿判。丞唯知勾檢。[4]令闕，丞判。五年，寺丞並增爲從五品。

[1]上署令：官名。此指隋公車、郊社、太廟、太祝、平準、太樂、驊騮、武庫、典客、鈎盾、左藏、太倉、左尚方、右尚方、司染、典農、京市、太官、鼓吹署令。隋初爲正八品下，煬帝大業三年升爲正六品。

[2]中署令：官名。此指隋太醫、右藏、黃藏、乘黃、龍廐、衣冠、守宮、華林、上林、掌冶、導官、左校、右校、牛羊、典牧署令。隋初爲從八品上，煬帝大業三年升爲從六品。

[3]下署令：官名。此指隋諸陵、崇玄、太卜、車府、清商、司儀、肴藏、良醞、掌醢、甄官、廩犧署令。隋初爲從八品下，煬帝大業三年升爲正七品。

[4]勾檢：考核檢查。

太常寺罷太祝署，而留太祝員八人，屬寺。後又增爲十人。奉禮減置六人。太廟署又置陰室丞，[1]守視陰室。[2]改樂師爲樂正，[3]置十人。太卜又省博士員，置太卜正二十人，[4]以掌其事。太醫又置醫監五人，[5]正十人。[6]罷衣冠、清商二署。

[1]陰室丞：官名。隋煬帝大業三年於太常寺太廟署置，掌守視陰室。

[2]陰室：此指太廟祀殤子之室。

[3]樂正：官名。春秋、戰國時已置，分大、小樂正。後世樂正地位較低。南朝梁太常卿屬下有樂正，掌樂事。隋大業三年改太樂、清商署樂師爲樂正，置十員，掌教習聲樂。

[4]太卜正：官名。隋煬帝大業三年太卜署省太卜博士員，置太卜正二十人，掌教授卜筮之法，國有祭祀或大事時占卜。

[5]醫監：官名。隋煬帝大業三年始於太醫署置醫監五人爲屬官。

[6]正：官名。即醫正。煬帝大業三年始置十員，爲太常寺太醫署屬官。掌醫療疾病。

太僕減驊騮署入殿內。尚乘局改龍廄曰典廄署，[1]有左、右駮皂二廄。[2]加置主乘、司庫、司廩官。[3]罷牛羊署。

[1]典廄署：官署名。隋煬帝大業三年改太僕寺龍廄署稱典廄署，設令、丞爲長貳官，轄左、右駮皂二廄。掌繫飼馬牛，給養雜畜之事。

[2]左、右駮皂：官署名。即左、右駮皂廄。隋煬帝大業三年所置典廄署下轄的機構，掌馬牛飼養。

[3]主乘：官名。隋煬帝大業三年太僕寺典廄署始置爲屬官。
司庫：官名。隋煬帝大業三年始置爲殿內省尚乘局屬官。　司廩：官名。西周置，主管倉廩糧食。隋煬帝大業三年於殿內省尚乘局置爲屬官。

大理寺丞改爲勾檢官，[1]增正員爲六人，分判獄事。置司直十六人，降爲從六品，後加至二十人。又置評事四十八人，[2]掌頗同司直，正九品。

［1］勾檢官：官名。此類官職掌署名勾訖，發辰檢稽失。如大理正、諸司録事、録事參軍之類官。

［2］評事：官名。即大理評事。隋煬帝大業三年於大理寺置評事四十八人爲屬官，掌推按刑獄。正九品。

　　鴻臚寺改典客署爲典蕃署。[1]初煬帝置四方館於建國門外，[2]以待四方使者，後罷之，有事則置，名隸鴻臚寺，量事繁簡，臨時損益。東方曰東夷使者，南方曰南蠻使者，西方曰西戎使者，北方曰北狄使者，各一人，掌其方國及互市事。每使者署，[3]典護録事、叙職、叙儀、監府、監置、互市監及副、參軍各一人。[4]録事主綱紀。叙職掌其貴賤立功合叙者。叙儀掌小大次序。監府掌其貢獻財貨。監置掌安置其駝馬船車，并糾察非違。互市監及副，掌互市。參軍事出入交易。

［1］典蕃署：官署名。隋煬帝大業三年改鴻臚寺典客署名典蕃署，設令、丞爲長貳官，掌管理、接待各少數民族歸化者和外國使節等事。

［2］四方館：官署名。隋煬帝大業初始置，以接待四方使者。後罷，有事則置，名隸鴻臚寺，量事繁簡，臨時損益。東夷、南蠻、西戎、北狄各置使者一人，掌其方國及互市事。　建國門：即隋東都洛陽城正南門，在今河南洛陽市南郊（一説即隋洛陽皇城端門，在今河南洛陽市城區西部）。

［3］使者署：官署名。此指隋煬帝大業初所置東夷、南蠻、西戎、北狄使者署，四署各置使者一員爲長官，掌四方方國及互市事。

[4]典護録事、叙職、叙儀、監府、監置、互市監及副、参軍：官名。皆爲四方使者署屬官，各置一員。

司農但統上林、太倉、鈎盾、導官四署，罷典農、華林二署，而以平準、京市隷太府。

太府寺既分爲少府監，而但管京都市五署及平準、左右藏等，凡八署。京師東市曰都會，[1]西市曰利人。[2]東都東市曰豐都，[3]南市曰大同，[4]北市曰通遠。[5]及改諸令爲監，[6]唯市署曰令。[7]

[1]京師東市：此指隋長安城内工商業區，名“都會”。位於皇城東南，占兩坊之地，與西市對稱。市四面有圍墻，每面二門，内設沿墻街和井字形街，沿街店鋪毗連櫛比，四面邸店林立，四方珍奇與商賈皆集於此，分成“行”經營。中心爲市署及平準署，管理市政、貿易、徵税、平抑物價、檢查度量衡商品質量及按時啓閉市門。

[2]西市：此指隋長安城内工商業區，名“利人”。位於皇城西南，占兩坊之地，與東市對稱，其形制、規模、布局、行肆及市制大抵如京師東市。

[3]東都東市：此指隋洛陽城内工商業區，名“豐都”。周八里，占兩坊之地，市四面有圍墻，每面三門。内設衆多邸、行、肆。市傍遠渠，貨物山積。

[4]南市：此指隋洛陽城内工商業區，名“大同”。周四里，四面有圍墻，每面一門。内設衆多邸、行，與通濟、通津兩渠相通水運方便。隋末因戰亂而廢。

[5]北市：此指隋洛陽城内工商業區，名“通遠”。在洛河之北，南沿漕渠，可通大船。

[6]改諸令爲監：此指隋煬帝改太府寺所屬之平準、左右藏署

長官，即平準、左右藏署令，改名爲平準、左右藏署監。

[7]市署：官署名。此指隋管理京師都會、利人市和東都豐都、大同、通遠市的機構。各置市令爲長官。掌市政、貿易、徵税、平抑物價、檢查度量衡商品質量及按時啓閉市門等事。

國子監依舊置祭酒，加置司業一人，[1]從四品，丞三人，[2]加爲從六品。并置主簿、録事各一人。國子學置博士，正五品，助教，從七品，員各一人。學生無常員。太學博士、助教各二人，學生五百人。先是仁壽元年，省國子祭酒、博士，置太學博士員五人，爲從五品，總知學事。至是太學博士降爲從六品。

[1]司業：官名。即國子監司業，亦稱國子司業。隋煬帝大業三年於國子監置，爲貳官，一員，佐長官掌邦國儒學訓導之政令。從四品。

[2]丞：官名。即國子監丞，亦稱國子丞。隋煬帝大業三年於國子監置三員，掌判國子監事。從六品。

將作監改大監、少監爲大匠、少匠，丞加爲從六品。統左右校及甄官署。五年，又改大匠爲大監，正四品，少匠爲少監，正五品。十三年，又改監、少監爲令、少令。[1]丞加品至從五品。

[1]又改監：監，汲古閣本、殿本、庫本、中華本同底本。但讀前文，當爲“大監”。《唐六典》卷二三《匠作監》亦作：“十三年，又改大監爲令。”

少府監置監，[1]從三品，少監，[2]從四品，各一人。丞從五品，[3]二人。統左尚、右尚、内尚、司織、司染、鎧甲、弓弩、掌冶等署。[4]復改監、少監爲令、少令。併司織、司染爲織染署，[5]廢鎧甲、弓弩二署。

[1]少府監監：官名。隋煬帝大業三年始置一員，爲少府監長官，從三品。後改名爲少府監令。

[2]少監：官名。即少府監少監。隋煬帝大業三年始置一員，爲少府監貳官，佐長官掌百工技巧之事，從四品。後改稱少府監少令。

[3]丞：官名。即少府監丞。隋煬帝大業三年始置二員，爲少府監佐官，掌判監内日常公務。從五品。

[4]司織：官署名。即司織署。隋煬帝大業三年於少府監下置司織署，設令、丞爲長貳官。後與司染署合爲織染署。　鎧甲：官署名。即鎧甲署。隋煬帝大業三年於少府監下置鎧甲署，設令、丞爲長貳官。掌製作鎧甲等。後廢。　弓弩：官署名。即弓弩署。隋煬帝大業三年於少府監下置弓弩署，設令、丞爲長貳官。掌製作弓弩等。後廢。

[5]織染署：官署名。隋煬帝大業五年，合司織、司染署爲織染署，置令二員、丞四員爲長貳官。掌供皇帝、太子及群臣之冠冕。

都水監改爲使者，增爲正五品，丞爲從七品。統舟楫、河渠二署。[1]舟楫署每津置尉一人。五年，又改使者爲監，四品，加置少監，爲五品。後又改監、少監爲令，從三品，少令，從四品。[2]

[1]舟楫：官署名。即舟楫署。隋煬帝置爲都水監下轄機構，設令、丞爲長貳官。掌公私舟船及運漕之事。　河渠：官署名。即河渠署。隋煬帝置爲都水監下轄機構，設令一員、丞二員爲長貳官。掌供川澤、魚醢之事。

[2]後又改監、少監爲令，從三品，少令，從四品：殿本、庫本、中華本同底本。讀此句前爲“又改監、少監爲令”，《通典》卷二七《職官·都水使者》亦載“又改監及少監並爲令”，觀此意似將“監”“少監”合而爲一改稱“令”。但又觀後文云“少令，從四品”，若“監”“少監”合而爲一改稱“令”，“少令”所指未知。考《唐六典》卷二三《都水監》載：“復改監爲令，從三品，少監爲少令，從四品。”知本卷此句和前引《通典》所述皆欠準確，當以《唐六典》所載爲確。

長秋監置令一人，[1]正四品，少令一人，[2]從五品，丞二人，[3]正七品。並用士人。改內常侍爲內承奉，[4]置二人，正五品；給事爲內承直，[5]置四人，從五品。並用宦者。罷內謁者官，領掖庭、宮闈、奚官等三署，[6]並參用士人。後又置內謁者員。

[1]長秋監：官署名。隋煬帝大業三年改內侍省爲長秋監，置令、少令、丞，並用士人。改內常侍爲內承奉，內給事爲內承直，並用宦者。又省所領機構，祗留掖庭、宮闈、奚官三署，並參用士人。掌宮廷侍奉，傳宣制令。　令：官名。即長秋監令。簡稱長秋令。隋煬帝大業三年改內侍省爲長秋監時置，設長秋監令一員爲長官，用士人。掌宮廷侍奉，傳宣制令。正四品。

[2]少令：官名。即長秋監少令。簡稱長秋少令。隋煬帝大業三年改內侍省爲長秋監時置，設長秋監少令一員爲貳官，用士人。從五品。

[3]丞：官名。即長秋監丞，簡稱長秋丞。北齊置，爲長秋寺屬官，員二人，從七品上。隋煬帝大業三年改内侍省爲長秋監，設長秋監丞二員爲屬官，用士人，正七品。

[4]内承奉：官名。煬帝大業三年改内侍省爲長秋監，改内常侍爲内承奉，置二員，用宦者爲之。正五品。

[5]内承直：官名。煬帝大業三年改内侍省爲長秋監，改給事爲内承直，置四人，用宦者爲之。從五品。

[6]掖庭：官署名。即掖庭署。煬帝大業三年改掖庭局名掖庭署，隸長秋監，其官員參用宦者、士人。掌宫禁女工之事。　宫闈：官署名。即宫闈署。煬帝大業三年改宫闈局名宫闈署，隸長秋監，其官員參用宦者、士人。掌宫内門閤之禁，大享太廟出納皇后神主，及内給事名帳糧廩。　奚官：官署名。即奚官署。煬帝大業三年改奚官局名奚官署，隸長秋監，其官員參用宦者、士人。掌宫人使藥、疾病、罪罰、喪葬等事。

　　十二衞，[1]各置大將軍一人，[2]將軍二人，[3]總府事，并統諸鷹揚府。[4]改驃騎爲鷹揚郎將，[5]正五品；車騎爲鷹揚副郎將，[6]從五品；大都督爲校尉；[7]帥都督爲旅帥；[8]都督爲隊正，[9]增置隊副以貳之。[10]改三衞爲三侍。[11]其直閤將軍、直寢、奉車都尉、駙馬都尉、直齋、別將、統軍、軍主、幢主之屬，並廢。以武候府司辰師員，隸爲太史局官。[12]其軍士，左右衞所領名爲驍騎，左右驍衞所領名豹騎，[13]左右武衞所領名熊渠，左右屯衞所領名羽林，左右禦衞所領名射聲，左右候衞所領名佽飛，[14]而總號衞士，每衞置護軍四人，[15]掌副貳將軍。將軍無則一人攝。尋改護軍爲武賁郎將，[16]正四品，而置武牙郎將六人，[17]副焉，從四品。諸衞皆置長史，從五品。又有録事參軍，司倉、兵、騎、鎧等員。[18]翊衛又加有親侍。[19]鷹揚府，每府置鷹揚郎將一人，正五品，副鷹揚郎將一人，從五品，各有司馬及兵、倉兩司。[20]其府領親、勳、武三侍，非翊衛府，皆無三侍。鷹揚每府置越騎校尉二人，[21]掌騎士，步兵校尉二人，[22]領步兵，並正六品。外軍鷹揚官並同。[23]左右候衛增置察非掾二人，[24]專糾彈之事。五年，又改副郎將並爲鷹擊郎將。[25]

[1]十二衛：官署名。此指隋煬帝大業三年改官制後的十二衛，即左、右翊衛，左、右驍騎衛，左、右武衛，左、右屯衛，左、右禦衛，左、右候衛。

[2]大將軍：官名。此指隋煬帝大業三年改官制後的十二衛大將軍：左、右翊衛大將軍（煬帝大業三年改隋初左右衛名左右翊衛，置左右翊衛大將軍各一員爲長官，總府事，統親、勳、武三侍，掌宮掖禁禦，督攝仗衛，並轄諸鷹揚府，軍士名驍騎）；左、右驍騎衛大將軍（煬帝大業三年改左右備身府爲左右驍騎衛，置左右驍騎衛大將軍各一員爲長官，總府事，並統諸鷹揚府，軍士名豹騎）；左、右武衛大將軍（煬帝大業三年未變隋初所置左右武衛名，仍置左右武衛大將軍各一員爲長官，總府事，並統諸鷹揚府，軍士名熊渠）；左、右屯衛大將軍（煬帝大業三年改左右領軍府爲左右屯衛，置左、右屯衛大將軍各一員爲長官，總府事，並統諸鷹揚府，軍士名羽林）；左、右禦衛大將軍（煬帝大業三年加置左右禦衛，設左、右禦衛大將軍各一員爲長官，總府事，並統諸鷹揚府，軍士名射聲）；左、右候衛大將軍（煬帝大業三年改左右武候衛爲左右候衛，置左、右候衛大將軍各一員爲長官，總府事，並統諸鷹揚府，軍士名伏飛）。

[3]將軍：官名。此指隋煬帝大業三年改官制後的十二衛將軍，即左、右翊衛將軍，左、右驍騎衛將軍，左、右武衛將軍，左、右屯衛將軍，左、右禦衛將軍，左、右候衛將軍。各衛皆置二員，爲貳官。

[4]鷹揚府：官署名。煬帝大業三年改驃騎府爲鷹揚府。每府置鷹揚郎將、鷹揚副郎將各一員爲長貳官。各有司馬及兵、倉兩司。左右翊衛之親、勳、武三侍所統的鷹揚府爲内軍鷹揚府，是内軍、内衛；此外分隸十二衛所統的鷹揚府爲外軍鷹揚府，是外軍、外衛。各府府名，前面既係所屬之衛，又冠以地名，分布各州（郡）。每府又置越騎校尉二員，掌騎士；步兵校尉二員，領步兵。大業五年，改鷹揚副郎將爲鷹擊郎將。

[5]鷹揚郎將：官名。隋初置驃騎將軍爲驃騎府長官。煬帝大業三年改驃騎府爲鷹揚府，驃騎將軍隨府名改稱鷹揚郎將，置一員，統領本府兵。正五品。

[6]鷹揚副郎將：官名。煬帝大業三年改車騎府、驃騎府爲鷹揚府，改車騎將軍爲鷹揚副郎將，爲鷹揚府貳官，置一員，從五品。大業五年又改名鷹擊郎將。

[7]校尉：官名。此指隋鷹揚府軍官名。隋文帝初，置左右衛等衛府，各領軍坊、鄉團，以統軍卒。後改置驃騎將軍府，每府置驃騎、車騎二將軍，上轄於衛府大將軍，下設大都督、帥都督、都督領兵。煬帝大業三年改驃騎府爲鷹揚府，改大都督爲校尉，職能依舊。

[8]帥都督：官名。此指隋鷹揚府軍官名。煬帝大業三年改驃騎府爲鷹揚府，改帥都督爲旅帥，職能依舊。

[9]隊正：官名。此指隋鷹揚府軍官名。煬帝大業三年改驃騎府爲鷹揚府，改都督爲隊正，職能依舊。

[10]隊副：官名。此指隋鷹揚府軍官名。煬帝大業三年改驃騎府爲鷹揚府，增置隊副爲隊正副貳。

[11]三衛：官署名。隋初左、右衛各統親衛、勳衛、翊衛，合

稱“三衛”。　三侍：官署名。煬帝大業三年改左右衛爲左、右翊衛，並改原左右衛所統的三衛爲親侍、勳侍、翊侍，合稱“三侍”。

〔12〕太史局：應爲“太史監”。此是以唐官署名誤改隋名。其考詳見本卷前注。

〔13〕左右驍衛：此當是“左右驍騎衛”的省稱或脱文。其考詳見本卷前注。

〔14〕佽：音 cì。

〔15〕護軍：官名。此指隋十二衛屬官，煬帝大業三年置，衛各四員，爲將軍副職，正四品。尋改名虎賁郎將。

〔16〕武賁郎將：官名。即虎賁郎將。隋煬帝改十二衛之護軍爲虎賁郎將，四員，正四品。唐人修史避諱改爲武賁郎將。

〔17〕武牙郎將：官名。即虎牙郎將。隋煬帝改十二衛之護軍爲虎賁郎將，又置虎牙郎將六員爲之副貳，從四品。唐人修史避諱改爲武牙郎將。

〔18〕司倉、兵、騎、鎧：此爲十二衛屬官司倉、兵、騎、鎧曹參軍或行參軍之簡稱。

〔19〕親侍：官署名。爲翊衛所轄三侍之一，統內軍鷹揚府宿衛。

〔20〕司馬：官名。即鷹揚府司馬。煬帝大業三年改驃騎府爲鷹揚府，置鷹揚府司馬爲屬官。　兵、倉兩司：官署名。即鷹揚府兵、倉兩司。煬帝大業三年改驃騎府爲鷹揚府，置鷹揚府兵司、倉司爲下屬機構。

〔21〕越騎校尉：官名。即鷹揚府越騎校尉。煬帝大業三年改驃騎府爲鷹揚府，每鷹揚府置越騎校尉二員爲屬官，領騎士，正六品。

〔22〕步兵校尉：官名。即鷹揚府步兵校尉。煬帝大業三年改驃騎府爲鷹揚府，每鷹揚府置步兵校尉二員爲屬官，領步兵，正六品。

〔23〕外軍鷹揚官：隋煬帝朝左右翊衛之親、勳、武三侍所統的

鷹揚府爲内軍鷹揚府；此外分隸十二衛統領的鷹揚府爲外軍鷹揚府，外軍鷹揚府的官員稱外軍鷹揚官。

[24]察非掾：官名。煬帝大業三年於左、右候衛增置察非掾二員，專掌舉發彈劾之事。

[25]鷹擊郎將：官名。大業五年又改鷹揚副郎將名鷹擊郎將，爲鷹揚府貳官，置一員，從五品。

左右領左右府，改爲左右備身府，各置備身郎將一人。[1]又各置直齋二人，[2]以貳之，並正四品，掌侍衛左右。統千牛左右、司射左右各十六人，[3]並正六品。千牛掌執千牛刀宿衛，司射掌供御弓箭。置長史，[4]正六品，錄事，[5]司兵、倉、騎參軍等員，[6]並正八品。有折衝郎將，[7]各三人，正四品，掌領驍果。[8]又各置果毅郎將以領之，以貳之，從四品。[9]其驍果，置左、右雄武府雄武郎將，以領之。[10]以武勇郎將爲副，[11]員同鷹揚、鷹擊。有司兵、司騎二局，[12]並置參軍事。[13]

[1]備身郎將：官名。隋煬帝大業三年改隋初左右領左右府爲左右備身府，各置備身郎將一員爲長官，掌領禁軍，侍衛皇帝，正四品。

[2]直齋：官名。即備身府直齋。隋煬帝大業三年改隋初左右領左右府爲左右備身府，各置備身直齋貳員爲貳官，正四品。

[3]千牛左右：官名。煬帝大業三年改左右領左右府爲左右備身府，各置千牛左右十六員，掌執千牛刀宿衛皇帝，正六品。　　司射左右：官名。煬帝大業三年改左右領左右府爲左右備身府，各置司射左右十六員，掌供御弓箭，宿衛皇帝，正六品。

[4]長史：官名。即備身府長史。煬帝大業三年改左右領左右

府爲左右備身府，置長史爲府署幕僚之長，掌統理府僚，紀綱職務，正八品。

[5]録事：官名。即備身府録事。全稱爲備身府録事參軍。煬帝大業三年改左右領左右府爲左右備身府，置録事爲官署幕僚，掌監本府印、發付文書、勾稽缺失，正八品。

[6]司兵、倉、騎參軍等員：中華本標點爲"司兵、倉、騎，參軍等員"，欠準確。因"司兵、倉、騎"均是"參軍"的定語，即司兵參軍、倉參軍、騎參軍。若在其間加逗號斷開，使人會誤以爲一個爲兩個官名。司兵、倉、騎參軍，煬帝大業三年改左右領左右府爲左右備身府，置司兵、倉、騎參軍爲屬官，正八品。

[7]折衝郎將：官名。煬帝大業三年改左右領左右府爲左右備身府，大業九年各置折衝郎將三員爲屬官，掌領驍果，正四品。

[8]驍果：隋煬帝大業九年正月始募民爲驍果，置折衝、果毅、武勇、雄武等郎將官領之。後成爲左右備身府所統的宿衛皇帝的親兵。

[9]又各置果毅郎將以領之，以貳之，從四品：殿本、庫本同底本。汲古閣本、中華本爲："又各置果毅郎將三人以貳之，從四品。"果毅郎將，煬帝大業三年改左右領左右府爲左右備身府。後各置果毅郎將爲折衝郎將副貳，從四品。

[10]雄武郎將：官名。即左、右雄武府雄武郎將。煬帝大業三年改左右領左右府爲左右備身府。大業九年下設左右雄武府，以左右雄武郎將爲府長官，統領驍果，正五品。

[11]武勇郎將：官名。即左、右雄武府武勇郎將。煬帝大業三年改左右領左右府爲左右備身府。大業九年下設左右雄武府，以左右武勇郎將爲雄武郎將副貳，從五品。按，關於折衝、果毅郎將和雄武、武勇郎將統領"驍果"的問題，唐長孺和谷霽光有分歧，詳見《唐書兵志箋證》卷一（科學出版社1957年版，第4頁）、《府兵制度考釋》（上海人民出版社1962年版，第119頁）。

[12]司兵、司騎二局：官署名。隋煬帝大業三年改左右領左右

府爲左右備身府後置司兵、司騎局兩官署，有參軍事員。

[13]參軍事：官名。即司兵同騎局參軍事。爲煬帝朝左右備身府下轄司兵、司騎局的官員。

左右監門府，改將軍爲郎將，[1]各置一人，正四品，直閣各六人，[2]正五品。置官屬，並同備身府。又增左右門尉員一百二十人，[3]正六品；置門候員二百四十人，正七品。並分掌門禁守衛。

[1]郎將：官名。即左右監門府郎將。此指隋煬帝大業三年改隋初左、右監門府將軍所置的，爲左、右監門府長官，各置一員，分掌宮殿門禁守衛，正四品。

[2]直閣：官名。此指隋左右監門府直閣。隋沿前制，所置直閣官署衆多，煬帝大業三年所置左、右監門府直閣是其中一類，各置六員，爲府署僚佐之一，掌宿衛侍從皇帝，正五品。

[3]左右門尉：官吏名。隋煬帝大業三年於左右監門府增置左右門尉一百二十員，與門候分掌門禁守衛，正六品。

門下坊減內舍人、洗馬員，各置二人，減侍醫，置二人。改門大夫爲宮門監，[1]正字爲正書。[2]

[1]宮門監：官名。隋初於門下坊宮門局置太子宮門大夫二員爲長官，掌東宮門籍。煬帝大業三年改宮門大夫爲宮門監。

[2]正書：官名。此指司經局太子正書。隋初於司經局置太子正字二人，煬帝大業三年改名正書。掌校理刊正經、史、子、集四部之書。

典書坊改太子舍人爲管記舍人，[1]減置四人，改通
事舍人爲宣令舍人，[2]爲八員。家令改爲司府令，[3]内坊
承直改爲典直。[4]

[1]管記舍人：官名。隋初於典書坊置太子舍人八員爲屬官，
掌書、令、表、啓之事；煬帝大業三年改名管記舍人，減爲四員。

[2]宣令舍人：官名。隋初於典書坊置太子通事舍人爲屬官，
掌導引東宮諸臣辭見之禮，及承令勞問之事等；煬帝大業三年改名
宣令舍人，八員。

[3]司府令：隋初於家令寺置太子家令一員爲長官，掌東宮刑
法、食膳、倉庫、什物、奴婢等事；煬帝大業三年改太子家令爲司
府令。

[4]典直：官名。即内坊典直。隋初於内坊置承直四員爲屬官，
掌以儀式導引賓客；煬帝大業三年改内坊承直爲内坊典直。

左右衛率改爲左右侍率，[1]正四品。改親衛爲功
曹，[2]勳衛爲義曹，[3]翊衛爲良曹。[4]罷直齋、直閤員。

[1]左右侍率：官名。隋初於太子左右衛置太子左右衛率一員
爲長官，煬帝大業三年改名左右侍率，掌東宮禁衛之職，正四品。

[2]功曹：官名。隋初於太子親衛府置太子親衛爲屬官，煬帝
大業三年改名功曹，掌宿衛東宮内廷。

[3]義曹：官名。隋初於太子勳衛府置太子勳衛爲屬官，煬帝
大業三年改名義曹，掌宿衛東宮内廷。

[4]良曹：官名。隋初於太子翊衛府置太子翊衛爲屬官，煬帝
大業三年改名良曹，掌宿衛東宮内廷。

左右宗衛率改爲左右武侍率，[1]正四品。

[1]左右武侍率：官名。隋初於左、右宗衛各置宗衛率一員爲長官。煬帝大業三年改左、右宗衛率爲左、右武侍率，掌以宗人侍衛東宮，正四品。

左右虞候開府改爲左右虞候率，[1]正四品，并置副率。[2]

[1]左右虞候率：官名。隋初於左、右虞候各置左、右虞候開府一員爲長官。煬帝大業三年改左、右虞候開府爲左、右虞候率，掌東宮斥候伺奸非，正四品。

[2]副率：官名。即左右虞候副率。隋煬帝大業三年於左、右虞候府增置左、右虞候副率爲貳官。

左右內率降爲正五品。千牛備身改爲司仗左右，[1]備身左右改爲主射左右。[2]各員八人。

[1]司仗左右：官名。隋初置千牛備身爲太子左、右內率的屬官。煬帝大業三年改千牛備身爲司仗左右，八員，掌執千牛刀宿衛侍從太子。

[2]主射左右：官名。隋初置備身左右爲太子左、右內率屬官。煬帝大業三年改備身左右爲主射左右，八員，掌供太子弓箭。

左右監門率改爲宮門將，[1]降爲正五品。監門直長改爲直事，[2]置六十人。

[1]宮門將：官名。隋初於左、右監門府置左、右監門率各一員爲長官，煬帝大業三年改爲宮門將，掌東宮諸門禁，正五品。

[2]直事：官名。即監門直事。隋初於左、右監門府各置左、右監門直長爲屬官。煬帝大業三年改爲左、右監門直事，置六十人，在長官統領下掌東宮門禁及守衛事。

開皇中，置國王，郡王，國公，郡公，縣公、侯、伯、子、男爲九等者，至是唯留王、公、侯三等。餘並廢之。

王府諸司參軍，更名諸司，[1]屬參軍則直以屬爲名。[2]改國令爲家令。[3]自餘以國爲名者，皆去之。

[1]更名諸司：汲古閣本、殿本、庫本同底本。中華本爲“更名諸司書佐”，其校勘記云：“原脱‘書佐’二字，據《通典》三一補。”考《唐六典》卷二九《親王府》亦載煬帝改諸司參軍爲諸司書佐，故中華本補得是。

[2]屬參軍：官名。即王府屬參軍。隋初王府置屬參軍屬官，分判諸曹事。煬帝大業三年改名爲屬。

[3]家令：官名。即王府家令。隋初諸王置國令，與王國大農通判國司事。煬帝大業三年改國令爲家令。

行宮所在，[1]皆立總監以司之。[2]上宮正五品，中宮從五品，下宮正七品。隴右諸牧，[3]置左、右牧監各一人，以司統之。[4]

[1]行宮：京城以外供帝王出行時居住的宮殿。

[2]總監：官名。即行宮總監。隋煬帝大業三年置，掌皇帝行

宮事務。上宮正五品，中宮從五品，下宮正七品。

[3]隴右：地域名。泛指隴山以西地區，約當今甘肅隴山、六盤山以西，黃河以東一帶。

[4]左、右牧監：官名。隋初於國家諸牧場各置牧爲官署，管理飼養繁殖馬、牛等牲畜，以供官用。煬帝大業三年牧置左、右牧監各一員以掌之。

罷州置郡，[1]郡置太守。[2]上郡從三品，中郡正四品，下郡從四品。京兆、河南則俱爲尹，[3]並正三品。罷長史、司馬，置贊務一人以貳之。京兆、河南從四品，上郡正五品，中郡從五品，下郡正六品。次置東西曹掾，[4]京兆、河南從五品，上郡正六品，中郡從六品，下郡正七品。主簿，司功、倉、戶、兵、法、士曹等書佐，[5]各因郡之大小而爲增減。改行參軍爲行書佐。[6]舊有兵處，則刺史帶諸軍事以統之，至是別置都尉，[7]副都尉。[8]都尉正四品，領兵，與郡不相知。副都尉正五品。又置京輔都尉，[9]從三品，立府於潼關，[10]主兵領遏。并置副都尉，[11]從四品。又置諸防主、副官，[12]掌同諸鎮。大興、長安、河南、洛陽四縣令，並增爲正五品。諸縣皆以所管閑劇及衝要以爲等級。丞、主簿如故。其後諸郡各加置通守一人，[13]位次太守，京兆、河南，則謂之內史。[14]又改郡贊務爲丞，位在通守下，縣尉爲縣正，尋改正爲戶曹、法曹，[15]分司以丞郡之六司。[16]河南、洛陽、長安、大興，則加置功曹，而爲三司，司各二人。郡縣佛寺，改爲道場，道觀改爲玄壇，各置監、丞。[17]京都諸坊改爲里，[18]皆省除里司，[19]官以主其事。

[1]郡：隋煬帝大業三年改文帝開皇三年所設的州爲郡，下轄縣。

[2]太守：官名。此"太守"，指隋煬帝大業三年罷州置郡所設的太守。爲地方最高一級行政長官。上郡太守從三品，中郡正四品，下郡從四品。

[3]尹：官名。即京兆尹、河南尹。指隋煬帝大業三年罷州置郡後，於京城長安所在地京兆郡、東都洛陽所在地河南郡，置京兆尹、河南尹爲長官。皆正三品。

[4]東西曹掾：官名。即郡東、西曹掾。隋煬帝大業三年罷州置郡後，於郡置東、西曹掾爲屬官，掌東、西曹職事。京兆、河南郡從五品，上郡正六品，中郡從六品，下郡正七品。

[5]司功、倉、戶、兵、法、士曹等書佐：官名。隋初沿前制，於郡置司功、倉、戶、兵、法、士曹佐等流外官，掌郡之簿書、考課、糧廩等事務。開皇三年罷郡後廢。煬帝大業三年改州爲郡又置，並皆改稱諸司書佐。

[6]行書佐：官名。即郡行書佐。隋初沿前制，於郡置行參軍爲屬官。文帝開皇三年罷郡後廢。煬帝大業三年改州爲郡又置，並改名行書佐。

[7]都尉：官名。隋煬帝時別置都尉領兵，與郡不相知，正四品。按，觀本卷，將置"都尉"列於"罷州置郡"後。一些《辭書》也釋："煬帝大業三年罷州置郡，各設都尉。"但檢本書卷三《煬帝紀上》和《北史》卷一二《隋煬帝紀》，均載"大業二年二月戊戌，置都尉官"。因不知兩處所記"都尉"是否爲同一官職，故本條注文采《通典》卷三三《職官·總論郡佐》記載。

[8]副都尉：官名。隋煬帝時別置副都尉爲都尉副貳，佐都尉領兵，正五品。

[9]京輔都尉：官名。隋煬帝時立府於潼關，置京輔都尉主兵鎮遏，從三品。

[10]潼關：地名。在今陝西潼關縣東北楊家村附近。

[11]副都尉：官名。隋煬帝時立府於潼關，置京輔副都尉爲貳官，佐京輔都尉領兵鎮遏，從四品。

[12]防主：官名。西魏、北周置，爲防的主將，管理所轄區域的軍政事務。隋煬帝大業三年改州爲郡，置防主，掌同諸鎮。　副官：官名。隋煬帝大業三年改州爲郡，置副官，掌同諸鎮。

[13]通守：官名。煬帝大業三年以後，諸郡加置通守一員，位次太守（《唐六典》卷三〇《三府都護州縣官吏》云"貳太守"），協助掌本郡政務。

[14]内史：官名。即京兆、河南内史。隋煬帝大業三年罷州置郡。其後於京城長安和東都洛陽所在地京兆郡、河南郡俱加置内史，位次長官尹。按，汲古閣本、殿本、庫本、中華本同底本。《唐六典》卷三〇《三府都護州縣官吏》、《通典》卷三三《職官·總論郡佐》記載亦同。檢《通鑑》卷一八四《隋紀》義寧元年九月條胡三省注云"煬帝改京兆、河南尹爲内史"，與前者不同。考此處所記京兆、河南郡"内史"，當與前文諸郡加置的"通守"性質一樣，即皆是位次長官之官員，不是京兆、河南郡長官京兆尹、河南尹之改名。胡三省此注似誤。

[15]户曹、法曹：官名。即縣户曹、法曹。隋煬帝大業三年後改縣尉爲縣正。尋又改縣正爲户曹、法曹，分司承辦郡六司事務。

[16]分司以丞郡之六司：汲古閣本、殿本、庫本同底本。中華本爲"分司以承郡之六司"，校勘記云："'承'原作'丞'，據《通典》三三改。"郡六司，即指郡功、倉、户、兵、法、士六司。

[17]監、丞：官名。即道場、玄壇監、丞。隋煬帝大業三年改郡縣佛寺爲道場，道觀爲玄壇，各置監爲主官，丞爲副職，掌道場、玄壇事。

[18]京都諸坊改爲里：坊、里，此皆指隋兩京及州郡縣郭城内住宅區。

[19]里司：吏名。指里長。隋文帝開皇九年定制，百家爲里，

設里長一人。

　　帝自三年定令之後，驟有制置，制置未久，隨復改易。其餘不可備知者，蓋史之闕文云。

隋書　卷二九

志第二十四

地理上

京兆郡　馮翊郡　扶風郡　安定郡　北地郡　上郡　雕
陰郡　延安郡　弘化郡　平涼郡　朔方郡　鹽川郡　靈
武郡　榆林郡　五原郡　天水郡　隴西郡　金城郡　枹
罕郡　澆河郡　西平郡　武威郡　張掖郡　敦煌郡　鄯
善郡　且末郡　西海郡　河源郡　漢川郡　西城郡　房
陵郡　清化郡　通川郡　宕渠郡　漢陽郡　臨洮郡　宕
昌郡　武都郡　同昌郡　河池郡　順政郡　義城郡　平
武郡　汶山郡　普安郡　金山郡　新城郡　巴西郡　遂
寧郡　涪陵郡　巴郡　巴東郡　蜀郡　臨邛郡　眉山郡
隆山郡　資陽郡　瀘川郡　犍爲郡　越嶲郡　黔安郡

　　自古聖王之受命也，莫不體國經野，[1]以爲人極。
上應躔次，下裂山河，分疆畫界，建都錫社。[2]是以放
勳御歷，修職貢者九州，文命會同，執玉帛者萬國。[3]

洎乎殷遷夏鼎，周黜殷命，雖質文之用不同，損益之途或革，而封建之制，[4]率由舊章。於是分土惟三，列爵惟五，[5]千里以制畿甸，九服以別要荒。[6]十國爲連，連有帥，倍連爲卒，卒有正。皆所以式固鴻基，蕃屏王室，興邦致化，[7]康俗庇人者歟！周德既衰，諸侯力政，干戈日用，戎馬生郊。强陵弱，衆暴寡，魯滅於楚，[8]鄭滅於韓，[9]田氏篡齊，[10]六卿分晋。[11]其餘弑君亡國，不得守其社稷者，不可勝數。逮于七雄競逐，二帝爭强，疆場之事，一彼一此。秦始皇據百二之巖險，奮六世之餘烈，力爭天下，蠶食諸侯，在位二十餘年，遂乃削平宇内，懲周氏之微弱，恃狙詐以爲强，蔑棄經典，罷侯置守。[12]子弟無立錐之地，功臣無尺土之賞，身没而區宇幅裂，及子而社稷淪胥。[13]漢高祖挺神武之宏圖，[14]掃清禍亂，矯秦皇之失策，封建王侯，[15]並跨州連邑，有踰古典，而郡縣之制，無改於秦。逮于孝武，務勤遠略，南兼百越，東定三韓。[16]通邛、筰之險塗，[17]斷匈奴之右臂，雖聲教遠洎，而人亦勞止。昭、宣之後，[18]罷戰務農，户口既其滋多，郡縣亦有增置。至于平帝，郡國一百有三，户一千二百二十三萬。[19]光武中興，[20]承王莽之餘弊，[21]兵戈不戢，饑疫荐臻，[22]率土遺黎，[23]十纔一二，乃併省郡縣，四百餘所。明、章之後，[24]漸至滋繁，郡縣之數，有加曩日。逮炎靈數盡，[25]三國爭强，兵革屢興，户口減半。有晋太康之後，[26]文軌方同，大抵編户二百六十餘萬。[27]尋而五胡逆亂，[28]二帝播遷，[29]東晋洎于宋、齊，僻陋江左，苻、姚之與劉、石，[30]竊據中原，事迹糾紛，難可具紀。

［1］體國經野：分割國都，丈量田野。

［2］躔（chán）次：日月星辰在運行軌道上的位次。　錫社：猶錫土，賜土封國。

［3］放勳：傳說爲堯的名字。　御歷：指皇帝登位，君臨天下。職貢：古代稱藩屬或外國對於朝廷按時的貢納。　九州：古代分中國爲九州。《尚書·禹貢》作冀、兗、青、徐、揚、荆、豫、梁、雍；《爾雅·釋地》有幽、營而無青、梁；《周禮·夏官·職方氏》有幽、并而無徐、梁。後以"九州"泛指天下、中國。　文命：傳說爲夏禹之名。　會同：古代諸侯朝見天子的通稱。

［4］封建：即封邦建國。古代帝王把爵位、土地分賜親戚或功臣，使之在各自區域內建立邦國。

［5］分土惟三，列爵惟五：語出《尚書·武成》。分土惟三，即列地分國，公、侯方百里，伯七十里，子、男五十里。列爵惟五，即所識政事而法之爵五等，公、侯、伯、子、男。

［6］畿甸：指京城地區。　九服：王畿以外的九等地區。《周禮·夏官·職方氏》："乃辨九服之邦國：方千里曰王畿，其外方五百里曰侯服，又其外方五百里曰甸服，又其外方五百里曰男服，又其外方五百里曰采服，又其外方五百里曰衛服，又其外方五百里曰蠻服，又其外方五百里曰夷服，又其外方五百里曰鎮服，又其外方五百里曰藩服。"　要荒：此指王畿外極遠之地。要，要服，古代五服之一。荒，荒服，古代五服之一。五服，王畿之外，以五百里爲一區劃，由近及遠分爲侯服、甸服、綏服、要服、荒服。

［7］致化：施行教化。

［8］魯滅於楚：此指公元前256年楚考烈王滅魯。

［9］鄭滅於韓：此指公元前375年韓哀侯滅鄭。

［10］田氏篡齊：春秋後期戰國初期齊卿田氏逐漸取代姜氏成爲

齊侯的事件。

[11]六卿分晋：春秋後期，晋國的范氏、中行氏、知氏、韓氏、趙氏、魏氏六卿秉持國政，相互兼併，導致晋室瓦解，最後分立韓、趙、魏三國。

[12]罷侯置守：此指秦始皇廢除分封制改行郡縣制。

[13]區宇：境域，天下。　幅裂：謂如布幅撕裂。　淪胥：泛指淪陷、淪喪。

[14]漢高祖：即劉邦。紀見《史記》卷八、《漢書》卷一。

[15]封建王侯：此指漢初實行的分封制。

[16]孝武：即漢武帝劉徹。紀見《史記》卷一二、《漢書》卷六。　百越：亦作“百粵”。中國古代南方越人的總稱。分布在今浙、閩、粵、桂等地，因部落衆多，故總稱百越。亦指百越居住的地方。　三韓：古代朝鮮半島南部有馬韓、辰韓、弁韓，合稱三韓。此指朝鮮半島。

[17]邛、筰（zuó）：此泛指今四川地區。

[18]昭：即漢昭帝劉弗陵。紀見《漢書》卷七。　宣：即漢宣帝劉詢。紀見《漢書》卷八。

[19]平帝：即漢平帝劉衎。紀見《漢書》卷一二。　戶一千二百二十三萬：中華本校勘記云：“‘千’下原脫‘二百’。楊守敬《隋書地理志考證》：‘《漢志》（《漢書·地理志》）作一千二百二十三萬三千六十二，《晋志》（《晋書·地理志》）同。’今據補。”今從補。

[20]光武中興：東漢光武帝劉秀在恢復漢室後，實行了一系列鞏固統治、恢復生產的措施，使漢政權得以再次興盛。光武，即東漢光武帝劉秀。紀見《後漢書》卷一。

[21]王莽：人名。西漢外戚，後篡漢改國號爲“新”，並進行改制。公元23年綠林軍攻入長安被殺。紀見《漢書》卷九九。

[22]荐臻：接連地來到，屢次降臨。

[23]遺黎：亡國之民。

[24] 明：即東漢明帝劉莊。紀見《後漢書》卷二。　章：即漢章帝劉炟。紀見《後漢書》卷三。

[25] 炎靈：此指以火德而王的漢王朝。

[26] 太康：晉武帝司馬炎年號（280—289）。

[27] 戶二百六十餘萬：中華本校勘記云："《晉書・地理志》上，太康元年平吳，大凡戶二百四十五萬九千八百四十。"

[28] 五胡逆亂：指西晉末年北方匈奴、鮮卑、羯、氐、羌等少數民族進入中原，並建立了數個非漢族政權。

[29] 播遷：遷徙、流離。

[30] 苻：即苻堅。十六國前秦的建立者。載記見《晉書》卷一一三。　姚：即姚萇。十六國後秦的建立者。載記見《晉書》卷一一六，傳見《北史》卷九三。　劉：即劉淵。十六國漢的建立者。載記見《晉書》卷一〇一。　石：即石勒。十六國後趙的建立者。載記見《晉書》卷一〇四、一〇五。

　　梁武帝除暴寧亂，[1]奄有舊吳，天監十年，[2]有州二十三，郡三百五十，縣千二十二。[3]其後務恢境宇，頻事經略，開拓閩、越，克復淮浦，平俚洞，[4]破牂柯，[5]又以舊州遐闊，多有析置。大同年中，[6]州一百七，郡縣亦稱於此。既而侯景構禍，[7]臺城淪陷，墳籍散逸，注記無遺，郡縣戶口，不能詳究。逮于陳氏，土宇彌蹙，西亡蜀、漢，北喪淮、肥，威力所加，不出荊、揚之域。州有四十二，郡唯一百九，縣四百三十八，戶六十萬。後齊承魏末喪亂，與周人抗衡，雖開拓淮南，而郡縣僻小。天保之末，[8]總加併省，洎乎國滅，州九十有七，郡一百六十，縣三百六十五，[9]戶三百三萬。周氏初有關中，百度草創，遂乃訓兵教戰，務穀勸農，南清江、漢，西兼巴、蜀，卒能以寡擊衆，戡定強鄰。及于東夏削平，[10]多有省廢。大象二年，[11]通計州二百一十一，郡五百八，縣一千一百二十四。

[1]梁武帝：即蕭衍。紀見《梁書》卷一至三，《南史》卷六、七。

[2]天監：梁武帝蕭衍年號（502—519）。

[3]縣千二十二：《通典》卷一七一《州郡一》作"縣千二十有五"，《文獻通考》卷三一五同。《讀史方輿紀要》記爲"縣千二十有三"。

[4]俚洞：指古代南方黎族聚居的山區。

[5]牂柯：此指今貴州地區。

[6]大同：梁武帝蕭衍年號（535—546）。

[7]侯景：人名。初在北魏邊鎮戍邊，後依附高歡，高歡死後歸附梁。梁太清二年發動叛亂，歷時五年（548—552），後戰敗被殺，史稱"侯景之亂"。傳見《梁書》卷五六、《南史》卷八〇。

[8]天保：北齊文宣帝高洋年號（550—559）。

[9]州九十有七，郡一百六十，縣三百六十五：中華本校勘記云："《周書·武帝紀》下，建德六年關東平，合州五十五，郡一百六十二，縣三百八十五。《北史·周紀》同。"

[10]東夏：泛指中國東部地區。

[11]大象：周靜帝宇文闡年號（579—580）。

高祖受終，[1]惟新朝政，開皇三年，遂廢諸郡。[2]洎于九載，廓定江表，[3]尋以戶口滋多，析置州縣。煬帝嗣位，[4]又平林邑，[5]更置三州。[6]既而併省諸州，尋即改州爲郡，乃置司隸刺史，[7]分部巡察。五年，平定吐谷渾，[8]更置四郡。[9]大凡郡一百九十，縣一千二百五十五，户八百九十萬七千五百四十六，[10]口四千六百一萬九千九百五十六。墾田五千五百八十五萬四千四十一頃。其邑居道路，山河溝洫，沙磧鹹鹵，丘陵阡陌，皆不預焉。東西九千三百里，南北萬四千八百一十五里，東南皆至於海，西至且末，[11]北至五原，[12]隋氏之盛，極於此也。

[1]高祖：即隋文帝楊堅。紀見本書卷一、二，《北史》卷一一。　受終：承受帝位。

[2]開皇：隋文帝楊堅年號（581—600）。　遂廢諸郡：此指開皇三年廢郡，地方政區由州郡縣三級變爲州縣二級。

[3]洎于九載，廓定江表：此指開皇九年平陳後，在原陳境内併省州縣。

[4]煬帝：即隋煬帝楊廣。紀見本書卷三、四，《北史》卷一二。

[5]林邑：南海古國名。故地在今越南中南部。

[6]三州：此指農州、冲州、蕩州。

[7]司隸刺史：官名。大業三年（607）置司隸臺，掌諸巡察，下設刺史十四人。正六品。

[8]吐谷渾：古族名。屬鮮卑族的一支，本居遼東，後遷至甘肅、青海一帶居住。傳見本書卷八三、《晋書》卷九七、《宋書》卷九六、《魏書》卷一〇一、《周書》卷五〇、《北史》卷九六。

[9]四郡：即且末、西海、河源、鄯善四郡。

[10]縣一千二百五十五，户八百九十萬七千五百四十六：中華本校勘記云："按，據本志各郡分列的縣數和户數統計，縣一千二百五十二，户九百零七萬五千七百九十一。"

[11]且末：郡名。在今新疆且末縣城西南。

[12]五原：郡名。在今内蒙古包頭市西北。

京兆郡[1]開皇三年，置雍州。[2]城東西十八里一百一十五步，南北十五里一百七十五步。東面通化、春明、延興三門，南面啓夏、明德、安化三門，西面延平、金光、開遠三門，北面光化一門。里一百六，市二。大業三年，改州爲郡，故名焉。置尹。統縣二十二，户三十萬八千四百九十九。

　　大興[3]開皇三年置。後周于舊郡置縣曰萬年，[4]高祖龍潛，封號大興，故至是改焉。有長樂宮。有後魏杜城縣、西霸城縣、西魏山北縣，並後周廢。長安[5]帶郡。[6]有仙都、福陽、太平等宮。有關官。[7]有舊長安城。[8]始平[9]故置扶風郡，開皇三年郡廢。武功[10]後周置武功郡，建德中郡廢。有永豐渠、普濟渠。盩厔[11]後周置周南郡及恒州，又有倉城、溫湯二縣，尋並廢。有司竹園，有宜壽、仙游、文山、鳳皇等宮。有關官。[12]有太一山。有溫湯。醴泉[13]後魏曰寧夷，西魏置寧夷郡。後周改爲秦郡，後廢，又以新時、甘泉二縣入焉。開皇十八年改縣名醴泉。有甘泉水、波水、浪水。有九嵏山、溫秀嶺。上宜[14]開皇十七年置。有舊莫西縣，十八年改名好時，[15]大業三年廢入焉。鄠[16]有甘泉宮。有終南山。有澇水。[17]藍田[18]後周置藍田郡，尋廢郡，及白鹿、玉山二縣入焉。有關官。[19]有滋水。新豐[20]有溫湯。華原[21]後魏置北雍州，西魏改爲宜州，又置北地郡，尋改爲通川郡。開皇初郡廢，大業初州廢，及土門縣入焉。有沮水、頻山。宜君[22]舊置宜君郡，開皇初郡廢。有清水。同官[23]　鄭[24]後魏置東雍州，并華山郡。西魏改曰華州。開皇初郡廢，大業初州廢。有少華山。渭南[25]後魏置渭南郡，西魏分置靈源、中源二縣，後周郡及二縣並廢入焉。有步壽宮。萬年[26]　高陵[27]後魏曰高陸，大業初改焉。三原[28]後周置建忠郡，建德初郡廢。涇陽[29]舊置咸陽縣，開皇初廢。有茂農渠。雲陽[30]舊置，後周置雲陽郡，開皇初郡廢。有涇水、五龍水、甘水、走馬水。[31]富平[32]舊置北地郡，後周改曰中華郡，尋罷。有荊山。華陰[33]有興德宮。有關官，[34]有京輔都尉。有白渠。有華山。

[1]京兆郡：隋前期爲雍州，大業三年廢雍州爲京兆郡。治所在今陝西西安市。

[2]開皇三年，置雍州：楊守敬《隋書地理志考證》云："本《禹貢》雍州之地，後漢始置雍州，晋以後廢置不常，至隋開皇遷都龍首川，仍置雍州，故志以爲説，據遷徙之地而言也。"即此開皇三年不是始置雍州，而是遷雍州至龍首川。

[3]大興：縣名。周明帝武成二年（560）分長安置萬年，開皇三年改萬年爲大興。治所在今陝西西安市。

[4]後周于舊郡置縣曰萬年：中華本校勘記云："原脱'于'字，據楊氏所見宋本增。"今從補。

[5]長安：縣名。漢代舊縣。治所在今陝西西安市。

[6]帶郡：此指本縣所屬之郡治於此地，因上文已題"京兆郡"三字，故此處不再重複，而以"帶郡"二字示之（參見施和金《中國行政區劃通史·隋代卷》，復旦大學出版社 2009 年版，第 120 頁）。

[7]關官：此指子午關。

[8]舊長安城：即漢長安城，在今陝西西安市西北。

[9]始平：縣名。漢代置平陵縣，魏改爲始平縣。治所在今陝西興平市。

[10]武功：縣名。治所在今陝西武功縣西北武功鎮。

[11]盩厔：縣名。治所在今陝西周至縣。

[12]關官：此指駱谷關。

[13]醴泉：縣名。原名寧夷，開皇十八年改爲醴泉。治所在今陝西禮泉縣東北。

[14]上宜：縣名。治所在今陝西永壽縣西南。

[15]有舊莫西縣，十八年改名好時：莫西縣，後魏太和年間置。好時，秦漢舊縣，後廢，晋復置。北周建德三年（574）好時縣併入莫西縣，開皇十八年改莫西爲好時。

[16]鄠：縣名。治所在今陝西户縣。

[17]澇水：關中八川之一。即古潦水，源出今陝西户縣牛首山澇谷，北流至咸陽市西南入渭河。

[18]藍田：縣名。秦縣，後魏時有廢置。治所在今陝西藍田縣。

[19]關官：此指嶢關。

[20]新豐：縣名。漢高祖時置。治所在今陝西西安市臨潼區。

[21]華原：縣名。原名泥陽，開皇六年改爲華原。治所在今陝西銅川市耀州區。

[22]宜君：縣名。始置於後魏太平真君七年（446），治所在今陝西銅川市西北。《元和郡縣圖志》卷三記爲：“前秦苻堅於祋祤縣故城置宜君護軍，後魏太武帝改爲宜君縣，文帝大統五年又移於今華原縣北。”

[23]同官：縣名。前秦置銅官護軍，後魏改銅官縣，北周始改“銅官”爲“同官”。治所在今陝西銅川市北城關鄉。

[24]鄭：縣名。秦舊縣。治所在今陝西華縣西南。

[25]渭南：縣名。原漢新豐縣地，前秦始置渭南縣，後廢。後魏置南新豐縣，西魏改南新豐縣爲渭南縣。治所在今陝西渭南市。

[26]萬年：縣名。《元和郡縣圖志》記漢分櫟陽置萬年，後省櫟陽入萬年，後魏又分置廣陽縣，周省萬年入廣陽，更於長安城中別置萬年（即前大興縣）。《輿地廣記》記開皇三年改萬年爲大興後，又復改廣陽爲萬年。此記不見於《元和郡縣圖志》。楊守敬《隋書地理志考證》云：“按隋宋文彪《造灃水石橋碑》後言‘開

皇十六年立'，附列姓名有‘翊軍將軍司馬田威，馮翊廣陽人’，然則開皇中尚未改廣陽爲萬年，蓋仁壽初改，避煬帝諱也。"所言是。

[27]高陵：縣名。大業二年改高陸爲高陵。治所在今陝西高陵縣。

[28]三原：縣名。後魏置。治所在今陝西三原縣。

[29]涇陽：縣名。秦舊縣，自秦至隋多有移徙。隋治所在今陝西涇陽縣。

[30]雲陽：縣名。治所在今陝西涇陽縣西北。

[31]涇水：渭河支流，關中八川之一。在今陝西省中部。源出寧夏涇源縣，流經陝西長武、禮泉、涇陽等縣後入渭水。因涇水清、渭水濁，故有"涇渭分明"之説。

[32]富平：縣名。治所在今陝西富平縣西南。

[33]華陰：縣名。治所在今陝西華陰市。

[34]關官：此指潼關。

馮翊郡[1]後魏置華州，西魏改曰同州。統縣八，户九萬一千五百七十二。

馮翊[2]後魏曰華陰。西魏改爲武鄉，置武鄉郡。開皇初郡廢，大業初改名馮翊，置馮翊郡。有沙苑。[3]韓城[4]開皇十八年置。有關官。[5]有梁山，有鬼谷。郃陽[6] 朝邑[7]後魏曰南五泉，西魏改焉。有長春宮。有關官。[8]有朝坂。澄城[9]後魏置澄城郡，後周併五泉縣入焉。開皇初郡廢。蒲城[10]舊置南、北二白水。西魏改爲蒲城，置白水郡，開皇初郡廢。下邽[11]舊置延壽郡。開皇初郡廢，大業初併蓮勺縣入焉。有金氏陂。白水[12]有五龍山、馬蘭山。

［1］馮翊郡：治所在今陝西大荔縣。

［2］馮翊：縣名。《元和郡縣圖志》記本爲漢臨晉縣，晉武帝改爲大荔縣，後魏改爲華陰縣，後以名重，改爲武鄉。大業三年改爲馮翊。治所在今陝西大荔縣。

［3］沙苑：地名。在今陝西大荔縣南洛河、渭河之間。西魏大統三年（537），宇文泰敗高歡於此。

［4］韓城：縣名。隋文帝分郃陽置韓城。治所在今陝西韓城市東南。

［5］關官：此指龍門關。

［6］郃陽：縣名。漢舊縣，因在郃水之陽而名。治所在今陝西合陽縣。

［7］朝邑：縣名。後魏太和十五年（491）置南五泉，西魏時改名爲朝邑。治所在今陝西大荔縣東朝邑鎮。

［8］關官：此指蒲津關。

［9］澄城：縣名。後魏太平真君七年分郃陽置。治所在今陝西澄城縣。

［10］蒲城：縣名。西魏改南白水縣置。治所在今陝西蒲城縣。

［11］下邽：縣名。後魏避道武帝諱改爲下封，隋開皇二年復舊。治所在今陝西渭南市東南。

［12］白水：縣名。此爲上文提到的“北白水”。治所在今陝西白水縣。

扶風郡[1]舊置岐州。統縣九，户九萬二千二百二十三。

雍[2]後魏置秦平郡，[3]西魏改爲岐山郡，開皇三年郡廢。大業初置扶風郡。有岐陽宫。**岐山**[4]後周曰三龍縣，開皇十六年改名焉。[5]又有後魏周城縣，後周廢。有岐山。**陳倉**[6]後魏曰宛川，西魏改曰陳倉。後周置顯州，尋州縣俱廢。開皇十八年置，曰陳倉。有陳倉山。有關官。[7]**虢**[8]後魏置武都郡，西魏改縣曰洛邑。[9]後周置朔州，州尋廢。郡開皇初廢，大業初改縣爲虢。
郿[10]舊曰平陽縣，西魏改曰郿城，後周廢入周城縣。開皇十八年
改周城爲渭濱，大業二年改爲郿。又後周置雲州，建德中廢。有安
仁宮、鳳泉宮。有太白山、五丈原。[11]普閏[12]大業初置。有仁壽
宮。有漆水、岐水、杜水。汧源[13]西魏置隴東郡及汧陰縣，後改
縣曰杜陽。後周又曰汧陰。開皇三年郡廢，五年縣改曰汧源。又有
西魏東秦州，後改爲隴州，大業三年州廢。有關官。[14]有隴山、汧
山、汧水。汧陽[15]舊置汧陽郡，後周罷。南由[16]後魏置，西
魏改爲鎮，後周復置縣。又有舊長蛇縣，開皇末廢。有關官。[17]有
盤龍山。

[1]扶風郡：後魏太和十一年置岐州，隋大業三年罷州爲扶風
郡。治所在今陝西鳳翔縣。

[2]雍：縣名。漢縣。治所在今陝西鳳翔縣南。

[3]秦平郡：此應爲平秦郡。楊守敬《隋書地理志考證》云：
"《地形志》作‘平秦’，云太延二年置。《魏書·蕭寶夤傳》‘呂伯
度封平秦郡公’，《北齊書》有平秦王歸彥、平秦公薛孤延，則當
作‘平秦’。"

[4]岐山：縣名。治所在今陝西岐山縣東北岐山南。

[5]後周曰三龍縣，開皇十六年改名焉：《元和郡縣圖志》云：
"周武帝天和四年，割涇州鶉觚縣之南界置三龍縣，隋開皇十六年
移三龍縣於岐山南十里，改爲岐山縣。"故開皇十六年不僅僅是改
名，同時縣治也有遷移。

[6]陳倉：縣名。治所在今陝西寶雞市。

[7]關官：此指散關。

[8]虢：縣名。原爲虢縣，後改爲洛邑，大業三年復爲虢縣。
治所在今陝西寶雞市陳倉區。

[9]西魏改縣曰洛邑：《元和郡縣圖志》云："周改爲洛邑縣。"

兩書記載有異。

[10]鄠：縣名。治所在今陝西眉縣東渭河北岸。

[11]太白山：秦嶺主峰，在今陝西太白縣東南。　五丈原：地
名。在今陝西岐山縣南，東與眉縣相接。

[12]普閏：縣名。大業元年置。治所在今陝西麟游縣西北。

[13]汧源：縣名。治所在今陝西隴縣。

[14]關官：此指大震關。

[15]汧陽：縣名。北周天和五年（570）置。治所在今陝西千
陽縣西北。

[16]南由：縣名。在今陝西寶雞市西北。

[17]關官：此指安夷關。

安定郡[1]舊置涇州。統縣七，戶七萬六千二百八十一。

　安定[2]帶郡。鶉觚[3]舊置趙平郡。後周廢郡，并以宜祿縣
入焉。大業初分置靈臺縣，二年廢。陰盤[4]後魏置平涼郡，[5]開
皇初郡廢。有盧水。朝那[6]西魏置安武郡，及析置安武縣。開皇
三年郡縣並廢入焉。良原[7]大業初置。臨涇[8]大業初置，初曰
湫谷，尋改焉。華亭[9]大業初置。有隴水、芮水。

[1]安定郡：北魏太武帝神麚三年（430）置涇州，隋大業三年
改爲安定郡。治所在今甘肅涇川縣北。

[2]安定：縣名。治所在今甘肅涇川縣北。

[3]鶉觚：縣名。治所在今甘肅靈臺縣東。

[4]陰盤：縣名。治所在今甘肅平涼市東南。

[5]平涼郡：此應爲平原郡。王仲犖《北周地理志》云："按據
《地形志》涇州有平涼郡，又有平原郡，《隋志》平涼郡當是平原
郡之譌。"（王仲犖：《北周地理志》，中華書局 1980 年版，第 83
頁）

[6]朝那：縣名。漢縣。治所在今甘肅靈臺縣西北朝那鎮。

[7]良原：縣名。《元和郡縣圖志》記大業元年分安定縣置，《太平寰宇記》記大業元年分安定、鶉觚二縣置。治所在今甘肅靈臺縣西北梁原鄉。

[8]臨涇：縣名。大業元年置湫谷縣，十二年改臨涇。治所在今甘肅鎮原縣。

[9]華亭：縣名。大業元年置。治所在今甘肅華亭縣。

北地郡[1]後魏置豳州，西魏改爲寧州。大業初復曰豳州。統縣六，户七萬六百九十。

定安[2]舊置趙興郡。開皇初郡廢，大業初置北地郡。羅川[3]舊曰陽周，開皇中改焉。又西魏置顯州，後周廢。有橋山。彭原[4]舊曰彭陽。後魏置西北地郡，有洛蟠城。西魏置蔚州，有豐城。西魏置雲州。後周二州並廢。開皇初郡廢，十八年改縣曰彭原。有珊瑚水。襄樂[5]後魏置襄樂郡，後周廢。又西魏置燕州，後周廢。又有子午山。新平[6]舊曰白土，西魏置豳州。開皇四年改縣爲新平，大業初州廢。三水[7]西魏置恒州，尋廢。

[1]北地郡：治所在今甘肅寧縣。

[2]定安：縣名。後魏太平真君二年置，隋開皇三年移縣入廢趙興郡理。治所在今甘肅寧縣。

[3]羅川：縣名。後魏太和十一年置陽周縣，開皇十八年改爲羅川縣。治所在今甘肅正寧縣西南羅川鄉。

[4]彭原：縣名。後魏置富平縣，後改爲彭陽，開皇十八年改爲彭原縣。治所在今甘肅慶陽市西峰區彭原鄉。

[5]襄樂：縣名。治所在今甘肅寧縣東北湘樂鎮。

[6]新平：縣名。後魏置白水縣，開皇四年改爲新平縣。治所

在今陝西彬縣。

［7］三水：縣名。漢舊縣，魏改三水爲西川縣，後魏於今縣理西二十八里重置三水縣。治所在今陝西彬縣。

上郡[1]後魏置東秦州，後改爲北華州。西魏改爲敷州。大業二年改爲鄜城郡，[2]後改爲上郡。統縣五，户五萬三千四百八十九。

洛交[3]開皇三年置。大業三年置上郡。内部[4]舊置敷州及内部郡。開皇三年郡廢，大業初州廢。三川[5]舊名長城，西魏改焉。又有利仁縣，尋廢入焉。鄜城[6]後魏曰敷城，大業初改焉。洛川[7]有鄜水。

［1］上郡：治所在今陝西富縣。

［2］大業二年改爲鄜城郡：隋代改州爲郡在大業三年，且《太平寰宇記》記：“隋大業三年罷州，置鄜城郡”，故此處“大業二年”當爲“大業三年”。

［3］洛交：縣名。隋開皇年間分三川、洛川二縣置。治所在今陝西富縣。

［4］内部：縣名。後秦置中部縣，開皇元年避廟諱改爲内部縣。治所在今陝西黃陵縣西南。

［5］三川：縣名。治所在今陝西富縣西南。

［6］鄜城：縣名。後魏名敷城，大業元年改。治所在今陝西洛川縣東南鄜城村。

［7］洛川：縣名。治所在今陝西洛川縣東北。《魏書·地形志》云：“洛川，真君中置。”《元和郡縣圖志》云：“後秦姚萇於此置洛川縣，以縣界有洛川水爲名。”《太平寰宇記》亦云“後秦姚萇置縣”。

雕陰郡[1]西魏置綏州。大業初改爲上州。統縣十一，户三萬六千一十八。

上縣[2]西魏置安寧郡，與安寧、綏德、安人三縣同置。[3]開皇初郡廢，改安人爲吉萬。大業初置雕陰郡，廢安寧、吉萬二縣入。又後周置義良縣，亦廢入焉。大斌[4]西魏置，仍立安政郡。開皇初廢。有平水。延福[5]西魏置，曰延陵。開皇中改焉。儒林[6]後周置銀州，開皇三年改名焉。大業初州廢。真鄉[7]西魏置。後周置真鄉郡，開皇初郡廢。開光[8]舊置開光郡，[9]開皇三年郡廢。有圁水。銀城[10]後周置，曰石城，後改名焉。[11]城平[12]西魏置。[13]開疆[14]西魏置，有後魏撫寧郡，開皇三年郡廢。撫寧[15]西魏置。綏德[16]西魏置。

[1]雕陰郡：大業初改爲上州，尋廢州置雕陰郡。治所在今陝西綏德縣。

[2]上縣：縣名。西魏廢帝元年（552）置。治所在今陝西綏德縣。

[3]安人：縣名。原作安民縣，唐人避太宗諱改。

[4]大斌：縣名。本志言西魏置，《元和郡縣圖志》云：“後魏孝明帝神龜元年，於今縣東五里置大斌縣。”《太平寰宇記》同。治所在今陝西子洲縣西。

[5]延福：縣名。西魏置延陵，開皇十七年改延福。治所在今陝西吳堡縣北。

[6]儒林：縣名。開皇三年置。治所在今陝西橫山縣東黨岔鎮。

[7]真鄉：縣名。本志及《輿地廣記》言西魏置，《元和郡縣圖志》《太平寰宇記》言後周。同時《太平寰宇記》記真鄉本爲中鄉，開皇元年避廟諱改。治所在今陝西佳縣西北。

[8]開光：縣名。治所在今陝西榆林市東北。

[9]舊置開光郡：王仲犖《北周地理志》云："按據《隋志》例，不言置縣者，例與郡同時置。《元和郡縣圖志》謂周宣帝大象二年廢開光郡置開光縣，疑是大象二年廢開光郡，以開光縣改隸撫寧郡也。縣實與郡同置於周武帝保定二年。"（王仲犖：《北周地理志》，第119頁）所言是。

[10]銀城：縣名。治所在今陝西神木縣。

[11]後周置，曰石城，後改名焉：《元和郡縣圖志》《太平寰宇記》《輿地廣記》均言西魏置石城縣。

[12]城平：縣名。開皇元年改城中縣置。治所在今陝西子長縣東。

[13]西魏置：《元和郡縣圖志》云："後魏孝明帝於今縣理西三十里庫仁川置城中縣，隋改爲城平縣，自庫仁川移於今理。"《太平寰宇記》云："後魏神龜元年于今縣西三十里庫仁川置城中縣。隋諱'中'，改爲城平縣，仍自庫仁川移于今理。"兩書記載基本一致，與本志有異。

[14]開疆：縣名。西魏置。治所在今陝西米脂縣。

[15]撫寧：縣名。西魏置。治所在今陝西米脂縣西。

[16]綏德：縣名。西魏大統十二年分上郡南界丘尼谷置。治所在今陝西清澗縣西北。

延安郡[1]後魏置東夏州。西魏改爲延州，置總管府。[2]開皇中府廢。統縣十一，户五萬三千九百三十九。

膚施[3]大業三年置，及置延安郡。有豐林山。豐林[4]後魏置，曰廣武，及遍城郡。開皇初郡廢，十八年改爲豐林，[5]大業初又併沃野縣入焉。魏平[6]後魏置，并立朔方郡。後周廢郡，併朔方、政和二縣入焉。[7]金明[8]有冶官。有清水。臨真[9]有西魏神水郡、真川縣，後周郡廢，大業初廢真川入焉。延川[10]西魏置，曰文安，及置文安郡。開皇初郡廢，改縣爲延川。延安[11]西魏置，又置義鄉縣。大業中廢義鄉入焉。**因城**[12] 後魏置。後周廢，尋又置。**義川**[13] 西魏置汾州、義川郡，後改州爲丹州。後周改縣爲丹陽。[14] 開皇初郡廢，改縣曰義川，又廢樂川郡入。大業初州廢，又廢雲巖縣入焉。**汾川**[15] 舊曰安平，後周改曰汾川。大業初廢門山縣入焉。**咸寧**[16] 舊曰永寧，西魏改爲太平。開皇中改爲咸寧。

　　[1] 延安郡：後魏宣武帝置東夏州，西魏廢帝改爲延州，大業三年改爲延安郡。治所在今陝西延安市東。

　　[2] 置總管府：楊守敬《隋書地理志考證》云：“當云‘後周置總管府’，《周紀》建德四年十月，有延州總管王慶。”所言是。總管始設於後周，在此之前祇有都督，而沒有總管、總管府。

　　[3] 膚施：縣名。大業三年分豐林、金明二縣置。治所在今陝西延安市東北。

　　[4] 豐林：縣名。舊爲廣武，後改爲豐林。治所在今陝西延安市東北。

　　[5] 十八年改爲豐林：《元和郡縣圖志》《太平寰宇記》言後周時改爲豐林。

　　[6] 魏平：縣名。治所在今陝西子長縣東南。

　　[7] 政和：底本作“和政”。中華本校勘記云：“原作‘和政’，據《魏書·地形志》上改。”今從改。

　　[8] 金明：縣名。後魏太武帝置廣洛縣，仁壽元年（601）避太子楊廣諱改。治所在今陝西安塞縣東南。

　　[9] 臨真：縣名。後魏置。治所在今陝西延安市東南臨鎮鎮。

　　[10] 延川：縣名。舊爲文安，開皇十八年改。治所在今陝西延川縣。

　　[11] 延安：縣名。西魏置廣安縣，仁壽元年避太子楊廣諱改爲延安。治所在今陝西延長縣。

[12]因城：縣名。治所在今陝西甘泉縣西北。

[13]義川：縣名。西魏置義川縣，後周改爲丹陽，開皇初復爲義川。治所在今陝西宜川縣東北。

[14]後周改縣爲丹陽：楊守敬以爲後周是改郡爲丹陽。施和金以爲郡縣皆改爲丹陽，疑《隋志》本作“後周改郡、縣爲丹陽”，後脫郡字，使文義不明（參見施和金《中國行政區劃通史·隋代卷》，第 140 頁）。

[15]汾川：縣名。治所在今陝西宜川縣東。

[16]咸寧：縣名。舊爲永寧，西魏改太平，開皇十八年改咸寧。治所在今陝西宜川縣東南。

弘化郡[1]西魏置朔州，後周廢。開皇十六年，置慶州。統縣七，户五萬二千四百七十三。

合水[2]開皇十六年置，大業初置弘化郡。馬嶺[3]大業初置。華池[4]仁壽初置。又西魏置蔚州，後周廢。歸德[5]西魏置恒州，後周廢。有雕水。洛源[6]大業初置。有博水、洱水。弘化[7]開皇十八年置弘州，大業初州廢。弘德[8]大業初置。

[1]弘化郡：西魏置朔州，後周保定元年（561）廢，開皇十六年割寧州歸德縣置慶州，大業三年改爲弘化郡。治所在今陝西靖邊縣東北白城子。

[2]合水：縣名。治所在今甘肅慶陽市。

[3]馬嶺：縣名。大業元年分合水置，大業十三年因戰亂廢。治所在今甘肅慶城縣西北馬嶺鎮。

[4]華池：縣名。仁壽二年置，大業十三年因被胡人所破，廢。治所在今甘肅華池縣東南。

[5]歸德：縣名。漢舊縣，後廢，西魏復置。《元和郡縣圖志》云：“後魏文帝大統元年，復置歸德縣。隋大業元年改爲洛源縣，

因洛水所出爲名。”則此縣在大業元年後名爲洛源。治所在今甘肅
環縣北（一説在今陝西吳旗縣西北）。

[6]洛源：縣名。據上條注釋可知，本縣係大業元年改歸德縣
置，兩縣本爲一縣。故楊守敬《隋書地理志考證》云：“按《元和
志》《寰宇記》俱謂大業元年改歸德爲洛源縣，今志兩縣並列，恐
亦誤也。”此縣大業十二年因被胡人所破，廢。

[7]弘化：縣名。治所在今甘肅慶陽市西北。

[8]弘德：縣名。治所在今甘肅環縣西北洪德鎮。

平凉郡[1]舊置原州，後周置總管府，大業初府廢。統縣五，户
二萬七千九百九十五。

平高[2]後魏置太平郡，後改爲平高。[3]開皇初郡廢。大業初
置平凉郡。有關官。[4]有笄頭山。百泉[5]後魏置長城郡及黄石縣，
西魏改黄石爲長城。開皇初郡廢，大業初縣改爲百泉。平凉[6]後
周置。有可藍山。會寧[7]西魏置會州，後周廢，開皇十六年置
縣。默亭[8]

[1]平凉郡：大業三年改爲平凉郡。治所在今寧夏固原市。

[2]平高：縣名。漢高平縣，後周改平高。治所在今寧夏固
原市。

[3]後改爲平高：《元和郡縣圖志》《太平寰宇記》記後魏置平
高縣，但《魏書·地形志》原州下有高平縣，故楊守敬云：“《元和
志》《寰宇記》并謂太延二年置平高，誤也。《一統志》：後周改平
高。按《周書·藝術傳》謂明帝時有平高公侯伏侯龍恩，則改於
周初。”

[4]關官：此指木硤關。

[5]百泉：縣名。後魏置黄石縣，西魏改爲長城，大業二年改

爲百泉。治所在今甘肅平涼市西北。

[6]平涼：縣名。後周建德元年置。治所在今甘肅平涼市西北。

[7]會寧：縣名。開皇十六年置，大業二年改爲涼川縣。治所在今甘肅永登縣。

[8]默亭：縣名。後魏置。治所在今寧夏固原市原州區。

朔方郡^[1]後魏置夏州，後周置總管府，大業初府廢。統縣三，戶一萬一千六百七十三。

巖綠^[2]西魏置弘化郡。開皇初廢，大業初置朔方郡。寧朔^[3]後周置。長澤^[4]西魏置闡熙郡。又有後魏大安郡，^[5]及置長州。開皇三年郡廢，又廢山鹿、新囶二縣入焉。大業三年州廢。

[1]朔方郡：後魏太和十一年置夏州，大業三年改朔方郡。治所在今陝西靖邊縣東北白城子古城。

[2]巖綠：縣名。本漢朔方縣，後魏改巖綠。治所在今陝西靖邊縣東北白城子古城。

[3]寧朔：縣名。治所在今陝西靖邊縣。

[4]長澤：縣名。西魏置。治所在今內蒙古鄂托克前旗東南城川古城。

[5]西魏置闡熙郡。又有後魏大安郡：闡熙郡領山鹿、新囶二縣，大安郡領長澤縣。

鹽川郡^[1]西魏置西安州，後改爲鹽州。統縣一，戶三千七百六十三。

五原^[2]後魏置郡，曰大興。西魏改爲五原，後又爲大興。開皇初郡廢，大業初置鹽川郡。

　　[1]鹽川郡：西魏廢帝改西安州爲鹽州，大業三年改爲鹽川郡。
治所在今陝西定邊縣。
　　[2]五原：縣名。治所在今陝西定邊縣。

靈武郡[1] 後魏置靈州，後周置總管府，大業元年府廢。統縣六，
戶一萬二千三百三十。
　　迴樂[2] 後周置，帶普樂郡。又西魏置臨河郡。開皇元年改臨
河郡曰新昌，三年郡並廢。大業初置靈武郡。弘靜[3] 開皇十一年
置。有賀蘭山。懷遠[4] 後周置，仍立懷遠郡。開皇三年郡廢。靈
武[5] 後周置，曰建安，後又置歷城郡。開皇三年郡廢，十八年改
建安爲廣閏，仁壽元年改名焉。鳴沙[6] 後周置會州，尋廢。開皇
十九年置環州及鳴沙縣。大業三年州廢。有關官。豐安[7] 開皇十
年置。

　　[1]靈武郡：後魏孝昌二年（526）置靈州，大業初置靈武郡。
治所在今寧夏吳忠市北。
　　[2]迴樂：縣名。治所在今寧夏吳忠市。
　　[3]弘靜：縣名。治所在今寧夏永寧縣南望洪鄉。
　　[4]懷遠：縣名。《太平寰宇記》云：“周建德三年遷二萬戶於
此置郡及縣，並名懷遠。”與本書同。《元和郡縣圖志》則云後魏
始置。治所在今寧夏銀川市東黃河西岸。
　　[5]靈武：縣名。治所在今寧夏青銅峽市西北邵崗堡。
　　[6]鳴沙：縣名。治所在今寧夏中寧縣東北鳴沙鎮。
　　[7]豐安：縣名。治所在今寧夏青銅峽市西南。

榆林郡[1] 開皇二十年，置勝州。統縣三，戶二千三百三十。
　　榆林[2] 開皇七年置。大業初置郡。富昌[3] 開皇十年置。金

河[4]開皇三年置，曰陽壽，及置油雲縣，又置榆關總管。五年改置雲州總管。十八年改陽壽曰金河，二十年雲州移，[5]二縣俱廢。仁壽二年又置金河縣，帶關。

[1]榆林郡：《元和郡縣圖志》云："隋文帝開皇三年於此置榆林關，七年又置榆林縣，屬雲州。二十年，割雲州之榆林、富昌、金河三縣置勝州，立嘉名也。煬帝大業三年以勝州爲榆林郡。"《太平寰宇記》同。治所在今内蒙古准格爾旗東北十二連城。

[2]榆林：縣名。治所在今内蒙古准格爾旗東北十二連城。

[3]富昌：縣名。治所在今陝西府谷縣北古城鄉。

[4]金河：縣名。治所在今内蒙古托克托縣北。

[5]二十年雲州移：《讀史方輿紀要》云："二十年突厥啓民可汗來降，因移雲州於河東之大利城，遣將趙仲卿爲突厥啓民可汗築金河城，二縣俱廢。"前文注釋引《元和郡縣圖志》中亦有開皇二十年（600）割雲州之榆林、富昌、金河三縣置勝州。此爲先移雲州於河東，後又立勝州。

五原郡[1]開皇五年置豐州，仁壽元年置總管府，大業元年府廢。統縣三，户二千三百三十。

九原[2]開皇五年置。大業初置郡。永豐[3]開皇五年置。安化[4]開皇十一年置。

[1]五原郡：治所在今内蒙古烏拉特前旗西北。

[2]九原：縣名。治所在今内蒙古烏拉特前旗西北。

[3]永豐：縣名。治所在今内蒙古巴彦淖爾市臨河區東北。

[4]安化：縣名。治所在今内蒙古烏拉特前旗西北。

天水郡[1]舊秦州。後周置總管府，大業初府廢。統縣六，户五萬二千一百三十。

上邽[2]故曰上邽,[3]帶天水郡。開皇初郡廢,大業初復置郡,縣改名焉。有瀿水。冀城[4]後周曰冀城縣,廢入黃瓜縣。[5]大業初改曰冀城。有石鼓崖。清水[6]後魏置,及置清水郡。開皇初郡廢。有關官。有分水嶺。秦嶺[7]後魏置,曰伯陽縣。開皇中改焉。隴城[8]舊曰略陽,置略陽郡。開皇二年郡廢,縣改曰河陽。六年改曰隴城。成紀[9]舊廢,後周置。[10]有龍馬城、仙人硤。

[1]天水郡:治所在今甘肅天水市

[2]上邽:縣名。大業元年復爲上邽。治所在今甘肅天水市。

[3]故曰上邽:此"上邽"當爲"上封"。後魏避道武帝諱改。

[4]冀城:縣名。治所在今甘肅甘谷縣西南。

[5]廢入黃瓜縣:中華本校勘記云:"按前後文例,'廢'上當有'尋'字。"

[6]清水:縣名。治所在今甘肅清水縣西北。

[7]秦嶺:縣名。後魏置伯陽,開皇三年改爲秦嶺縣。治所在今甘肅天水市東伯陽鎮。

[8]隴城:縣名。治所在今甘肅張家川回族自治縣。

[9]成紀:縣名。漢舊縣,魏廢,後又置。治所在今甘肅静寧縣西南。

[10]後周置:楊守敬《隋書地理志考證》云:"當作'西魏置'。《隋書·帝紀》:高祖年十五,封成紀縣公。考文帝生於西魏大統七年,年十五爲西魏恭帝三年,十二月始禪位於周,則縣非置於周明矣。"所言是。

隴西郡[1]舊渭州。統縣五,户一萬九千二百四十七。

襄武[2]帶郡。隴西[3]舊城内陶,[4]置南安郡。開皇初郡廢,改爲武陽,十年改名焉。[5]渭源[6]有鳥鼠山。有渭水。障[7]後魏置。西魏置廣安郡,後周郡廢。長川[8]後魏置安陽郡,領安陽、烏水二縣。西魏改曰北秦州,後又改曰交州。開皇三年郡廢。十八年改州曰紀州,安陽曰長川。大業初州廢,又廢烏水入焉。

[1]隴西郡:後魏永安三年（530）置渭州,大業三年廢州爲隴西郡。治所在今甘肅隴西縣。

[2]襄武:縣名。漢舊縣。治所在今甘肅隴西縣東南。

[3]隴西:縣名。舊爲内陶,開皇初改武陽,後又改爲隴西。治所在今甘肅隴西縣。

[4]舊城内陶:“城”當作“曰”。

[5]十年改名焉:《元和郡縣圖志》作“八年改武陽爲隴西”,《太平寰宇記》作“開皇十八年改爲武陽”,各書所記有異。

[6]渭源:縣名。本漢首陽縣,後魏大統十七分隴西置渭源郡,因渭水以爲名,又改首陽爲渭源縣。治所在今甘肅渭源縣東北。

[7]障:縣名。後魏分武陽置,《魏書·地形志》作彰縣。治所在今甘肅漳縣西南。

[8]長川:縣名。治所在今甘肅秦安縣北。

金城郡[1]開皇初,置蘭州總管府,大業初府廢。統縣二,户六千八百一十八。

金城[2]舊縣曰子城,帶金城郡。開皇初郡廢。大業初改縣爲金城,置金城郡。有關官。[3]狄道[4]後魏置臨洮郡、龍城縣,後周皆廢。又後魏置武始郡,開皇初廢。有白石山。

[1]金城郡:開皇元年置蘭州,大業三年罷州爲金城郡。治所

在今甘肅蘭州市。

　　[2]金城：縣名。本漢金城縣，後魏改置子城縣，大業初復爲金城縣。治所在今甘肅蘭州市。

　　[3]關官：此指金城關。

　　[4]狄道：縣名。治所在今甘肅臨洮縣。

枹罕郡[1]舊置河州。統縣四，户一萬三千一百五十七。

　　枹罕舊置枹罕郡，開皇初郡廢。大業初置郡。有關官。[2]有鳳林山。**龍支**[3]後魏曰北金城，西魏改焉。有唐述山。**大夏**[4]有金紐山。**水池**[5]後魏曰覃川，後周改焉。[6]

　　[1]枹罕郡：後魏太平真君六年置枹罕鎮，太和十六年改爲河州，大業三年置郡。治所在今甘肅臨夏市。

　　[2]關官：此指臨津關。

　　[3]龍支：縣名。治所在今青海民和回族土族自治縣。

　　[4]大夏：縣名。漢縣，晉廢。前涼張駿分武始、晉興、廣武置大夏郡及縣。治所在今甘肅廣河縣西。

　　[5]水池：縣名。治所在今甘肅臨洮縣西南。

　　[6]後魏曰覃川，後周改焉：王仲犖《北周地理志》云：“考《魏書·地形志》，洪和郡領水池、藍川、覃川三縣，則水池、覃川二縣並立，非以覃川改也。”（王仲犖：《北周地理志》，第187頁）

澆河郡[1]後周武帝逐吐谷渾，以置廓州總管府。開皇初府廢。統縣二，户二千二百四十。

　　河津[2]後周置洮河郡，領洮河、廣威、安戎三縣。開皇初郡廢，併三縣入焉。大業初置澆河郡。有濫水。**達化**[3]後周置達化郡。開皇初郡廢，併綏遠縣入焉。有連雲山。

[1]澆河郡：後周建德五年置廓州，大業三年罷州爲郡。治所在今青海貴德縣。

[2]河津：縣名。治所在今青海貴德縣。

[3]達化：縣名。後周建德五年置。治所在今青海尖扎縣。

西平郡[1]舊置鄯州。統縣二，户三千一百一十八。

湟水[2]舊曰西都，後周置樂都郡。開皇初郡廢，十八年改縣曰湟水。又有舊浩亹縣，又西魏置龍居、路倉二縣，並後周廢。大業初置西平郡。有土樓山。化隆[3]舊魏曰廣威，[4]西魏置澆河郡，後周廢郡，仁壽初改爲化隆。有拔延山、湟水、盧水。

[1]西平郡：後魏以西平郡改鄯善鎮，後改鎮立鄯州，大業初復罷州爲西平郡。治所在今青海樂都縣。

[2]湟水：縣名。本漢破羌縣，後魏分置西都縣，開皇十八年改爲湟水。治所在今青海樂都縣。

[3]化隆：縣名。治所在今青海化隆回族自治縣西南。

[4]舊魏曰廣威：澆和郡下有廣威縣於開皇初併入河津縣，此又言仁壽初改爲化隆，似有誤。《太平寰宇記》引《周地圖記》云："後魏景明三年置石城縣。廢帝二年因縣内化隆谷改爲化隆縣，屬澆河郡。"似此化隆應置於隋以前。

武威郡[1]舊置凉州，後周置總管府，大業初府廢。統縣四，户一萬一千七百五。

姑臧[2]舊置武威郡，開皇初郡廢。大業初復置武威郡。又後魏置武安郡、襄武縣，並西魏廢。又舊有顯美縣，後周廢。有第五山。[3]昌松[4]後魏置昌松郡，後周廢郡，以揟次縣入。[5]開皇初改縣爲永世，後改曰昌松。[6]又有後魏魏安郡，後周改置白山縣，

尋廢。有白山。**番和**[7]後魏置番和郡。後周郡廢，置鎮。開皇中
爲縣，又併力乾、安寧、廣城、障、燕支五縣之地入焉。有燕支
山。[8]**允吾**[9]後魏置，曰廣武，及置廣武郡。開皇初郡廢，改縣
曰邑次，尋改爲廣武，後又改爲邑次。大業初改爲允吾。有青
巖山。

[1]武威郡：後魏太和十四年置涼州，大業三年改爲武威郡。
治所在今甘肅武威市。

[2]姑臧：縣名。漢縣。後魏改爲林中，後復名姑臧。治所在
今甘肅武威市。

[3]第五山：第，底本作“茅”。中華本校勘記云：“‘第’原
作‘茅’。《楊考》：據《前涼錄》，‘茅’疑‘第’訛。按：《太平
寰宇記》五二正作‘第’，今據改。”今從改。

[4]昌松：縣名。本漢蒼松縣，後涼改爲昌松，開皇三年改爲
永世，後因重名，復爲昌松。治所在今甘肅武威市東南。

[5]揟次縣：底本作“榆次縣”。中華本校勘記云：“原作‘榆
次’。《考異》：‘榆次’當作‘揟次’，因并州有榆次縣，相涉而
誤。按：《漢書·地理志》下正作‘揟次’，今據改。”今從改。

[6]開皇初改縣爲永世，後改曰昌松：前文注釋中已言永世因
重名復爲昌松，此次改名，爲時不長，或當年即改回，故諸書皆不
記改回時間（參見施和金《中國行政區劃通史·隋代卷》，第160
頁）。

[7]番和：縣名。治所在今甘肅永昌縣西。

[8]燕支山：亦名焉支山，在今甘肅山丹縣東南。

[9]允吾：縣名。依本志此縣隋代曾多次改名。治所在今甘肅
永登縣。

張掖郡[1]西魏置西涼州，尋改曰甘州。統縣三，户六千一百

二十六。

　　張掖[2]舊曰永平縣，後周置張掖郡。開皇初郡廢，十七年縣改爲酒泉。[3]大業初改爲張掖，置張掖郡。又有臨松縣，後周廢。有甘峻山、臨松山、合黎山，[4]有玉石澗、大柳谷。删丹[5]後魏曰山丹，又有西郡、永寧縣。西魏郡廢，縣改爲弱水。後周省入山丹。大業改爲删丹。[6]又後周置金山縣，尋廢入焉。有祀山。有鹽池。有弱水。[7]福禄[8]舊置酒泉郡，開皇初郡廢。仁壽中以置肅州，大業初州尋廢。又後周置樂涫縣，尋廢。有祁連山、崆峒山、崑崙山，[9]有石渠。

　　[1]張掖郡：西魏大統十二年分西張掖地置西凉州，廢帝三年改爲甘州。治所在今甘肅張掖市。

　　[2]張掖：縣名。舊名永平，後改酒泉，大業初改爲張掖。治所在今甘肅張掖市。

　　[3]十七年縣改爲酒泉：改縣爲酒泉的時間《元和郡縣圖志》記爲開皇三年，《輿地廣記》記爲大業初，《太平寰宇記》記爲仁壽二年。各書所記均不同。

　　[4]合黎山：因水而名。在今甘肅河西走廊中部和内蒙古邊境。

　　[5]删丹：縣名。治所在今甘肅山丹縣。

　　[6]大業改爲删丹："大業"下脱"初"字。

　　[7]弱水：河名。上源指今甘肅山丹河，下游即今山丹河與甘州河合流後的黑河，入内蒙古境後，稱額濟納河。

　　[8]福禄：縣名。漢縣。《輿地廣記》云義寧元年（617）改名爲酒泉。治所在今甘肅酒泉市。

　　[9]祁連山：位於今青海東北部與甘肅西部邊境，東起烏鞘嶺，西與阿爾泰山相接。　崆峒山：在今甘肅高臺縣西南。

敦煌郡[1]舊置瓜州。統縣三，户七千七百七十九。

敦煌[2]舊置敦煌郡，後周併效穀、壽皇二郡入焉。又併敦煌、鳴沙、平康、效穀、東鄉、龍勒六縣爲鳴沙縣。[3]開皇初郡廢。大業置敦煌郡，改鳴沙爲敦煌。有神沙山、三危山，[4]有流沙。常樂[5]後魏置常樂郡。後周併涼興、大至、冥安、閏泉，合爲涼興縣。開皇初郡廢，改縣爲常樂。有關官。[6]玉門[7]後魏置會稽郡。後周廢郡，併會稽、新鄉、延興爲會稽縣。開皇中改爲玉門，併得後魏玉門郡地。

[1]敦煌郡：後魏置瓜州，大業三年罷州爲郡。治所在今甘肅敦煌市。

[2]敦煌：縣名。後周併敦煌等六縣置鳴沙縣，大業二年復爲敦煌。治所在今甘肅敦煌市。

[3]龍勒：勒，底本作“勤”。中華本校勘記云：“‘勒’原作‘勤’，據《漢書·地理志》下、《續漢書·郡國志》五改。”今從改。

[4]神沙山：即鳴沙山。在今甘肅敦煌市南十里。

[5]常樂：縣名。開皇四年改涼興縣置。治所在今甘肅安西縣東南鎖陽城。

[6]關官：此指玉門關。

[7]玉門：縣名。開皇十年改會稽縣置。治所在今甘肅玉門市西北。

鄯善郡[1]大業五年平吐谷渾置，置在鄯善城，即古樓蘭城也。[2]并置且末、西海、河源，總四郡。有蒲昌海、鄯善水。[3]統縣二。

顯武[4]　濟遠[5]

[1]鄯善郡：大業五年置。治所在今新疆若羌縣東北。

[2]古樓蘭城：原爲漢代西域樓蘭國都城，四世紀中葉以後廢棄。在今新疆若羌縣羅布泊西岸。

[3]蒲昌海：即羅布泊。在今新疆東南部，塔克拉瑪干沙漠最東緣。　鄯善水：即若羌水。

[4]顯武：縣名。治所在今新疆若羌縣附近。

[5]濟遠：縣名。治所在今新疆若羌縣附近。

且末郡[1]置在古且末城。有且末水、薩毗澤。統縣二。

　　蕭寧[2]　　伏戎[3]

[1]且末郡：大業五年置。治所在今新疆且末縣西南。

[2]蕭寧：縣名。治所在今且末縣附近。

[3]伏戎：縣名。治所在今且末縣附近。

西海郡[1]置在古伏俟城，即吐谷渾國都。有西王母石窟、青海、鹽池。[2]統縣二。

　　宣德[3]　　威定[4]

[1]西海郡：治所在今青海共和縣西北石乃亥鄉。

[2]青海：即今青海湖。

[3]宣德：縣名。即吐谷渾都城。治所在今青海共和縣西北石乃亥鄉。

[4]威定：縣名。治所在今青海共和縣西北青海湖西岸。

河源郡[1]置在古赤水城。有曼頭城、積石山，河所出。[2]有七烏海。統縣二。

　　遠化[3]　　赤水[4]

［1］河源郡：治所在今青海興海縣東南。

［2］積石山，河所出：此意爲積石山乃是黄河的源頭。關於黄河源出積石山最早的記載見於《尚書·禹貢》“導河積石，至於龍門”。積石山，即今青海東南部阿尼瑪卿山。

［3］遠化：縣名。治所在今青海共和縣西南。

［4］赤水：縣名。治所在今青海興海縣東南（一説在今青海共和縣）。

《周禮·職方氏》：“正西曰雍州。”上當天文，[1]自東井十度至柳八度，[2]爲鶉首。[3]於辰在未，得秦之分野。[4]考其舊俗，前史言之詳矣。化於姬德，[5]則閑田而興讓，習於嬴敝，[6]則相稽而反脣。斯豈土壤之殊乎？亦政教之移人也。京兆王都所在，俗具五方，人物混淆，華戎雜錯。去農從商，争朝夕之利，游手爲事，競錐刀之末。貴者崇侈靡，賤者薄仁義，豪强者縱横，貧窶者窘蹙。桴鼓屢驚，[7]盜賊不禁，此乃古今之所同焉。自京城至於外郡，得馮翊、扶風，是漢之三輔。其風大抵與京師不異。安定、北地、上郡、隴西、天水、金城，於古爲六郡之地，其人性猶質直。然尚儉約，習仁義，勤於稼穡，多畜牧，無復寇盜矣。雕陰、延安、弘化，連接山胡，性多木强，皆女淫而婦貞，蓋俗然也。平凉、朔方、鹽川、靈武、榆林、五原，地接邊荒，多尚武節，亦習俗然焉。河西諸郡，其風頗同，並有金方之氣矣。[8]

［1］天文：日月星辰等天體在宇宙間分布運行等現象。

［2］東井：星宿名。即井宿，二十八宿之一。因在玉井之東，故稱。　柳：星宿名。二十八宿之一。南方朱鳥七宿的第三宿。

［3］鶉首：星次名。指朱鳥七宿中的井宿和鬼宿。古以爲秦之分野，指秦地。

［4］分野：與星次相對應的地域。故以十二星的位置劃分地面上州、國的位置與之相對應。就天文説，稱作分星；就地面説，稱作分野。如前文提到的鶉首即指秦地。

［5］姬：此指周文王。

［6］嬴：此指秦始皇。

［7］枹鼓：指戰鼓、警鼓。用於報警告急。

［8］金方：即西方。

漢川郡[1]舊置梁州。統縣八，户一萬一千九百一十。

南鄭[2]舊置漢川郡。開皇初郡廢，大業初置郡。又西魏置白雲縣，至是併入焉。有黃牛山、龍岡山。西[3]舊曰嶓冢，大業初改焉。有關官。[4]有定軍山、百牢山、街亭山、嶓冢山。有漢水。[5]褒城[6]開皇初曰襃内。仁壽九年因失印更給，[7]改名焉。有關官。[8]有女郎山。城固[9]　興勢[10]舊置儻城郡，[11]開皇初郡廢。西鄉[12]舊曰豐寧，置洋州，及洋川郡。開皇初廢郡，大業初廢州，改縣曰西鄉。又舊有懷昌郡，後周廢爲懷昌縣，至是入焉。有洋水。黃金[13]　難江[14]後周置集州及平桑郡。開皇初郡廢，大業初州廢。

［1］漢川郡：治所在今陝西漢中市東。

［2］南鄭：縣名。漢舊縣，西魏廢帝三年改名光義，開皇初復爲南鄭。治所在今陝西漢中市東。

　　[3]西：縣名。後魏宣武帝分沔陽縣置嶓冢縣，大業二年改爲西縣。治所在今陝西勉縣西。

　　[4]關官：此指白馬關。

　　[5]漢水：河名。又稱漢江，長江最大的支流。上源玉帶河出陝西寧强縣，東流到勉縣東與褒河合流後稱漢水。

　　[6]褒城：縣名。本漢褒中縣，開皇元年避廟諱改爲褒内縣，仁壽元年改爲褒城縣。治所在今陝西漢中市西北打鐘寺。

　　[7]仁壽九年因失印更給：此仁壽九年當爲仁壽元年之誤。仁壽作爲隋文帝的年號祇使用了四年，所以不能出現仁壽九年。《元和郡縣圖志》記仁壽元年改爲褒城，故此應爲仁壽元年。

　　[8]關官：此指甘亭關。

　　[9]城固：縣名。漢舊縣，晋以前寫作“成固”，《宋書·州郡志》後始作“城固”。治所在今陝西城固縣東。

　　[10]興勢：縣名。後魏置。治所在今陝西洋縣東北。

　　[11]儻城郡：城，底本作“成”。中華本校勘記云：“‘城’原作‘成’，據《周書·楊撅傳》，《寰宇記》一三八改。”今從改。

　　[12]西鄉：縣名。《太平寰宇記》記西鄉沿革爲：“蜀先主分成固之地立南鄉縣，屬漢中郡。至晋太康二年改南鄉爲西鄉，即今縣南十五里平陽故城也。後魏置洋州及豐寧郡、豐寧縣。隋開皇三年罷郡。大業三年廢洋州，改豐寧縣爲西鄉縣。”改豐寧爲西鄉的時間與本書不同。治所在今陝西西鄉縣南。

　　[13]黄金：縣名。本漢安陽縣地，西魏分置黄金縣。治所在今陝西洋縣東。

　　[14]難江：縣名。後周天和五年置。治所在今四川南江縣。

西城郡[1]梁置梁州，尋改曰南梁州。西魏改置東梁州，尋改爲金州，置總管府。[2]開皇初府廢。統縣六，户一萬四千三百四十一。

金川[3]梁初曰上廉，後曰吉陽。西魏改曰吉安，後周以西城入焉。舊有金城、吉安二郡，開皇初並廢。十八年改縣爲吉安。[4]大業三年改曰金川，置西城郡。又後周置洵州，尋廢。有焦陵山。石泉[5]舊曰永樂，置晉昌郡。西魏改郡曰魏昌，尋改永樂曰石泉，析置魏寧縣。後周省魏昌郡入中城郡，又省魏寧縣入石泉縣。洵陽[6]舊置洵陽郡，開皇初郡廢。有洵水。安康[7]舊曰寧都，齊置安康郡，後魏置東梁州，後蕭詧改直州。開皇初郡廢，大業初州廢，縣改曰安康。黃土[8]西魏置淯陽郡。後周改郡，[9]置縣曰長岡。後郡省入甲郡，[10]置縣曰黃土，併赤石、甲、臨江三縣入焉。開皇初郡廢。豐利[11]梁置南上洛郡，西魏改郡曰豐利。後周省郡入上津郡，以熊川、陽川二縣入豐利，後又廢上津郡入甲郡。[12]有天心水。

[1]西城郡：治所在今陝西安康市西北。

[2]置總管府：此當爲“後周置總管府”。

[3]金川：縣名。舊名西城，開皇十八年改爲吉安，大業三年又改爲金川。治所在今陝西安康市。

[4]十八年改縣爲吉安：前文已言“西魏改吉安”，此又言十八年改爲吉安，當有誤。《讀史方輿紀要》云：“漢置縣，爲漢中郡治。東漢移郡治南鄭，建安中置西城郡於此。魏爲魏興郡治，晉以後因之。宇文周省西城縣，隋初復置，開皇十八年改爲吉安縣，大業三年又改爲金川縣，十二年廢。義寧二年復置西城縣，爲金州治。”此所云較爲合理（參見施和金《中國行政區劃通史·隋代卷》，第172頁）。

[5]石泉：縣名。治所在今陝西石泉縣南。

[6]洵陽：縣名。漢舊縣，後廢，晉太康中復置。治所在今陝西旬陽縣北。

[7]安康：縣名。漢置安陽縣，晉改爲安康縣，梁又改安康爲

寧都，大業初復爲安康。治所在今陝西石泉縣東南。

[8]黃土：縣名。治所在今陝西旬陽縣東北。

[9]後周改郡：當作"後周改黃土郡"。

[10]甲郡：楊守敬《隋書地理志考證》："'甲'上疑脱'上'字。下'併赤石、甲、臨江三縣入焉'及監利縣注'入甲郡'，並同。"

[11]豐利：縣名。治所在今陝西白河縣南。

[12]後周省郡入上津郡，以熊川、陽川二縣入豐利，後又廢上津郡入甲郡：關於上津郡的置廢《太平寰宇記》云："後魏廢帝三年爲上州，以晋時于此置洛津戍爲名，仍于州置上津郡及上津縣。隋開皇三年罷郡，以縣屬上州。"即上津郡廢於開皇三年，而非後周。王仲犖《北周地理志》云："按廢上津郡之説，與《寰宇記》牴牾，不可信。以地望準之，上津郡亦不可越甲郡而轄豐利，蓋豐利郡廢，豐利縣即改隸甲郡也。"（王仲犖：《北周地理志》，第405頁）根據以上內容可知，本書記載有誤，當是後周時廢豐利郡入上甲郡，而非廢豐利入上津後又廢上津入上甲。

房陵郡[1]西魏置光遷國。後周國廢，置遷州。大業初改名房州。統縣四，戶七千一百六。

光遷[2]舊曰房陵，置新城郡。梁末置岐州，後周郡縣並改爲光遷。又有舊綏州，開皇初，與郡並廢。大業初置房陵郡。有房山、霍水。永清[3]舊曰大洪，後周改焉。有照珠山、百武山、沮水、汎水。竹山[4]梁曰安城，西魏改焉，置羅州。開皇十八年改曰房州，大業初州廢。有花林山、懸鼓山。上庸[5]梁曰新豐，西魏改焉。後周改曰孔陽。開皇十八年復曰上庸。

[1]房陵郡：西魏置光遷國，後周保定三年（563）改爲遷州。大業初罷州置房陵郡。治所在今湖北房縣。

[2]光遷：縣名。後周武帝保定三年改房陵縣置。治所在今湖北房縣。

[3]永清：縣名。西魏置大洪縣，後周保定二年改爲永清。治所在今湖北保康縣。

[4]竹山：縣名。治所在今湖北竹山縣。

[5]上庸：縣名。治所在今湖北竹溪縣東南。本志言上庸縣在後周時名爲孔陽，但《周書》卷二八《陸騰傳》中記載陸騰“爵上庸縣公”，此説明後周時已有上庸縣。關於上庸縣的沿革，《元和郡縣圖志》云：“本漢上庸縣地。按漢上庸縣，今竹山縣理是也。蕭齊武帝分上庸縣地於此立新豐縣，屬上庸郡，後魏改爲孔陽縣，因界内孔陽水爲名。隋開皇三年罷孔陽縣，仍移上庸縣理於廢孔陽縣理。”《太平寰宇記》云：“隋開皇三年罷郡，廢孔陽縣，仍于今竹山縣移上庸縣于廢孔陽縣爲理。”根據以上記載不難看出上庸縣在西魏至隋並不存在廢改，本志所言皆爲孔陽縣之沿革。

清化郡[1]舊置巴州。統縣十四，户一萬六千五百三十九。

化成[2]梁曰梁廣，仍置歸化郡。後周改縣曰化成。開皇初郡廢。大業初置清化郡。曾口[3]梁置。清化[4]梁置，曰伏强，有木門郡。開皇三年郡廢，七年縣改曰清化。有伏强山、清水。盤道[5]梁置，曰難江。西魏改焉。有龍腹山。永穆[6]梁置，曰永康，又有萬榮郡。開皇初郡廢，十八年縣改名焉。歸仁[7]梁置，曰平州縣。後周改曰同昌，[8]開皇中改名焉。始寧[9]梁置，并置遂寧郡。開皇初郡廢。有始寧山。其章[10]梁置。恩陽[11]梁置，曰義陽。開皇末改。長池[12]後周置，曰曲細。開皇末改焉。符陽[13]舊置其章郡，開皇初廢。白石[14]有文山。安固[15]梁置。後周置蓬州，大業初州廢。有大蓬山。伏虞[16]梁置，曰宣漢，及置伏虞郡。開皇初郡廢，十八年改焉。

[1]清化郡：後魏延昌三年（514）置巴州，大業三年改巴州爲清化郡。治所在今四川巴中市。

[2]化成：縣名。梁普通六年（525）置梁廣，後周大象二年改化成。治所在今四川巴中市。

[3]曾口：縣名。梁普通六年置。治所在今四川巴中市東南曾口鎮。

[4]清化：縣名。梁普通六年置伏强縣，開皇七年改爲清化。治所在今四川旺蒼縣東南木門鎮。

[5]盤道：縣名。西魏恭帝三年（556）改難江爲盤道。治所在今四川南江縣南。

[6]永穆：縣名。治所在今四川達州市西北。

[7]歸仁：縣名。治所在今四川平昌縣。

[8]後周改曰同昌：《太平寰宇記》和《輿地紀勝》引《元和志》均不載後周改同昌之事，王仲犖《北周地理志》云："按今本《元和志》佚巴州，《輿地紀勝》所引《元和志》并《寰宇記》並不言有北周改平州爲同昌事。然平州語近平周，自是宇文所忌，以此改縣名，恐《隋志》北周改同昌之説有據也。"（王仲犖：《北周地理志》，第352頁）

[9]始寧：縣名。梁普通六年置。治所在今四川巴中市東南。

[10]其章：縣名。梁普通六年置。治所在今四川巴中市東奇章鄉。

[11]恩陽：縣名。梁普通六年置義陽，開皇十八年改恩陽。治所在今四川巴中市西南恩陽鎮。

[12]長池：縣名。治所在今四川南江縣西南長赤鄉。

[13]符陽：縣名。後魏置。治所在今四川通江縣北涪陽鎮。

[14]白石：縣名。西魏置。治所在今四川通江縣東北。

[15]安固：縣名。梁大同元年分宕渠縣置。治所在今四川營山

縣東北安固鄉。

[16]伏虞：縣名。梁大同中置宣漢縣，開皇十八年改爲伏虞。治所在今四川儀隴縣東。

通川郡[1]梁置萬州，西魏曰通州。[2]統縣七，户一萬二千六百二十四。

通川[3]梁曰石城，置東關郡。開皇初郡廢。[4]大業初置通川郡。三岡[5]梁置，屬新安郡。西魏改郡曰新寧。開皇初郡廢。石鼓[6]西魏置遷州。後周廢州，置臨清郡。開皇初廢郡。東鄉[7]西魏置石州。後周廢州，置三巴郡。開皇初郡廢。宣漢[8]西魏置并州及永昌郡。開皇三年郡廢，五年州廢。西流[9]後魏曰漢興。西魏改爲，[10]又置開州，及周安、萬安、江會三郡。後周省江會入周安。開皇初郡並廢，大業初州廢。萬世[11]後周置，及置萬世郡。開皇初郡廢。

[1]通川郡：縣名。梁大同二年置萬州，西魏廢帝二年改爲通州，大業三年罷州爲通川郡。治所在今四川達州市。

[2]西魏曰通州：州，底本作“川”。中華本校勘記云：“‘州’原作‘川’，據《寰宇記》一三七改。”今從改。

[3]通川：縣名。舊爲石城，開皇十八年改爲通川。治所在今四川達州市。

[4]開皇初郡廢：此處祇言通川梁爲石城，開皇初東關郡廢，而不言何時改石城爲通川，故楊守敬《隋書地理志考證》云：“此下當有‘十八年改縣爲通川’八字。”

[5]三岡：縣名。梁大同二年置。治所在今四川達州市西南。

[6]石鼓：縣名。治所在今四川宣漢縣西南。

[7]東鄉：縣名。治所在今四川宣漢縣東北普光鎮。

[8]宣漢：縣名。此縣自宋、齊、梁後多有分置遷徙。《太平寰宇記》云："本漢宕渠縣地，後漢分爲宣漢縣。後魏廢帝二年于今縣東一百五十里梁所置南晋郡西百步置并州，仍自州移理宣漢縣于南晋郡北二百里，今無遺址。按并州領南晋郡，郡領東關、宣漢二縣，理東關。周改南晋郡爲永昌郡，又省郡郭東關入宣漢縣。開皇三年罷郡，以縣屬并州，五年自州北二百里移宣漢縣理于東關故城是也。尋又廢并州，以縣屬通州。"即隋之宣漢實爲周之東關縣故治。治所在今四川宣漢縣東北。

[9]西流：縣名。治所在今四川宣漢縣東南壩鎮。

[10]西魏改焉：王仲犖《北周地理志》云："後魏地不至此，疑《隋志》有訛。"（王仲犖：《北周地理志》，第379頁）《太平寰宇記》云："後周天和元年又于漢豐縣理置周安郡，領西流一縣。"即改漢豐爲西流的時間應在後周。

[11]萬世：縣名。治所在今重慶開縣東北大進鎮。

宕渠郡[1]梁置渠州。統縣六，户一萬四千三十五。

　　流江[2]後魏置縣，[3]及置流江郡。開皇初郡廢，大業初置宕渠郡。賨城[4]舊曰始安，開皇十八年改焉。鄰水[5]梁置縣，并置鄰州。後魏改鄰山郡，開皇初郡廢。[6]宕渠[7]梁置，并置墊陽郡。[8]開皇初郡廢。咸安[9]梁置，曰綏安。開皇末改名焉。墊江[10]西魏置縣及容川、容山郡。[11]後周改爲魏安縣。開皇初郡廢，十八年縣改名焉。

[1]宕渠郡：梁大同三年置渠州，大業三年罷州爲宕渠郡。治所在今四川南充市東北。

[2]流江：縣名。治所在今四川渠縣。

[3]後魏置縣：《魏書·地形志》無流江郡、流江縣。《太平寰宇記》云："周明帝改爲流江郡，仍于郡理置流江縣。"《舊唐書·

地理志》亦云周置流江縣。

[4]賨城：縣名。梁普通三年置始安縣，開皇十八年改爲賨城縣。治所在今四川廣安市東北。賨城，底本作"賓"，楊守敬《隋書地理志考證》言此當作"賨城"，今據改。

[5]鄰水：縣名。梁大同三年置。治所在今四川鄰水縣北。

[6]開皇初郡廢：楊守敬《隋書地理志考證》云："《周書·李遷哲傳》'明帝初，蠻酋蒲微爲鄰州刺史，舉兵反'，則周尚有此州。當是大業初廢州，志脱此五字。"

[7]宕渠：縣名。梁太清元年（547）置。治所在今四川營山縣東。

[8]境陽郡：《通典》《太平寰宇記》均作景陽郡。

[9]咸安：縣名。梁大同年間於宕渠縣地置綏安，開皇十八年改咸安。治所在今四川營山縣東北。

[10]墊江：縣名。西魏分臨江地置墊江，後周天和二年（567）改爲魏安，開皇十八年復爲墊江。治所在今四川墊江縣。

[11]容川：王仲犖認爲此當爲"容州"（參見王仲犖《北周地理志》，第386頁）。

漢陽郡[1]後魏曰南秦州，西魏曰成州。統縣三，户一萬九百八十五。

　　上禄[2]舊置仇池郡，後魏置倉泉縣，後周廢階陵、豐川、建平、城階四縣入焉。開皇初郡廢，大業初置漢陽郡，改縣曰上禄。有百頃堆。潭水[3]西魏置潭水郡。後周郡廢，并廢甘若、相山、武定三縣入焉。長道[4]後魏置漢陽郡。後周郡廢，又省水南縣入焉。開皇初郡廢，十八年改曰長道。[5]

[1]漢陽郡：西魏廢帝三年改南秦州爲成州，大業三年罷州爲漢陽郡。治所在今甘肅禮縣西南。

　　[2]上禄：縣名。後魏太和四年置倉泉縣，大業三年改爲上禄。治所在今甘肅禮縣西南。

　　[3]潭水：縣名。西魏置。治所在今甘肅禮縣。

　　[4]長道：縣名。治所在今甘肅西和縣北長道鎮。

　　[5]後魏置漢陽郡。後周郡廢，又省水南縣入焉。開皇初郡廢，十八年改曰長道：此句前先言"後周郡廢"後又言"開皇初郡廢"，當有脱文。據楊守敬考訂，此句應爲："後魏置蘭倉縣，并置漢陽郡。西魏改縣曰漢陽。後周郡廢。又有後魏天水郡，西魏改爲長道郡，置長道縣，後周又省水南縣入焉。開皇初郡廢，十八年併漢陽入長道。"

臨洮郡[1]後周武帝逐吐谷渾，以置洮陽郡，尋立洮州。開皇初郡廢。統縣十一，户二萬八千九百七十一。

　　美相[2]後周置縣，及置洮陽郡。開皇初郡廢，併洮陽縣入焉。大業初置臨洮郡。疊川[3]後周置疊州、疊川縣。開皇四年置總管府，大業元年府廢。有洮水、流水。[4]合川[5]後周置，仍立西疆郡。開皇初郡廢。有白嶺山。樂川[6]後周置。歸政[7]開皇二年置，仍立疆澤郡，三年廢。又後周立弘州及開遠、河濱二郡。開皇初州郡並廢。洮源[8]後周置，曰金城，并立旭州，又置通義郡。開皇初郡廢，十八年縣改爲美俗。大業初州廢，縣改名焉。洮陽[9]後周置，曰廣恩，并置廣恩郡。開皇初郡廢，仁壽元年，改縣爲洮河，大業初改曰洮陽。臨潭[10]後周曰汎潭，開皇十一年改名焉。臨洮[11]西魏置，曰溢樂，并置岷州及同和郡。開皇初郡廢，大業初州廢，更名縣曰臨洮。又後周置祐川郡、基城縣，尋郡縣俱廢。有岷山、崆峒山。當夷[12]後周置。又立洪和郡，郡尋廢。又置博陵郡及博陵、寧人二縣。開皇初併入。和政[13]後周置洮城郡，尋廢。

[1]臨洮郡：治所在今甘肅臨潭縣。

[2]美相：縣名。後周保定元年置。治所在今甘肅臨潭縣。

[3]疊川：縣名。後周置。治所在今甘肅迭部縣東南。

[4]洮水：河名。黃河上游支流，在今甘肅西南部。源出甘、青兩省邊界西傾山東麓，東流到岷縣折向北，經臨洮縣到永靖縣附近入黃河。

[5]合川：縣名。後周武成二年置。治所在今甘肅迭部縣西北。

[6]樂川：縣名。治所在今甘肅迭部縣。

[7]歸政：縣名。治所在今甘肅卓尼縣西。

[8]洮源：縣名。治所在今甘肅碌曲縣東南。

[9]洮陽：縣名。治所在今甘肅臨潭縣。

[10]臨潭：縣名。治所在今甘肅臨潭縣。

[11]臨洮：縣名。秦舊縣，西魏改臨洮爲溢樂，大業初復爲臨洮。治所在今甘肅臨洮縣。

[12]當夷：縣名。後周武成元年置。治所在今甘肅臨潭縣東。

[13]和政：縣名。後周保定元年置同和縣，宣政元年（578）改同和置。治所在今甘肅岷縣東北。

宕昌郡[1]後周置宕昌國，天和元年置宕州總管府。開皇四年府廢。統縣三，户六千九百九十六。

良恭[2]後周置，初曰陽宕，置宕昌郡。開皇初郡廢，十八年改名焉。大業初置宕昌郡。和戎[3]後周置。有良恭山。懷道[4]後周置甘松郡，開皇初郡廢。

[1]宕昌郡：後周天和五年置，開皇三年罷郡。治所在今甘肅宕昌縣東南。

[2]良恭：縣名。舊名陽宕，開皇十八年改名。治所在今甘肅宕

昌縣東南南陽鎮。

　　[3]和戎：縣名。治所在今甘肅宕昌縣西。

　　[4]懷道：縣名。後周天和元年置。治所在今甘肅宕昌縣西南。

武都郡[1]西魏置武州。統縣七，户一萬七百八十。

　　將利[2]舊曰石門，西魏改曰安育。後周改曰將利，置武都郡，後改曰永都郡。開皇初郡廢，大業初置武都郡。又有東平縣，後周併入焉。有河池水。建威[3]後魏置白水郡，後廢，改爲白水縣。西魏復立郡，改爲綏戎。後周郡廢，改爲建威縣，并廢洪化縣入焉。又西魏有孔堤郡及縣，後周並廢。覆津[4]後魏初曰甑當，置武階郡。西魏又置覆津縣，及置萬郡，統赤萬，[5]接難、五部三縣。後周一郡三縣并甑當，並廢入焉。開皇初武階郡又廢。盤堤[6]西魏置，[7]曰南五部縣，後改名焉；并立武陽郡及茄蘆縣。後周郡廢，縣併入焉。長松[8]西魏置，初曰建昌，置文州及盧北郡。開皇初郡廢，十八年縣改曰長松，大業初州廢。曲水[9]西魏置。正西[10]西魏置。

　　[1]武都郡：漢郡，後廢。後魏又置，後因叛羌荒廢，周復置。治所在今甘肅隴南市武都區。

　　[2]將利：縣名。治所在今甘肅隴南市武都區。

　　[3]建威：縣名。治所在今甘肅隴南市武都區龍壩鄉。

　　[4]覆津：縣名。治所在今甘肅隴南市武都區東。

　　[5]赤萬：萬，底本作“方”。中華本校勘記：“‘萬’原作‘方’，‘方’當即‘萬’（万）字之訛，據《魏書·地形志》下改。”今從改。

　　[6]盤堤：縣名。後魏置南五部縣，西魏改爲盤堤。治所在今甘肅文縣東北臨江鄉。

[7]西魏置：《魏書·地形志》云：“南五部，太和四年置郡，後改縣。”楊守敬云：“則縣爲後魏置，西魏改爲盤堤。”

[8]長松：縣名。治所在今甘肅文縣西北石雞壩鄉。

[9]曲水：縣名。治所在今甘肅文縣西南。

[10]正西：縣名。治所在今甘肅文縣西南。

同昌郡^[1]西魏逐吐谷渾，置鄧州。開皇七年改曰扶州。^[2]統縣八，户一萬二千二百四十八。

尚安^[3]西魏置縣及鄧寧郡。開皇初郡廢，大業初置同昌郡。有黑水。鉗川^[4]西魏置。有鉗川山。有白水。帖夷^[5]西魏置，又置昌寧郡。開皇三年郡廢。同昌^[6]西魏置。有鄧至山，云鄧艾所至，故名焉。嘉誠^[7]後周置縣并龍涸郡及扶州總管府。開皇初府廢，三年郡廢，七年州廢。^[8]有雪山。封德^[9]後魏置，^[10]又立芳州，有深泉郡。開皇初郡廢，又省理定縣入焉。大業初州廢。常芬^[11]後周置，及立恒香郡。開皇初郡廢。有弱水。金崖^[12]後周置。

[1]同昌郡：治所在今四川九寨溝縣西北安樂鄉。

[2]開皇七年改曰扶州：楊守敬《隋書地理志考證》云：“按扶州本周置，在嘉誠縣，隋移徙耳。”即隋本有扶州，開皇七年廢鄧州，遷扶州至鄧州理。

[3]尚安：縣名。西魏恭帝三年置。治所在今四川九寨溝縣西北。

[4]鉗川：縣名。西魏廢帝二年置。治所在今四川九寨溝縣西。

[5]帖夷：縣名。西魏廢帝元年置。治所在今四川九寨溝縣東南白水江東岸。

[6]同昌：縣名。治所在今四川九寨溝縣西北安樂鄉。

［7］嘉誠：縣名。後周天和元年置。治所在今四川松潘縣。

［8］七年州廢：此指開皇七年廢鄧州，遷扶州至鄧州理。

［9］封德：縣名。後周置。治所在今甘肅迭部縣東南。

［10］後魏置：楊守敬《隋書地理志考證》云："'魏'字是'周'字之誤。後魏時，此地尚戎也。"

［11］常芬：縣名。治所在今甘肅迭部縣東南達拉鄉。

［12］金崖：縣名。治所在今四川松潘縣北。

河池郡^[1]後魏置南岐州，後周改曰鳳州。^[2]統縣四，戶一萬一千二百二。

梁泉^[3]舊曰故道，後魏置郡，曰固道，縣曰涼泉，尋改曰梁泉。西魏改郡曰歸真。後周廢郡，又廢龍安、商樂二縣入。大業初置郡。兩當^[4]後魏置，及立兩當郡。^[5]開皇初郡廢。河池^[6]後魏曰廣化，并置廣化郡。開皇初郡廢，仁壽初縣改名焉。又後魏置思安縣，大業初省入。有河池水。同谷^[7]舊曰白石，置廣業郡。西魏改曰同谷，後周置康州。開皇初郡廢，大業初州廢。又有泥陽縣，西魏廢。

［1］河池郡：治所在今陝西鳳縣東北鳳州鎮。

［2］後周改曰鳳州：《周書》卷二《文帝紀》言西魏廢帝三年正月改南岐州為鳳州。《元和郡縣圖志》《太平寰宇記》《舊唐書·地理志》並言西魏置。故此"後周"當為"西魏"。

［3］梁泉：縣名。漢縣，後廢。後魏太和元年置。治所在今陝西鳳縣東北鳳州鎮。

［4］兩當：縣名。治所在今甘肅兩當縣東楊家店。

［5］後魏置，及立兩當郡：楊守敬《隋書地理志考證》云："《地形志》無兩當郡。《水經注》'尚婆水歷兩當縣之尚婆城南，魏故道郡治也'，亦無兩當郡。然則縣為後魏置，郡為西魏置。"

〔6〕河池：縣名。後魏置廣化縣，仁壽元年改爲河池。治所在今甘肅徽縣西北銀杏樹鄉。

〔7〕同谷：縣名。後魏置白石縣，西魏恭帝改爲同谷縣。治所在今甘肅成縣。

順政郡[1]後魏置東益州，梁爲武興蕃王國，西魏改爲興州。統縣四，户四千二百六十一。

順政[2]舊曰略陽。西魏置郡，曰順政，縣曰漢曲；又置仇池縣，後改曰靈道。開皇初郡廢。十八年，縣改名焉。大業初置郡，又省靈道縣併入。鳴水[3]西魏置，曰落叢，并置落叢郡。開皇初郡廢。六年，縣改爲厨北。[4]八年，改曰鳴水。長舉[5]西魏置，又立盤頭郡。後周廢郡。有鳳溪水。修城[6]舊置修城郡，縣曰廣長。後周郡廢，又廢下阪縣入。仁壽初，縣改名焉。又西魏置柏樹縣，後周廢。

〔1〕順政郡：西魏廢帝二年改東益州爲興州，大業三年罷州爲順政郡。治所在今陝西略陽縣。

〔2〕順政：縣名。治所在今陝西略陽縣。

〔3〕鳴水：縣名。治所在今陝西略陽縣西北徐家坪鎮明水壩村。

〔4〕厨北：《讀史方輿紀要》作“厨谷”。

〔5〕長舉：縣名。《魏書·地形志》“長”作“萇”。治所在今陝西略陽縣西北白水江鎮。

〔6〕修城：縣名。治所在今甘肅成縣東南。

義城郡[1]後魏立益州，世號小益州。梁曰黎州。西魏復曰益州，又改曰利州，[2]置總管府。大業初府廢。統縣七，户一萬五千九百五十。

縣谷[3]舊曰興安，置晋壽郡。[4]開皇初郡廢。十八年，縣改名焉。大業初置郡。又有華陽郡，梁置華州。西魏並廢。有龍門山。益昌[5]　義城[6]西魏置。葭萌[7]後魏曰晋安，置新巴郡。開皇初郡廢。十八年，縣改名焉。大業初又併恩金縣入焉。岐坪[8]　景谷[9]舊曰白水，置平興郡。後周省東洛郡入。開皇初郡廢，縣改名平興。[10]十八年，改曰景谷。大業初又省魚盤縣入焉。有關官。[11]有木馬山、良珠山。有凍水。嘉川[12]舊置宋熙郡，開皇初廢。

[1]義城郡：治所在今四川廣元市。

[2]西魏復曰益州，又改曰利州：《元和郡縣圖志》云：“正始三年，改西益州爲利州。”《周書》卷二《文帝紀》記廢帝三年正月改西益州爲利州。

[3]縣谷：縣名。東晋太元十五年（390）分晋壽縣置興安縣，開皇十八年改縣谷。治所在今四川廣元市。

[4]晋壽郡：《太平寰宇記》云：“齊明帝永泰元年分晋壽郡之興安縣置東晋壽郡于烏奴城北一里，即今州是也。”按此記則“晋壽郡”應爲“東晋壽郡”。

[5]益昌：縣名。治所在今四川廣元市西南昭化鎮。

[6]義城：縣名。西魏恭帝二年分晋壽置義城。治所在今四川廣元市東南。

[7]葭萌：縣名。治所在今四川廣元市南。

[8]岐坪：縣名。《太平寰宇記》云：“宋武帝分晋壽置宋安縣。後魏廢帝三年改宋安爲岐坪縣。”《輿地紀勝》引《元和郡縣圖志》云：“宋立宋安縣，後魏改岐坪。”治所在今四川蒼溪縣東北岐坪鎮。

[9]景谷：縣名。治所在今四川青川縣東北沙州鎮。

[10]縣改名平興：王仲犖《北周地理志》云：“《隋志》謂開

皇初改白水爲平興，其實北周世，白水平興二縣並立，隋廢白水，移平興於白水縣治，後又改名景谷耳。"（王仲犖：《北周地理志》，第 316 頁）

[11]關官：此指石門關。

[12]嘉川：縣名。宋置興樂縣，西魏恭帝元年改嘉川縣。治所在今四川旺蒼縣西南嘉川鎮。

平武郡[1]西魏置龍州。統縣四，户五千四百二十。

江油[2]後魏置江油郡，開皇三年郡廢，大業初置郡。有關官。[3]馬盤[4]後魏置馬盤郡，開皇三年郡廢。平武[5]梁末，李文智自立爲藩王，西魏廢爲縣。有涪水、潺水。方維[6]舊曰秦興，置建陽郡。開皇初郡廢，縣改名焉。

[1]平武郡：治所在今四川平武縣東南南壩鎮。

[2]江油：縣名。西魏廢帝二年置。治所在今四川平武縣東南南壩鎮。

[3]關官：此指石門戍。

[4]馬盤：縣名。《元和郡縣圖志》云後魏置馬盤郡領馬盤一縣，然《魏書·地形志》無馬盤郡。楊守敬云："當是孝武、永熙間始置。"治所在今四川青川縣西南清溪鎮。

[5]平武：縣名。治所在今四川青川縣西南（一説在今平武縣東北）。

[6]方維：縣名。治所在今四川青川縣東北。

汶山郡[1]後周置汶州。開皇初改曰蜀州，尋爲會州，置總管府。大業初府廢。統縣十一，户二萬四千一百五十九。

汶山[2]舊曰廣陽。梁改爲北部都尉，置繩州、北部郡。後周改曰汶州。開皇初郡廢，仁壽元年改名焉。[3] **北川**[4] 後周置。有龍泉水、鷹門山、襄陽山。[5] **汶川**[6] 後周置汶山郡，[7] 開皇初郡廢。**交川**[8] 開皇初置。[9] 有關官。[10] **通化**[11] 開皇初置，曰金川，仁壽初改名焉。[12] **左封**[13] 後周置，曰廣年，[14] 及置廣年郡、左封郡。開皇初郡並廢。仁壽初縣改名焉。又周置翼州，大業初廢。有汶山。**平康**[15] 後周置。有羊腸山。**翼水**[16] 後周置，曰龍求，及置清江郡。開皇初郡廢，縣改曰清江。十八年，又改名焉。**翼針**[17] 後周置，及翼針郡。開皇初郡廢。有石鏡山。**江源**[18] 後周置。**通軌**[19] 後周置縣及覃州，并覃川、榮鄉二郡。開皇初郡廢，四年州廢。有甘松山。

[1]汶山郡：《太平寰宇記》記後周保定四年置汶州，開皇五年改蜀州，六年改會州（《元和郡縣圖志》言五年改會州，而不言改蜀州），大業三年罷州爲汶山郡。治所在今四川茂縣北。

[2]汶山：縣名。治所在今四川茂縣。

[3]仁壽元年改名焉：《舊唐書·地理志》《太平寰宇記》言後周置汶山縣。《元和郡縣圖志》言開皇十八改廣陽爲汶山。各書所記有異。

[4]北川：縣名。治所在今四川北川羌族自治縣西北開坪鄉。

[5]鷹門山：鷹，底本作“雁”。中華本校勘記云：“‘鷹’原作‘雁’。《寰宇記》七八：‘鷹門山在汶山縣北二十里。山多鷹栖，故名。’今據改。”今從改。

[6]汶川：縣名。治所在今四川汶川縣。

[7]汶山郡：各本均作“汝山郡”，惟汲本、仿汲本作“汶山郡”。《元和郡縣圖志》《太平寰宇記》《通典》諸書均爲“汶山郡”。則此應爲“汶山郡”無誤。

[8]交川：縣名。後周置。治所在今四川松潘縣東南。

[9]開皇初置:《元和郡縣圖志》云:"本周舊縣,天和中置,屬龍涸郡。"《太平寰宇記》云:"後周天和中於此置縣,以領羌夷,屬龍涸郡。"則此縣應爲後周置,而非開皇初置。

[10]關官:此指桃關。

[11]通化:縣名。治所在今四川理縣東北通化鄉。

[12]仁壽初改名焉:《元和郡縣圖志》《太平寰宇記》皆記開皇十八年改名。

[13]左封:縣名。治所在今四川黑水縣東南。

[14]廣年:《元和郡縣圖志》作"廣平",《舊唐書·地理志》作"廣平",宋本《輿地廣記》《讀史方輿紀要》作"年",未知孰是。

[15]平康:縣名。治所在今四川黑水縣東北。

[16]翼水:縣名。治所在今四川茂縣西北岷江東岸。

[17]翼針:縣名。治所在今四川茂縣西北疊溪鎮。

[18]江源:縣名。治所在今四川松潘縣南安宏鄉。

[19]通軌:縣名。治所在今四川黑水縣北。

普安郡[1]梁置南梁州,後改爲安州。[2]西魏改爲始州。統縣七,户三萬一千三百五十一。

普安[3]舊曰南安。[4]西魏改曰普安,置普安郡。開皇初郡廢,大業初置郡焉。永歸[5]舊曰白水,[6]西魏改焉。黄安[7]舊曰華陽,西魏改焉,[8]又置黄原郡。開皇初郡廢。陰平[9]宋置北陰平郡,魏置龍州。西魏改郡爲陰平,又名縣焉。[10]後周從江油郡,[11]改曰静龍,縣曰陰平。開皇初郡廢。梓潼[12]舊曰安壽,西魏置潼川郡。開皇初郡廢。大業初縣改名焉。有五婦山。武連[13]舊曰武功,置輔劍郡。[14]西魏改郡曰安都,縣曰武連。開皇初郡廢。臨津[15]舊曰胡原,開皇七年改焉。

［1］普安郡：西魏廢帝二年改南安郡置。治所在今四川劍閣縣。

［2］梁置南梁州，後改爲安州：《太平寰宇記》云："梁天監中於此立南梁，以在梁州之南故也。梁末改爲安州。"《元和郡縣圖志》云："後魏廢帝二年，先下安州，始通巴、蜀，故改安州爲始州。"《周書》卷二《文帝紀》又云："（廢帝三年春正月改）南梁爲隆州，安州爲始州。"據《太平寰宇記》南梁州已改爲安州，不應出現南梁又改隆州之事，此係《太平寰宇記》所記有誤。檢《輿地紀勝》："梁置南梁州，武陵王紀又分立安州。"可知，南梁州與安州自是兩處，梁天監中先置南梁州，武陵王紀又分南梁州置安州。西魏廢帝又改南梁爲隆州，改安州爲始州。

［3］普安：縣名。治所在今四川劍閣縣。

［4］舊曰南安：《元和郡縣圖志》《輿地紀勝》均記爲宋置南安縣，《嘉慶重修一統志》記爲齊置。按《宋書・州郡志》無南安縣，齊益州南安郡始有南安縣，則此縣當爲齊置。

［5］永歸：縣名。治所在今四川劍閣縣東南店子鄉。

［6］舊曰白水：楊守敬《隋書地理志考證》云："《元和志》《紀勝》俱云宋置白水縣。《一統志》：齊僑置。按《宋》《齊志》梁州晋壽郡之白水縣在昭化縣北，南齊益州南安郡之白水縣則在今劍州東，地雖近實不同也，當從《一統志》。"

［7］黄安：縣名。治所在今四川劍閣縣南王河鎮。

［8］舊曰華陽，西魏改爲：《元和郡縣圖志》及《太平寰宇記》均言宋置華陽，但《宋書・州郡志》南安郡下無華陽縣，楊守敬《隋書地理志考證》云："按《宋志》秦州南安郡無華陽縣，《齊志》益州南安郡有華陽縣，是華陽爲齊置。而《元和志》《寰宇記》言之鑿鑿，或因置在大明間，故《宋志》未詳與？上南安、白水二縣亦同此例。"

［9］陰平：縣名。治所在今四川江油市東北小溪壩鎮。

［10］西魏改郡爲陰平，又名縣焉：楊守敬《隋書地理志考證》云："此誤。按《宋》《齊志》北陰平郡所領俱有陰平縣，非至西魏

始以陰平名縣。觀下又有‘改縣曰陰平’之文，則知陰平先嘗改名。考《寰宇記》引《輿地志》‘西魏廢帝二年定蜀，改陰平爲龍安’，《輿地廣記》同；又考《周書·辛慶之傳》‘族子昂，與尉遲迥伐蜀，蜀平，迥表昂爲龍州刺史，領龍安郡事’；據此則志當云‘西魏改郡爲龍安，又名縣焉。’”

[11]後周從江油郡：楊守敬《隋書地理志考證》：“按‘周’爲‘州’之誤，‘從’爲‘徙’之誤。志於平武郡下云‘西魏置龍州’，可見魏末即徙龍州於江油。”

[12]梓潼：縣名。大業三年改安壽爲梓潼。治所在今四川梓潼縣。

[13]武連：縣名。治所在今四川劍閣縣西南武連鎮。

[14]輔劍郡：楊守敬《隋書地理志考證》認爲此輔劍郡無考，當爲扶風郡。

[15]臨津：縣名。治所在今四川劍閣縣東南香沉鎮。

金山郡[1]西魏置潼州。開皇五年，改曰緜州。統縣七，户三萬六千九百六十三。

巴西[2]舊曰涪，置巴西郡。西魏改縣曰巴西。[3]開皇初郡廢。大業初置金山郡。有鹽井。昌隆[4]有雲臺山。涪城[5]舊置始平郡，西魏改郡爲涪城，後周又改曰安城。開皇初郡廢，改縣曰安城。十六年，改爲涪城。魏城[6]西魏置。萬安[7]舊曰屍亭，西魏改名焉，[8]置萬安郡。開皇初郡廢。神泉[9]舊曰西充國，開皇六年改名焉。金山[10]舊置益昌、晉興二縣，西魏省晉興入益昌，後周別置金山。開皇四年，省益昌入金山。

[1]金山郡：東晉孝武帝分巴西、梓潼置金山郡，後廢。大業三年罷緜州復爲金山郡。治所在今四川綿陽市東涪江東岸。

［2］巴西：縣名。治所在今四川綿陽市東涪江東岸。

［3］西魏改縣曰巴西：《元和郡縣圖志》云："後魏改爲巴中縣，隋開皇元年避廟諱，改爲巴西縣。"《舊唐書·地理志》云隋改涪縣爲巴西縣。各書所記有異。

［4］昌隆：縣名。西魏改漢昌縣置。治所在今四川江油市南彰明鎮。

［5］涪城：縣名。治所在今四川三臺縣西北花園鎮。

［6］魏城：縣名。西魏割涪縣地置。治所在今四川綿陽市東南玉河鎮。

［7］萬安：縣名。治所在今四川德陽市東北羅江縣。

［8］舊曰孱亭，西魏改名焉：《太平寰宇記》云："晋于梓潼水尾萬安故城置萬安縣。晋末亂，移就潺亭。"《讀史方輿紀要》云："晋末置萬安縣，屬梓潼郡，宋、齊因之。梁末移治潺亭，改曰潺亭縣。西魏復曰萬安，置萬安郡。"

［9］神泉：縣名。晋孝武帝僑置西充國於此，開皇六年改爲神泉。治所在今四川安縣南塔水鎮。

［10］金山：縣名。治所在今四川安縣東北。

新城郡^[1]梁末置新州。開皇末改曰梓州。統縣五，户三萬七百二十七。

郪^[2]舊曰伍城。西魏改曰昌城，仍置昌城郡。開皇初郡廢。大業初置新城郡，改縣名焉。射洪^[3]西魏置，曰射江，後周改名焉。鹽亭^[4]西魏置鹽亭郡。開皇初郡廢，有高渠縣。大業初併入焉。通泉^[5]舊曰通泉，置西宕渠郡。西魏改郡、縣俱曰湧泉。開皇初郡廢，縣改名，又併光漢縣入焉。飛烏^[6]開皇中置。

［1］新城郡：梁武陵王蕭紀置新州，開皇十八年改梓州。治所

在今四川三臺縣。

　　[2]郪：縣名。治所在今四川三臺縣。

　　[3]射洪：縣名。西魏分郪縣置。治所在今四川射洪縣西北金華鎮。

　　[4]鹽亭：縣名。《元和郡縣圖志》云："本漢廣漢縣地，梁於此置北宕渠郡及縣，後魏恭帝改爲鹽亭縣，以近鹽井，因名。"《太平寰宇記》《輿地廣記》均言梁置鹽亭縣。治所在今四川鹽亭縣。

　　[5]通泉：縣名。治所在今四川射洪縣東南。

　　[6]飛烏：縣名。開皇十年置飛烏鎮，十三年改鎮爲縣。治所在今四川中江縣東南。

巴西郡[1]梁置南梁、北巴州，西魏置隆州。統縣十，戶四萬一千六十四。

　　閬内[2]梁置北巴郡，後魏平蜀，置盤龍郡，開皇初郡廢。大業初置巴西郡。有盤龍山、天柱山、靈山。南部[3]舊曰南充國，梁曰南部，[4]西魏置新安郡，後周郡廢。蒼溪[5]舊曰漢昌，開皇末改名焉。南充[6]舊曰安漢，置宕渠郡。[7]開皇初郡廢。十八年，縣改名焉。相如[8]梁置梓潼郡，後魏郡廢。西水[9]梁置掌天郡，西魏改曰金遷，開皇初郡廢。晋城[10]舊曰西充國，梁置木蘭郡。西魏廢郡，改縣名焉。有閬水。奉國[11]梁置白馬、義陽二郡，開皇初郡廢，并廢義陽縣入焉。儀隴[12]梁置，并置隆城郡。開皇初郡廢。大寅[13]梁置。

　　[1]巴西郡：西魏廢帝三年改南梁州爲隆州，大業初改州爲巴西郡。治所在今四川閬中市。

　　[2]閬内：縣名。原爲閬中縣，開皇中避廟諱改。治所在今四川閬中市。

[3]南部：縣名。治所在今四川南部縣。

[4]梁曰南部：《太平寰宇記》云："梁于此置南部郡。後周閔帝元年罷郡，立南部縣，屬盤龍郡，以地居閬中之南，故曰南部。"《輿地紀勝》引《元和郡縣圖志》《輿地廣記》並同，則本志有脫誤。

[5]蒼溪：縣名。開皇十八年改漢昌縣置。治所在今四川蒼溪縣。

[6]南充：縣名。治所在今四川南充市。

[7]舊曰安漢，置宕渠郡：楊守敬《隋書地理志考證》云："《寰宇記》：南充本漢安漢縣地，屬巴郡，宋於安漢城置南宕渠郡，隋開皇十八年改安漢爲南充。按漢、晋之安漢在此是也，而《宋》《齊志》之安漢則不在此。一北巴西之安漢，在今保寧府境；一巴西郡之安漢，在今縣州境；皆非此地，唯《宋》《齊志》南宕渠郡之漢安，其故城在今南充，蓋已改安漢爲漢安也。志例載其近者，當云'舊曰漢安，置南宕渠郡'，方合。"

[8]相如：縣名。治所在今四川蓬安縣西。《太平寰宇記》云："梁天監六年置相如縣，兼立梓潼郡于此。至後周郡廢而縣存，即漢司馬相如所居之地，因以名縣。"《舊唐書·地理志》云："周省郡，立相如縣。"《輿地廣記》記西魏廢梓潼郡，置相如縣。《輿地紀勝》引《元和郡縣圖志》以周閔帝省縣，其後蓬州營山縣下又記周武帝置相如縣，屬果州。楊守敬疑縣置於梁，周閔帝省，武帝復置。

[9]西水：縣名。周閔帝元年（557）置。治所在今四川南部縣西北。

[10]晋城：縣名。治所在今四川南部縣西北。

[11]奉國：縣名。西魏恭帝二年置。治所在今四川閬中市東北。

[12]儀隴：縣名。梁天監元年（502）置。治所在今四川儀隴縣。

　　[13]大寅：縣名。梁天監元年置。治所在今四川儀隴縣東。

遂寧郡[1]後周置遂州。仁壽二年，置總管府。[2]大業初府廢。統縣三，戶一萬二千六百二十二。

　　方義[3]梁曰小溪，[4]置東遂寧郡。西魏改縣名焉。後周改郡曰石山。開皇初郡廢。大業初置遂寧郡。青石[5]舊曰晉興，西魏改名焉，又置懷化郡。開皇初郡廢。[6]長江[7]舊曰巴興，西魏改名焉，又置懷化郡。開皇初郡廢。

　　[1]遂寧郡：後周閔帝元年置遂州，大業初置遂寧郡。治所在今四川遂寧市。

　　[2]仁壽二年，置總管府：本書卷二《高祖紀下》云：“（仁壽元年十一月）以資州刺史衛玄爲遂州總管。”故遂州總管府似爲仁壽元年置。

　　[3]方義：縣名。西魏恭帝改小溪縣置。治所在今四川遂寧市。

　　[4]梁曰小溪：《元和郡縣圖志》云：“本晉小溪縣也，穆帝永和十一年置，屬遂寧郡。”然《晉書·地理志》《宋書·州郡志》均不載小溪縣，楊守敬《隋書地理志考證》云：“按《宋志》遂寧郡領巴興、廣漢、晉興、德陽四縣，《齊志》東遂寧郡亦領縣四，三縣之名同，惟廣漢更名曰小漢，意者即小溪之誤。”

　　[5]青石：縣名。晉、宋名晉興，後魏改爲始興，開皇十八年改青石。治所在今重慶潼南縣西北玉溪鎮。

　　[6]舊曰晉興，西魏改名焉：《通典》《輿地廣記》《元和郡縣圖志》均言西魏改始興，隋改爲青石。則此句當爲“西魏改始興，開皇十八年改名焉”。

　　[7]長江：縣名。西魏恭帝改巴興縣置。治所在今四川蓬溪縣西南回馬鎮。

涪陵郡[1]西魏置合州。開皇末改曰涪州。[2]統縣三，户九千九百二十一。

　　石鏡[3]舊曰墊江，置宕渠郡。西魏改郡爲墊江，縣爲石鏡。開皇初郡廢。大業初置涪陵郡。漢初[4]梁置新興郡。西魏改郡曰清居，名縣曰漢初。[5]開皇初郡廢。赤水[6]開皇八年置。

　　[1]涪陵郡：治所在今重慶合川市。

　　[2]開皇末改曰涪州：《太平寰宇記》及《輿地紀勝》引本志均記開皇初改爲涪州，則此“開皇末”應爲“開皇初”之誤。

　　[3]石鏡：縣名。西魏恭帝三年改墊江爲石鏡。治所在今重慶合川市。

　　[4]漢初：縣名。治所在今四川南充市青居鎮。

　　[5]西魏改郡曰清居，名縣曰漢初：《南齊書·州郡志》東宕渠郡下有漢初縣。《太平寰宇記》云：“後魏至恭帝三年于今縣西北六十里置清居郡及立清居縣，以地勢爽塏，故曰清居以稱邑。隋初郡廢，改縣爲漢初縣。”各書所記有異。

　　[6]赤水：縣名。開皇八年分石鏡縣置。治所在今重慶合川市西北。

巴郡[1]梁置楚州。開皇初改曰渝州。統縣三，户一萬四千四百二十三。

　　巴[2]舊置巴郡，後周廢枳、墊江二縣入焉。開皇初郡廢。大業初置巴郡。江津[3]舊曰江州縣。西魏改爲江陽，[4]置七門郡。開皇初郡廢。十八年，縣改名焉。涪陵[5]舊曰漢平，置涪陵郡。開皇初郡廢。十三年，縣改名焉。[6]

　　[1]巴郡：梁武陵王蕭紀於巴郡置楚州，開皇元年改爲渝州，

大業三年罷州爲巴郡。治所在今重慶市江北區。

[2]巴：縣名。本漢江州縣，南齊改墊江縣，後周改爲巴縣。治所在今重慶市。

[3]江津：縣名。治所在今重慶江津市東北。

[4]西魏改爲江陽：《元和郡縣圖志》《太平寰宇記》記周改爲江陽，與本志所記有異。

[5]涪陵：縣名。治所在今重慶涪陵區。

[6]十三年，縣改名焉：《太平寰宇記》記開皇三年改爲涪陵，《輿地廣記》記開皇十八年改。

巴東郡[1]梁置信州，後周置總管府，大業元年府廢。統縣十四，户二萬一千三百七十。

人復[2]舊置巴東郡，縣曰魚復。西魏改曰人復。開皇初郡廢。大業初，置巴東郡。有鹽井、白鹽山。雲安[3]舊曰朐䏰，後周改焉。南浦[4]後周置安鄉郡，後改縣曰安鄉，改郡曰萬川。開皇初郡廢。十八年，縣改名焉。梁山[5]西魏置。[6]有高梁山。有紵溪。大昌[7]後周置永昌郡，尋廢，又廢北井縣入焉。巫山[8]舊置建平郡，開皇初郡廢。有巫山。秭歸[9]後周曰長寧，置秭歸郡。開皇初郡廢，改縣曰秭歸。巴東[10]舊曰歸鄉，梁置信陵郡。後周郡廢，縣改曰樂鄉。開皇末，又改名焉。有巫峽。[11]新浦[12]後周置周安郡，開皇初郡廢。盛山[13]梁曰漢豐，西魏改爲永寧，開皇末，曰盛山。[14]臨江[15]梁置臨江郡，後周置臨州。開皇初郡廢，大業初州廢。有平都山。有彭溪。武寧[16]後周置南州、南都郡、源陽縣，後改郡曰懷德，縣曰武寧。開皇初州郡並廢入焉。石城[17]開皇初置庸州，大業初州廢。務川[18]開皇末置。

[1]巴東郡：梁置信州，大業三年罷州爲巴東郡。治所在今重慶奉節縣。

[2]人復：縣名。治所在今重慶奉節縣白帝城。西魏起名爲"民復"，唐初避太宗諱改。《大隋開府儀同三司龍山公墓誌》云："公諱質，青州樂安人也，司徒公倉之苗裔，隨宦巴庸，即此民復人。"（《全隋文補遺》，三秦出版社2004年版，第177頁）

[3]雲安：縣名。周武帝改朐䏰爲雲安。治所在今重慶雲陽縣。

[4]南浦：縣名。《元和郡縣圖志》《太平寰宇記》俱言西魏分朐䏰置魚泉，後周改爲萬川，隋改爲南浦。與本志有異。治所在今重慶萬州區。

[5]梁山：縣名。治所在今重慶梁平縣西。

[6]西魏置：《輿地紀勝》引《元和郡縣圖志》及《太平寰宇記》均言後周武帝置。

[7]大昌：縣名。原爲泰昌，後周避文帝諱改爲大昌。治所在今重慶巫山縣西北大昌鎮。

[8]巫山：縣名。漢巫縣，隋改爲巫山縣。治所在今重慶巫山縣。

[9]秭歸：縣名。漢縣，後周改秭歸爲長寧，隋復改爲秭歸。治所在今湖北秭歸縣西北歸州鎮。

[10]巴東：縣名。開皇十八年改樂鄉縣置。治所在今湖北巴東縣西北舊縣坪。

[11]巫峽：長江三峽之一，在今重慶巫山縣東。

[12]新浦：縣名。宋武帝永初中分漢豐置。治所在今重慶開縣西南南門鎮。

[13]盛山：縣名。治所在今重慶開縣南。

[14]梁曰漢豐，西魏改爲永寧，開皇末，曰盛山：《太平寰宇記》云："蜀先主建安二十一年於今縣南二里置漢豐縣，以漢土豐盛爲名。至後周武帝改漢豐爲永寧縣。隋開皇中改永寧爲盛山縣。"

[15]臨江：縣名。漢縣。楊守敬《隋書地理志考證》云："按

《前漢志》即有臨江縣，爲巴郡治，非後漢末始立也。晋、宋不改，齊始廢。"

［16］武寧：縣名。後周武帝初分臨江地置源陽縣，建德四年改爲武寧。治所在今重慶萬州區武陵鎮。

［17］石城：縣名。開皇五年置，大業二年廢。治所在今重慶黔江區東。

［18］務川：縣名。開皇十九年置。治所在今貴州沿河土家族自治縣東北。

蜀郡[1] 舊置益州。開皇初廢後周置總管府。[2] 開皇二年，置西南道行臺省，三年，復置總管府，大業元年府廢。統縣十三，户十萬五千五百八十六。

成都[3] 舊置蜀郡，又有新都縣。梁置始康郡，西魏廢始康郡。開皇初廢蜀郡，并廢新繁入焉。十八年，改新都曰興樂。大業初置蜀郡，省興樂入焉。舊置懷寧、晋熙、宋興、宋寧四郡，至後周並廢。有武檐山。雙流[4] 舊曰廣都，置寧蜀郡，後周郡廢。仁壽元年改縣曰雙流。有女伎山。新津[5] 後周置，并置犍爲郡。[6] 開皇初郡廢。大業初又廢僰道縣入焉。晋原[7] 舊曰江原，及置江原郡。後周廢郡，縣改名焉。清城[8] 舊置齊基郡，後周廢爲清城縣。有鳴鵠山、清城山。九隴[9] 舊曰晋壽，梁置東益州。後周州廢，置九隴郡，并改縣曰九隴。[10] 仁壽初置濛州。開皇初郡廢，并隴泉、興固、青陽三縣入焉。大業初州廢。有太山、道場山。綿竹[11] 舊置晋熙郡及長楊、南武都二縣。後周併二縣爲晋熙，後又廢晋熙入陽泉。開皇初郡廢，十八年改爲孝水，大業二年改曰綿竹。有冶官。有綿水。有鹿堂山。郫[12] 西魏分置溫江縣，開皇初省入。仁壽初復置萬春縣，[13] 大業初又廢入焉。有金山、平樂山、天彭門。玄武[14] 舊曰伍城，後周置玄武郡。開皇初郡廢，改縣名焉。仁壽初置凱州，大業初廢。有三堆山、郪江。雒[15]舊曰廣漢,[16]又置廣漢郡。開皇初郡廢。十八年，改曰緜竹。大業初改名雒焉。又有西遂寧郡、南陰平郡。後周廢西遂寧，改爲懷中，南陰平郡曰南陰平縣，尋並廢。陽安[17]舊曰牛鞞，西魏改名焉，并置武康郡。開皇初郡廢。仁壽初置簡州,[18]大業初州廢。有鹽井。平泉[19]西魏置，曰婆閏。開皇十八年，改名焉。金泉[20]西魏置縣及金泉郡。後周廢郡，并廢白牟縣入焉。有昌利山、銅官山、石城山。

[1]蜀郡：漢武帝分雍州之南置益州，大業三年罷州爲蜀郡。治所在今四川成都市。

[2]舊置益州。開皇初廢後周置總管府：此句中華本標點爲："舊置益州，開皇初廢。後周置總管府。"因開皇中無廢益州之事，祇有廢總管府之事，故"開皇初廢"不應與"舊置益州"點爲一句。按照本志體例，此句改爲"舊置益州。後周置總管府，開皇初廢"。更爲妥當。（參見施和金《〈隋書地理志〉考辯釋例》,《華中師院學報》1982 年第 1 期）

[3]成都：縣名。漢舊縣。治所在今四川成都市。

[4]雙流：縣名。舊名廣都，仁壽元年避隋煬帝諱改。治所在今四川雙流縣。

[5]新津：縣名。周閔帝元年置。治所在今四川新津縣。

[6]後周置，并置犍爲郡：《太平寰宇記》記爲西魏置。《元和郡縣圖志》記爲後魏置。

[7]晉原：縣名。漢縣。李雄改漢原，晉爲晉原，周立多融，後改爲晉原。治所在今四川崇州市西北懷遠鎮。

[8]清城：縣名。《輿地廣記》云："開元十八年去水，始作青城也。"王仲犖《北周地理志》云：青城均應作清城。治所在今四川都江堰市東南。

　　[9]九隴：縣名。治所在今四川彭州市西北九隴鎮。

　　[10]後周州廢，置九隴郡，并改縣曰九隴：《元和郡縣圖志》云：“隋開皇三年罷郡爲九隴縣。”

　　[11]縣竹：縣名。治所在今四川綿竹市。

　　[12]郫：縣名。秦縣，歷代不改。治所在今四川郫縣西北。

　　[13]仁壽初復置萬春縣：仁壽三年於郫東境置萬春縣。

　　[14]玄武：縣名。開皇三年改伍城縣置。治所在今四川中江縣東南。

　　[15]雒：縣名。漢縣。治所在今四川廣漢市北雒城鎮。

　　[16]舊曰廣漢：此處記載有誤。楊守敬《隋書地理志考證》云：“按漢之廣漢縣在今潼川府遂寧縣東北，晉、宋不改，去今漢州治甚遠。宋、齊寧蜀郡之廣漢則在今成都縣地，而隋之雒縣即漢、晉、宋、齊以來之雒縣，志誤。”

　　[17]陽安：縣名。西魏恭帝二年改牛鞞置。治所在今四川簡陽市西北絳溪河北岸。

　　[18]仁壽初置簡州：《元和郡縣圖志》云：“隋仁壽三年以此一方地土曠還，時多寇盜，須以郡府理之，乃分益州之陽安、平泉二縣，資州之資陽一縣，於此置簡州，取界內賴簡池爲名。”大業二年省。

　　[19]平泉：縣名。西魏恭帝二年置婆閏，開皇十八年改爲平泉。治所在今四川簡陽市西南草池鎮。

　　[20]金泉：縣名。原作“金淵”，唐人避諱所追改。治所在今四川金堂縣東南。

臨邛郡[1]舊置雅州。[2]統縣九，户二萬三千三百四十八。

　　嚴道[3]西魏置，曰始陽縣，置蒙山郡。開皇初郡廢。十三年，改曰蒙山，尋置雅州。[4]大業置臨邛郡，縣改名焉。有邛來山。名山[5]舊曰蒙山。開皇十三年，改始陽曰蒙山，改蒙山曰名山。盧山^[6]仁壽末置。依政^[7]西魏置，及置邛州，大業初廢。臨邛^[8]舊置臨邛郡，開皇初廢。有火井。蒲江^[9]西魏置，曰廣定，及置蒲原郡。開皇初郡廢。仁壽初縣改名焉。臨溪^[10]西魏置。沈黎^[11]後周置黎州，尋并縣廢。^[12]開皇中置縣。仁壽末置登州，大業初州廢。漢源^[13]大業初置。

[1]臨邛郡：仁壽四年置雅州，大業三年罷州爲臨邛郡。治所在今四川雅安市西。

[2]舊置雅州：楊守敬《隋書地理志考證》云："按志例凡梁以前舊州郡以'舊置'二字括之，義最善也。其置於梁、周者，即不當以'舊置'書置。雅州置於隋，直當書'仁壽四年置雅州'，乃合。《元和志》：仁壽四年置，因州境雅安山爲名。《舊唐志》亦云仁壽四年置。《紀勝》云：考大中祥符時張旦《遷州治記》云'自隋仁壽間卜雅安山以爲公字'，則置雅州在仁壽審矣。"

[3]嚴道：縣名。治所在今四川滎經縣嚴道鎮。

[4]尋置雅州：楊守敬《隋書地理志考證》云："志例郡下載州名，則縣下不複載，此四字衍文。且雅州實置於仁壽四年，此亦未晰。"

[5]名山：縣名。治所在今四川名山縣。

[6]盧山：縣名。仁壽元年置盧山鎮，三年置縣。治所在今四川盧山縣。

[7]依政：縣名。治所在今四川邛崍市東南牟禮鎮。

[8]臨邛：縣名。後魏平蜀後置。治所在今四川邛崍市。

[9]蒲江：縣名。底本、中華本作"蒲江"。《元和郡縣圖志》《太平寰宇記》均作"蒲江"，而此縣以蒲江水爲名，故當爲"蒲江"（參見施和金《中國行政區劃通史·隋代卷》，第229頁）。治所在今四川浦江縣北。

[10]臨溪：縣名。底本、中華本作"蒲溪"。《元和郡縣圖志》

云：“本秦臨邛縣地，後魏恭帝於此置臨溪縣屬蒲源郡，隋開皇三年罷郡，縣屬邛州，後因之。”《太平寰宇記》云：“本漢臨邛縣地，後魏恭帝二年分臨邛縣置臨溪縣。”《舊唐書·地理志》亦云：“臨溪，後魏分臨邛縣置也。”諸書均作“臨溪”，故楊守敬云：“據諸書，則‘蒲’爲‘臨’誤無疑。”治所在今四川浦江縣北西來鎮。

[11]沈黎：縣名。後周天和三年置。治所在今四川漢源縣東北。

[12]後周置黎州，尋并縣廢：楊守敬《隋書地理志考證》云：“按志例似謂周置黎州，故云‘尋并縣廢’，然此皆過求簡略之失。當云：‘後周置縣，并置黎州，尋并廢。’”《太平寰宇記》云：“開皇三年置沈黎鎮，十三年改爲縣。”此即此縣開皇三年廢爲沈黎鎮，十三年又改爲縣（參見施和金《中國行政區劃通史·隋代卷》，第229頁）。

[13]漢源：縣名。仁壽二年平夷獠置漢源鎮，四年罷鎮置縣。治所在今四川漢源縣北九襄鎮。

眉山郡[1]西魏曰眉州。後周曰青州，後又曰嘉州。大業二年又改曰眉州。[2]統縣八，户二萬三千七百九十九。

龍游[3]後周置，曰峨眉，[4]及置平羌郡。開皇初郡廢。九年改縣爲青衣。平陳日，龍見水，隨軍而進，十年改名焉。大業初置眉山郡。平羌[5]後周置，仍置平羌郡。開皇初郡廢。夾江[6]開皇三年置。[7]峨眉[8]開皇十三年置。[9]有峨眉山、綏山。通義[10]舊置齊通郡及青州。西魏改州曰眉州。開皇初郡廢，改齊通曰廣通。仁壽元年改爲通義。大業初州廢。青神[11]後周置，[12]并置青神郡。開皇初郡廢。丹稜[13]後周置，曰齊樂。開皇中改名焉。[14]洪雅[15]開皇十三年置。

［1］眉山郡：治所在今四川樂山市。

［2］"西魏曰眉州"至"又改曰眉州"：《周書》卷二《文帝紀》記西魏廢帝三年改青州爲眉州。本志下文通義縣下亦云"西魏改州爲眉州"。《輿地紀勝》引《嘉定志·安都王廟碑》記周保定二年初置青州。《元和郡縣圖志》云："梁武陵王蕭紀開通外徼，立青州，遙取漢青衣縣以爲名也。周宣帝二年，改爲嘉州。按州境近漢之漢嘉舊縣，因名焉。隋大業二年，併嘉州入眉州，八年（當爲三年）改爲眉山郡。"有上述記載可知眉州本治通義，由梁之青州改名而來，後周之青州爲保定二年置，後改爲嘉州，此嘉州治龍游。楊守敬《隋書地理志考證》云："隋大業併嘉州入眉州，因移眉州於嘉州城。旋廢州爲眉山郡，仍治龍游。"

［3］龍游：縣名。治所在今四川樂山市。

［4］後周置，曰峨眉：《元和郡縣圖志》云："周武帝保定元年於此立平羌縣，隋開皇三年改爲峨眉縣。九年，又於峨眉山下別置峨眉縣，改州理平羌縣爲青衣縣，取青衣水爲名也。十三年（當爲十年）改名龍游。"《太平寰宇記》亦同。楊守敬云："周之平羌隋改峨眉，志作'後周置峨眉'誤。"

［5］平羌：縣名。前文注釋中已提到，後周置平羌縣開皇初已改爲峨眉縣，則此縣當爲改峨眉縣後別置。《元和郡縣圖志》云："周武帝置平羌縣，因境內平羌水爲名。隋開皇四年（前文爲開皇三年），改州理平羌縣爲峨眉縣，仍於今縣東六十里別立平羌縣。大業十一年，夷獠侵没，移於今理。"治所在今四川樂山市。

［6］夾江：縣名。治所在今四川夾江縣西北。

［7］開皇三年置：《元和郡縣圖志》云："隋開皇十三年，割平羌、龍游二縣地，於夾江廢戍置夾江縣，屬嘉州。"開皇十年始改青衣爲龍游，故夾江應置於開皇十一年，本志脱"十"字。

［8］峨眉：縣名。治所在今四川樂山市西。

［9］開皇十三年置：《元和郡縣圖志》云："（開皇）九年，又於峨眉山下別置峨眉縣。"《太平寰宇記》云："隋開皇九年立峨眉

縣，以山爲名。”楊守敬《隋書地理志考證》云：“按開皇九年改州理峨眉爲青衣，即別置峨眉於此，情事甚合，志作‘十三年’，亦誤。”

　　[10]通義：縣名。治所在今四川眉山市。

　　[11]青神：縣名。治所在今四川青神縣南瑞峰鎮。

　　[12]後周置：《元和郡縣圖志》云：“西魏恭帝遥於此置青衣縣，屬眉州之青城郡（當爲青神郡）。隋開皇三年罷郡，徙縣居郡理，屬眉州。”《太平寰宇記》云：“西魏分置青神縣。”《舊唐書·地理志》亦云西魏置。楊守敬《隋書地理志考證》云：“則本是西魏置青衣，或後周改青衣爲青神。”

　　[13]丹稜：縣名。治所在今四川丹稜縣。

　　[14]後周置，曰齊樂。開皇中改名焉：《元和郡縣圖志》云：“周明帝置齊樂縣，武帝改爲洪雅縣。隋開皇十二年（當爲十三年），因縣南有洪雅鎮，就立洪雅縣，仍改今理爲丹稜縣，屬眉州。”《舊唐書·地理志》亦云“後周改爲洪雅縣”，則周時有洪雅縣，本志脱後周改齊樂爲洪雅。

　　[15]洪雅：縣名。開皇十三年洪雅縣改爲丹稜縣，又於此別置洪雅縣。治所在今四川洪雅縣。

隆山郡[1]西魏置陵州。統縣五，户一萬一千四十二。

　　仁壽[2]梁置懷仁郡，[3]西魏改縣曰普寧。開皇初郡廢，十八年縣改名焉。又西魏置蒲亭。[4]大業初置隆山郡，蒲亭併入焉。有鹽井。貴平[5]西魏置，又立和仁郡。後周又廢可曇、平井二縣入焉。開皇初郡廢。大業初，又廢籍縣入焉。[6]井研[7]　始建[8]開皇十一年置。有鐵山。隆山[9]舊曰犍爲，置江州。西魏改縣曰隆山。後周省州，置隆山郡。開皇初郡廢，又併江陽縣入焉。有冶官。有鼎鼻山。

[1]隆山郡：周閔帝元年置陵州，大業三年罷州爲隆山郡。治所在今四川仁壽縣東。

[2]仁壽：縣名。西魏改懷仁縣爲普寧縣，開皇十八年改爲仁壽。治所在今四川仁壽縣東。

[3]梁置懷仁郡：楊守敬《隋書地理志考證》云："按梁並置懷仁縣，據《李衍傳》則先本有懷仁縣，可知此亦因縣與郡同名，故志不重書也。"

[4]蒲亭：底本作"蒲縣"。中華本校勘記云："原作'蒲縣'，據《舊唐書・地理志》四、《寰宇記》八五改。"今從改。

[5]貴平：縣名。治所在今四川簡陽市西南鎮金鎮。

[6]籍縣：籍，底本作"藉"。中華本校勘記云："'籍'原作'藉'。《元和志》三三：'本漢武陽縣地。周閔帝於此置籍縣，因蜀先主籍田地爲名。'大業二年省。今據改。"今從改。

[7]井研：縣名。大業中升井研鎮置。治所在今四川井研縣南。

[8]始建：縣名。治所在今四川仁壽縣東南。

[9]隆山：縣名。治所在今四川彭山縣。

資陽郡[1]西魏置資州。統縣九，户二萬五千七百二十二。

盤石[2]後周置縣及資中郡，開皇初郡廢。大業初置資陽郡。內江[3]後周置。威遠[4]開皇初置。[5]大牢[6]開皇十三年置。安岳[7]後周置，并置普州。大業初州廢。普慈[8]後周置郡曰普慈，縣曰多業。開皇初郡廢。十三年，縣改名焉。安居[9]後周置，曰柔剛，及置安居郡。開皇初郡廢。十三年，縣改名焉。隆康[10]後周置，曰永康。開皇十八年改焉。資陽[11]後周置。

[1]資陽郡：西魏廢帝二年置資州，大業三年罷州爲資陽郡。治所在今四川資中縣北。

［2］盤石：縣名。漢資中縣，後周於資中故城置盤石縣。治所在今四川資中縣北。

［3］内江：縣名。後周置中江縣，隋文帝時避廟諱改爲内江。治所在今四川内江市西。

［4］威遠：縣名。治所在今四川威遠縣。

［5］開皇初置：《元和郡縣圖志》言開皇三年置威遠戍，十一年改戍爲縣。《太平寰宇記》言開皇二年於威遠舊戍置威遠縣，各書所記不一。

［6］大牢：縣名。開皇十年置大牢鎮，十三年改鎮爲縣。治所在今四川榮縣西。

［7］安岳：縣名。後周建德四年置。治所在今四川安岳縣北。

［8］普慈：縣名。後周建德四年置，開皇十三年改爲普慈縣。治所在今四川樂至縣北。

［9］安居：縣名。後周建德四年置，開皇十三年改爲安居縣。治所在今四川遂寧市安居區。

［10］隆康：縣名。後周建德四年置，開皇十八年改爲隆康縣。治所在今四川安岳縣南。

［11］資陽：縣名。後周分資中縣置。治所在今四川資陽市。

瀘川郡[1]梁置瀘州。仁壽中置總管府，[2]大業初府廢。統縣五，户一千八百二。

瀘川[3]舊曰江陽，并置江陽郡。[4]開皇初郡廢。大業初置瀘川郡，縣改名焉。富世[5]後周置，及置洛源郡。開皇初郡廢。江安[6]舊曰漢安，開皇十八年改名焉。合江[7]後周置。綿水[8]梁置。有綿溪。

［1］瀘川郡：梁大同中置瀘州，大業三年改爲瀘川郡。治所在今四川瀘州市。

[2]仁壽中置總管府：本書卷五五《張威傳》"（周末）及謙平，進位上柱國，拜瀘州總管。"則置總管府不應在仁壽中。

[3]瀘川：縣名。治所在今四川瀘州市。

[4]舊曰江陽，并置江陽郡：《元和郡縣圖志》云："晋穆帝於縣置東江陽郡，領江陽縣，隋開皇三年廢郡，以縣屬瀘州。大業元年，改江陽縣爲瀘川縣。"然《舊唐書·地理志》《元和郡縣圖志》瀘州序均言梁置瀘川縣。楊守敬《隋書地理志考證》云："案《宋志》：江陽郡，劉璋分犍爲立，中失本土，寄治武陽，領江陽、繁水、漢安、常安四縣。又東江陽郡，晋安帝初流寓入蜀，今新復，領漢安、繁水二縣。《齊志》江陽郡、東江陽郡領縣并同。然則宋、齊時之江陽郡在武陽，而此地之東江陽郡乃無江陽縣，蓋并江陽於漢安也。志誤以宋、齊置於武陽者屬之漢代舊土，謬也。"故此應爲梁以江陽爲瀘川（參見施和金《中國行政區劃通史·隋代卷》，第238頁）。

[5]富世：縣名。周武帝置。治所在今四川富順縣。

[6]江安：縣名。晋置漢安縣，開皇十八年改爲江安。治所在今四川瀘州市納溪區。

[7]合江：縣名。晋置安樂縣，梁改爲安樂戍，周保定四年改爲合江。治所在今四川合江縣。

[8]繁水：縣名。治所在今四川江安縣東南。

犍爲郡[1]梁置戎州。統縣四，户四千八百五十九。

僰道[2]後周置，曰外江。大業初改曰僰道，置犍爲郡。**犍爲**[3]後周置，曰武陽。開皇初改焉。**南溪**[4]梁置，曰南廣，及置六同郡。開皇初郡廢。仁壽初縣改名焉。**開邊**[5]開皇六年置，七年廢訓州入焉。大業初廢恭州、協州入焉。

[1]犍爲郡：梁大同十年置戎州，大業初改爲犍爲郡。治所在

今四川宜賓市。

[2]僰道：縣名。後周保定三年改僰道爲外江，大業三年復爲僰道。治所在今四川宜賓市。

[3]犍爲：縣名。治所在今四川犍爲縣東南。

[4]南溪：縣名。原名南廣，仁壽元年避諱改。治所在今四川宜賓市東。

[5]開邊：縣名。治所在今雲南鹽津縣西北。

越嶲郡[1]後周置嚴州。開皇六年改曰西寧州，[2]十八年又改曰嶲州。統縣六，戶七千四百四十八。

　　越嶲[3]帶郡。邛都[4]　蘇祇[5]舊置亮善郡，開皇初郡廢。有孫水。可泉[6]舊宣化郡，開皇初廢。臺登[7]舊置白沙郡。[8]開皇初郡廢。邛部[9]舊置邛部郡，又有平樂郡。開皇初並廢。有嶲山。

[1]越嶲郡：治所在今四川西昌市東南。

[2]開皇六年改曰西寧州：錢大昕《廿二史考異》云：“《周書·本紀》天和五年，大將軍鄭恪率師平越嶲，置西寧州，則西寧州乃後周所置，非始于隋也。”

[3]越嶲：縣名。本漢邛都縣，開皇六年分置。治所在今四川西昌市。

[4]邛都：縣名。漢縣，齊陷於獠廢，後周復置。治所在今四川西昌市東南。

[5]蘇祇：縣名。開皇初置。治所在今四川西昌市西北禮州鎮。

[6]可泉：縣名。後周置。治所在今四川西昌市西南佑君鎮。

[7]臺登：縣名。漢縣，齊陷於獠廢，後周復置。治所在今四川冕寧縣南瀘沽鎮。

[8]舊置白沙郡：白，底本作“曰”。中華本校勘記云：“‘白’

原作‘曰’，據《輿地廣記》三〇改。”今從改。

    [9]邛部：縣名。後周武帝置。治所在今四川越西縣北新民鎮。

牂柯郡[1] 開皇初，置牂州。統縣二。

    牂柯[2] 帶郡。 賓化[3]

    [1]牂柯郡：治所在今貴州黃平縣西北。
    [2]牂柯：縣名。隋初置。治所在今貴州黃平縣西北。
    [3]賓化：縣名。隋初置。治所在今貴州貴定縣西南。

黔安郡[1] 後周置黔州，不帶郡。統縣二，戶一千四百六十。

    彭水[2] 開皇十三年置。有伏牛山。出鹽井。 涪川[3] 開皇五年置。

    [1]黔安郡：後周建德三年改奉州爲黔州，大業三年改爲黔安郡。治所在今重慶彭水苗族土家族自治縣東北郁山鎮。
    [2]彭水：縣名。開皇十三年蠻帥內屬，置彭水縣。治所在今重慶彭水苗族土家族自治縣東北郁山鎮。
    [3]涪川：縣名。治所在今貴州思南縣北。

    梁州於天官上應參之宿。[1]周時梁州，以併雍部。及漢，又析置益州。[2]在《禹貢》，自漢川以下諸郡，皆其封域。漢中之人，質樸無文，不甚趨利。性嗜口腹，多事田漁，雖蓬室柴門，食必兼肉。好祀鬼神，尤多忌諱，家人有死，輒離其故宅。崇重道教，猶有張魯之風焉。[3]每至五月十五日，必以酒食相饋，賓旅聚會，有甚於三元。傍南山雜有獠戶，[4]富室者頗參夏人爲婚，衣服居處言語，殆與華不別。西城、房陵、清化、通川、宕渠，地皆連接，風俗頗同。漢陽、臨洮、宕昌、武都、同昌、河池、順政、義城、平武、汶山，皆連雜氏羌。[5]人尤勁悍，性多質直。皆務於農事，工習獵射，於書計非其長矣。蜀郡、臨邛、眉山、隆山、資陽、瀘川、巴東、遂寧、巴西、新城、金山、普安、犍為、越巂、牂柯、黔安，得蜀之舊域。其地四塞，山川重阻，水陸所湊，貨殖所萃，蓋一都之會也。昔劉備資之，以成三分之業。自金行喪亂，四海沸騰，李氏據之於前，[6]譙氏依之於後。[7]當梁氏將亡，武陵憑險而取敗，後周之末，王謙負固而速禍。故孟門不祀，古人所以誡焉。其風俗大抵與漢中不別。其人敏慧輕急，貌多蕞陋，頗慕文學，時有斐然，多溺於逸樂，少從宦之士，或至耆年白首，不離鄉邑。人多工巧，綾錦雕鏤之妙，殆侔於上國。貧家不務儲蓄，富室專於趨利。其處家室，則女勤作業，而士多自閑，聚會宴飲，尤足意錢之戲。小人薄於情禮，父子率多異居。其邊野富人，多規固山澤，以財物雄役夷、獠，故輕為奸藏，權傾州縣。此亦其舊俗乎？又有獽狿蠻賨，其居處風俗，衣服飲食，頗同於獠，而亦與蜀人相類。

[1]梁州：古九州之一。《尚書·禹貢》："華陽黑水惟梁州。"華陽為華山之南。黑水說法不一，有瀾滄江、怒江、金沙江等說。

[2]益州：漢武帝以《禹貢》梁州益以新開辟西南夷地置，故名。為十三刺史部之一。察郡八。有今四川、貴州、雲南三省大部，湖北西北部和甘肅小部。後代多有分置，隋大業三年改為

蜀郡。

[3]張魯：人名。字公祺，沛國豐（今江蘇豐縣）人。祖父張陵創立五斗米道。初益州牧劉焉以魯爲督義司馬，後據漢中，推行五斗米教，實行政教合一。建安二十年（215）與曹操戰敗，不久降曹。傳見《三國志》卷八。

[4]獠：古族名。即僚。分布在今廣東、廣西、湖南、四川、雲南、貴州等地區。亦泛指南方各少數民族。

[5]氐羌：中國古代氐族與羌族的並稱，分布在今西北一帶。

[6]李氏：此指西晋末年由氐族人李雄建立的成漢政權。成漢，又稱成或漢（304—347），都成都（今四川成都市）。

[7]譙氏：此指十六國時期譙縱建立的譙蜀政權。譙蜀，又稱後蜀、西蜀（405—413），都成都（今四川成都市）。

隋書　卷三〇

志第二十五

地理中

河南郡　滎陽郡　梁郡　譙郡　濟陰郡　襄城郡　潁川郡　汝南郡　淮陽郡　汝陰郡　上洛郡　弘農郡　淅陽郡　南陽郡　淯陽郡　淮安郡　東郡　東平郡　濟北郡武陽郡　渤海郡　平原郡　信都郡　清河郡　魏郡　汲郡　河內郡　長平郡　上黨郡　河東郡　絳郡　文城郡臨汾郡　龍泉郡　西河郡　離石郡　雁門郡　馬邑郡定襄郡　樓煩郡　太原郡　襄國郡　武安郡　趙郡　恒山郡　博陵郡　河間郡　涿郡　上谷郡　漁陽郡　北平郡　安樂郡　遼西郡　北海郡　齊郡　東萊郡　高密郡

河南郡[1]舊置洛州。大業元年移都，改曰豫州。[2]東面三門，北曰上春，中曰建陽，南曰永通。南面二門，東曰長夏，正南曰建國。里一百三，市三。三年改爲郡，置尹。統縣十八，戶二十萬二千二百三十。

河南[3]帶郡。有關官。[4]有郟山。有瀍水。洛陽[5]有漢已來舊都。後魏置司州，東魏改曰洛州。後周置東京六府、洛州總管。開皇元年改六府，置東京尚書省。其年廢東京尚書省。二年廢總管，置河南道行臺省。三年廢行臺，以洛州刺史領總監。十四年於金墉城別置總監。煬帝即位，廢省。舊河南縣，東魏遷鄴，改爲宜遷縣。後周復曰河南。大業元年徙入新都。又東魏置洛陽郡、河陰縣。開皇初郡並廢，又析置伊川縣。大業初河陰、伊川二縣併入焉。閺鄉[6]舊曰湖城，開皇十六年改焉。[7]有王澗、全鳩澗、秦山。[8]桃林[9]開皇十六年置。有上陽宮。有淄水。陝[10]後魏置，及置陝州、恒農郡。後周又置崤郡。開皇初郡並廢。大業初州廢，置弘農宮。有常平倉、溫湯。[11]有砥柱。熊耳[12]後周置，[13]及同軌郡。開皇初郡廢。又有後魏崤縣，大業初廢入。有二崤。有天柱山、大頭山、硤石山、穀水。澠池[14]後周置河南郡，大象中廢。新安[15]後周置中州及東垣縣，州尋廢。開皇十六年置穀州，仁壽四年州廢，又廢新安入東垣。大業初改名新安。有冶官。有馺山、强山、缺門山、孝水、澗水、金谷水。[16]偃師[17]舊廢，開皇十六年置。有關官。有河陽倉。有都尉府。有首陽山、酈山、乾脯山。鞏[18]後齊廢，開皇十六年復。有興洛倉。有九山，有天陵山、緱山、東首陽山。宜陽[19]後魏置宜陽郡，東魏置陽州，後周改曰熊州。又復後魏置南澠池縣，[20]後周改曰昌洛。開皇初郡廢。十八年改昌洛曰洛水。大業初廢熊州，省洛水入宜陽。又東魏置金門郡，後周廢。有福昌宮、金門山、女几山、太陰山、礁嶢山。壽安[21]後魏置縣曰甘棠，仁壽四年改焉。有顯仁宮。有慈澗。陸渾[22]東魏置伊川郡，領南陸渾縣。[23]開皇初廢郡，改縣曰伏流。大業初改曰陸渾。又有東魏北荆州，後周改曰和州。開皇初又改曰伊州。大業初州廢。又有東魏東亭縣，尋廢。有方山、三塗山、孤山、陽山、王母澗。伊闕[24]舊曰新城，東魏置新城郡。開皇初郡廢。十八年縣改名焉。有伊闕山。**興泰**[25] 大業初置。有鹿蹄山、石墨山、鍾山。**緱氏**[26] 舊廢，東魏置。開皇十六年廢，大業初又置。有緱氏山、轘轅山、景山。[27] **嵩陽**[28] 後魏置，曰潁陽。東魏分置堙陽，後周廢潁陽入。開皇六年改曰武林。十八年改曰輪氏，大業元年改曰嵩陽。又有東魏中川郡，後周廢。有嵩高山、少室山、潁水。**陽城**[29] 後魏置陽城郡，開皇初廢。十六年置嵩州，仁壽四年廢。又後魏置康城縣，仁壽四年廢入焉。有箕山、偃月山、荊山、禹山、峗山。

[1]河南郡：舊置司州，後改洛州，大業元年（605）遷都後改爲豫州，大業三年罷州爲河南郡。《元和郡縣圖志》云：“仁壽四年，煬帝詔楊素營東京，大業元年，新都成，遂徙居，今洛陽宮是也。……又改洛州爲豫州，置牧。三年，罷州爲河南郡，置尹。四年，改東京爲東都。十四年，復置洛州。”治所在今河南洛陽市。

[2]大業元年移都：《太平寰宇記》云：“大業元年，煬帝命僕射楊素等營構宮室，大業二年，遂成新都而徙居之，今洛陽宮是也。”

[3]河南：縣名。漢舊縣，東魏改爲宜遷，後周復爲河南。《太平寰宇記》云：“歷魏、晋及後魏皆理于今苑城東北隅。後周大象二年移于故洛城西。隋大業二年又移于今洛城內寬政坊，即今理所也。”河南縣理至隋多有遷移。治所在今河南洛陽市。

[4]關官：楊守敬《隋書地理志考證》引《讀史方輿紀要》認爲此關爲大谷關或皋門關。

[5]洛陽：縣名。秦舊縣，原治所在今河南洛陽市東北漢魏故城，隋煬帝遷都後，移至今洛陽市。

[6]閿鄉：縣名。北周置。治所在今河南靈寶市西北。

[7]舊曰湖城，開皇十六年改焉：《元和郡縣圖志》云：“周明帝二年，置閿鄉郡。按：閿鄉，本湖縣鄉名。……隋開皇三年，廢

閿鄉郡，十六年移湖城縣於今所，改名閿鄉縣，屬陝州。"王仲犖《北周地理志》云："閿本鄉名，置縣當與郡同時。隋初封閿鄉縣公者見《新唐書·宰相世系表》：路充，閿鄉公。"並且"湖城、閿鄉，實同時並置，非隋改湖城爲閿鄉也"。故此應爲開皇十六年廢湖城入閿鄉。（參見王仲犖《北周地理志》，中華書局 1980 年版，第 578 頁）

［8］全鳩澗：全，底本作"金"。中華本校勘記云："'全'原作'金'，據《水經》四《河水注》改。"今從改。

［9］桃林：縣名。開皇十六年（596）置。治所在今河南靈寶市東北老城。

［10］陝：縣名。《元和郡縣圖志》云："本漢縣也，歷代不改。後魏改爲陝中縣，西魏去'中'字。"楊守敬《隋書地理志考證》云："本漢縣，後魏於東南一百十里置陝中縣，而改'陝'曰'北陝'。按，未知何時復曰'陝'，《水經注》祇作'陝縣'。"治所在今河南三門峽市陝縣老城。

［11］常平倉：古代政府以調節糧價，備荒賑恤爲名設置的糧倉。始設於漢宣帝時，隋常平倉於開皇三年始置。

［12］熊耳：縣名。治所在今河南洛寧縣東北河底鎮。

［13］後周置：《元和郡縣圖志》云："後魏文帝於今縣東四十里置北宜陽縣，屬宜陽郡，廢帝二年改爲熊耳縣。隋義寧二年置永寧縣。"

［14］澠池：縣名。漢縣，後廢。《魏書·地形志》云："北澠池，太和十一年置。"後縣治屢有遷徙，《太平寰宇記》云："《周地圖記》曰：'魏賈逵爲令時，縣理蠡城。'按《四夷郡國縣道》記云：'漢澠池城，當與澠池水源南北相對。曹魏移于今福昌縣西六十五里蠡城。後魏初猶屬弘農郡。'大統十一年又移于今縣西十三里故澠池縣爲理，改屬河南郡。周改屬同軌郡。隋大業元年又移于今縣東二十五里新安驛置，屬熊州；十二年復移理大塢城。"隋時治所先在澠池縣西，大業元年移治縣東，十二年移治縣北。

[15]新安：縣名。漢舊縣，後魏太和十三年（489）改爲新安郡，十九年復爲縣。仁壽四年（604）廢入東垣縣。治所在今河南新安縣東。

[16]魏山：魏，底本作"魏"。中華本校勘記云："'魏'原作'魏'，據《水經》四《河水注》改。"今從改。

[17]偃師：縣名。漢縣，晋廢，開皇十六年復置。治所在今河南偃師市。

[18]鞏：縣名。漢縣，後廢，開皇十六年復置。隋時治所先在今河南鞏義市西南，大業元年移治今鞏義市東北老城。

[19]宜陽：縣名。漢縣。治所在今河南宜陽縣西福昌村。

[20]又復後魏置南澠池縣：此"又復"二字當爲衍文。

[21]壽安：縣名。《元和郡縣圖志》云："後魏分新安置甘棠縣。隋開皇三年，以縣屬熊州，十六年，改爲穀州，仁壽四年，改名壽安縣。"《魏書·地形志》無甘棠縣，《嘉慶重修一統志》記爲東魏置。隋時治所先在今河南宜陽縣，義寧元年（617）移治九曲城（今宜陽縣西北甘棠寨）。

[22]陸渾：縣名。漢縣，後廢，東魏置南陸渾縣，開皇初改爲伏流縣，大業元年改爲陸渾縣。治所在今河南嵩縣東北陸渾村。

[23]領南陸渾縣：楊守敬《隋書地理志考證》云："按陸渾本漢縣，在今嵩縣東北五十里，宋後廢，東魏於故城置北陸渾縣，而於此置南陸渾縣。《地形志》南陸渾屬伊陽郡，北陸渾屬新城郡。《一統志》：隋省北陸渾入南陸渾。"

[24]伊闕：縣名。本漢新城縣，開皇十八年改爲伊闕。治所在今河南伊川縣西南古城村。

[25]興泰：縣名。大業四年置，隋末廢。治所在今河南宜陽縣西南趙保鎮。

[26]緱氏：縣名。漢縣，後廢，東魏復置，開皇十六年又廢，大業元年又置。治所先在今河南偃師縣緱氏鎮北七里，開皇四年移治今緱氏鎮北十里，大業元年移治緱氏鎮東南十里，十年又移治緱

氏鎮西南三里。縣理多次遷徙。

　　[27]轘轅山：轘，底本作“軒”。中華本校勘記云：“‘轘’原作‘軒’，據《左傳》襄公二十一年及《元和志》五改。”今從改。

　　[28]嵩陽：縣名。後魏天安二年（467）置潁陽，太和十三年分潁陽置堙陽，開皇六年改爲武林，十八年改爲輪式，大業元年改爲嵩陽縣。治所在今河南登封市。

　　[29]陽城：縣名。漢縣。治所在今河南登封市東南告成鎮。

滎陽郡[1]舊鄭州。開皇十六年置管州。大業初復曰鄭州。[2]統縣十一，户十六萬九百六十四。

　　管城[3]舊曰中牟，東魏置廣武郡。開皇初郡廢，改中牟曰内牟。十六年析置管城。十八年改内牟曰圃田入焉。後魏置曲梁縣，後齊廢。有鄭水。汜水[4]舊曰成皋，即武牢也。[5]後魏置東中府，東魏置北豫州，後周置滎州。開皇初曰鄭州，十八年改成皋曰汜水。大業初置武牢都尉府。有周山、天陵山。滎澤[6]開皇四年置，曰廣武。仁壽元年改名焉。原武[7]開皇十六年置。陽武[8]

　　圃田[9]開皇十六年置，曰郊城。大業初改焉。浚儀[10]東魏置梁州、陳留郡，後齊廢開封郡入，後周改曰汴州。開皇初郡廢，大業初州廢。有關官。有通濟渠、蔡水。酸棗[11]後齊廢，開皇六年復。有關官。新鄭[12]後魏廢，開皇十六年復，大業初併宛陵縣入焉。有關官。有大騩山。滎陽[13]舊置滎陽郡。後齊省卷、京二縣入，改曰成皋郡。開皇初郡廢。有京索水、梧桐澗。開封[14]東魏置郡，後齊廢。

　　[1]滎陽郡：治所在今河南鄭州市。

　　[2]“舊鄭州”至“大業初復曰鄭州”：《元和郡縣圖志》云：“晋武帝分河南置滎陽郡。東魏孝静帝分滎陽置成皋郡。高齊文宣

帝又改爲滎陽郡，周改爲滎州。隋開皇三年改滎州爲鄭州。十六年，分置管州。大業二年，廢鄭州，改管州爲鄭州。"《太平寰宇記》鄭州下："煬帝二年廢鄭州，仍改管州爲鄭州；三年廢鄭州，復爲滎陽郡。"管城縣下："開皇十六年於此置管城縣，屬管州。大業二年改管州爲鄭州，縣又屬焉。"然則隋之鄭州本爲滎州，後周時治成皋，隋開皇間改滎州爲鄭州，州仍治成皋；開皇十六年分置管州於管城縣，原鄭州一分爲二，大業二年廢鄭州，管州遂統二州之地，州治管城，後又改管州爲鄭州，治管城（參見施和金《中國行政區劃通史·隋代卷》，復旦大學出版社 2009 年版，第 256 頁）。

[3]管城：縣名。舊名中牟，開皇初避諱改爲内牟，十六年分置管城縣。治所在今河南鄭州市。

[4]氾水：縣名。漢成皋縣，開皇十八年改爲氾水。治所在今河南滎陽市西北氾水鎮。

[5]武牢：即爲虎牢，唐避"虎"諱改。

[6]滎澤：縣名。開皇四年分滎陽置，仁壽元年避太子諱改爲滎澤。治所在今河南鄭州市西北古滎鎮。

[7]原武：縣名。漢縣，北齊廢，開皇十六年復置。治所在今河南原陽縣西南原武鎮。

[8]陽武：縣名。漢縣。《太平寰宇記》云："按《郡國縣道記》云：'陽武縣所理，晋廢。後魏孝昌中復置。高齊又省。隋開皇六年移理于陽池城，即今原武縣是也。'"楊守敬《隋書地理志考證》云："按開皇十六年於池陽城（當爲陽池城）置原武縣，不容先有移陽武於池陽城之事。《寰宇記》又云：高齊天保七年自陽武故城移理汴水南一里，今無遺址，隋開皇五年復理陽武故城。爲得其實。"故陽武縣治所開皇五年（585）前在今河南中牟縣西北，後還治河南原陽縣東南。

[9]圃田：縣名。本漢中牟縣，隋初避諱改内牟，開皇十六年改爲郟城，後又改爲圃田。治所在今河南中牟縣東。

[10]浚儀：縣名。漢縣。治所在今河南開封市。

[11]酸棗：縣名。秦縣，北齊併入南燕縣，開皇初復從南燕析置。治所在今河南延津縣。

[12]新鄭：縣名。漢縣，後廢，開皇十六年復置。治所在今河南新鄭市南。

[13]滎陽：縣名。漢縣。治所在今河南滎陽市。

[14]開封：縣名。《元和郡縣圖志》《太平寰宇記》俱言北齊時廢縣，開皇中復置，而本志不載。王仲犖《北周地理志》云："按《寰宇記》謂開封縣開封郡，高齊天保七年郡縣俱廢，不可信。蓋郡廢而縣不廢也。北周末隋初開封縣者見《舊唐書·鄭善果傳》：父誠，周大將軍開封縣公，討尉遲迥戰死。《隋書·烈女·鄭善果母傳》：善果以府誠討尉遲迥死於陣，年數歲，襲爵開封縣公。按據此，可證迄周世開封縣尚未廢。"（王仲犖：《北周地理志》，第643頁）

梁郡[1]開皇十六年置宋州。統縣十三，戶十五萬五千四百七十七。

宋城[2]舊曰睢陽，置梁郡。開皇初郡廢，十八年縣改名焉。大業初又置郡。又梁置北新安郡，尋廢。雍丘[3]後魏置陽夏郡。開皇初郡廢，十六年置杞州。大業初州廢。襄邑[4]後齊廢，開皇十六年復。[5]寧陵[6]後齊廢，開皇六年復。虞城[7]後魏曰蕭，後齊廢。開皇十六年置，改名焉。又後魏置沛郡，後齊廢。穀熟[8]後魏廢，開皇十六年復。陳留[9]後魏廢，開皇六年復。[10]十六年析置新里縣，大業初廢入焉。又有小黃縣，後齊廢入。有睢水、渙水。下邑[11]後齊廢已吾縣入焉。考城[12]後魏曰考陽，置北梁郡。後齊郡縣並廢，為城安縣。開皇十八年以重名，改曰考城。楚丘[13]後魏曰巳氏，置北譙郡。後齊郡縣並廢。開皇四年又置巳氏，六年改曰楚丘。碭山[14]後魏置，曰安陽。開皇十八年改

名焉。有碭山、魚山。**圉城**^[15]舊曰圉，後齊廢。開皇六年復置，
曰圉城。有谷水。**柘城**^[16]舊曰柘，久廢。開皇十六年置，曰
柘城。

［1］梁郡：治所在今河南商丘市南。

［2］宋城：縣名。本漢睢陽縣，開皇十八年改爲宋城。治所在
今河南商丘市南。

［3］雍丘：縣名。漢縣。治所在今河南杞縣。

［4］襄邑：縣名。漢舊縣，北齊文宣帝省入雍丘。後復爲襄邑。
治所在今河南睢縣。

［5］後齊廢，開皇十六年復：《元和郡縣圖志》亦云後齊廢，開
皇十六年復置，然王仲犖《北周地理志》云："按《元和志》據《隋
志》，而《隋志》或不可據。徵之《周書·賀若敦傳》：子弼，'大象
末，襄邑縣公'。《隋書·賀若弼傳》：'周宣帝嗣位改封襄邑縣公。'
則襄邑周末又復置也。"（王仲犖：《北周地理志》，第644頁）

［6］寧陵：縣名。漢舊縣，北齊廢，開皇六年復置。治所在今
河南寧陵縣東南。

［7］虞城：縣名。後魏置蕭縣，理虞城，北齊廢，開皇十六年
分下邑置虞城縣。治所在今河南虞城縣北利民鎮。

［8］穀熟：縣名。後漢置，後魏廢，開皇十六年復置。治所在
今河南虞城縣西南穀熟鎮。

［9］陳留：縣名。秦置，北齊廢，開皇中復置。治所在今河南
開封縣東南陳留鎮。

［10］後魏廢，開皇六年復：《元和郡縣圖志》言開皇三年分浚
儀縣置。《輿地廣記》言開皇十六年復置。各書所記不一。

［11］下邑：縣名。漢舊縣。治所在今河南夏邑縣。

［12］考城：縣名。舊名考陽，北齊省，移成安縣理於此，開皇
中改爲考城。治所在今河南民權縣東北。

　　［13］楚丘：縣名。後魏名巳氏，北齊廢，開皇初復置，六年改名楚丘。治所在今河南滑縣東。

　　［14］碭山：縣名。本漢碭縣，後魏置安陽，開皇十八年改爲碭山縣。治所在今安徽碭山縣東。

　　［15］圍城：縣名。治所在今河南杞縣西南圍鎮鎮。

　　［16］柘城：縣名。漢縣，晉廢，開皇十六年復置。治所在今河南柘城縣北。

譙郡[1]後魏置南兗州。後周置總管府，後改曰亳州。開皇元年府廢。統縣六，户七萬四千八百一十七。

　　譙[2]舊曰小黄，置陳留郡。開皇初郡廢，十六年分置梅城縣。大業三年，改小黄爲譙縣，[3]併梅城入焉。鄼[4]舊廢，開皇十六年復。舊有馬頭郡，後魏又置下邑縣，後齊並廢。城父[5]宋置，曰浚儀。開皇十八年改焉。谷陽[6]後齊省，開皇六年復。山桑[7]後魏置渦州、渦陽縣，又置譙郡。梁改渦州曰西徐州。東魏改曰譙州。開皇初郡廢，十六年改渦陽爲肥水。大業初州廢，改縣曰山桑。[8]又梁置北新安郡，東魏改置蒙郡。後齊廢郡，置蒙縣，後又置郡。開皇初郡廢。又梁置陽夏郡，東魏廢。臨涣[9]後魏置臨涣郡，又別置丹城縣。東魏析置白襌縣，後齊郡廢。開皇元年丹城省，大業初白襌又省，並入焉。有嵇山、龍岡。[10]

　　［1］譙郡：後魏置南兗州，周武帝改亳州，大業三年罷州爲譙郡。治所在今安徽亳州市。

　　［2］譙：縣名。治所在今安徽亳州市。

　　［3］大業三年，改小黄爲譙縣：《元和郡縣圖志》《太平寰宇記》《輿地廣記》均作“二年”。

　　［4］鄼：縣名。秦縣，宋廢，開皇十六年復置。治所在今河南

永城縣西酇城鎮。

　　[5]城父：縣名。宋置浚儀，開皇十八年因重名改爲城父。治所在今安徽亳州市東南城父鎮。

　　[6]谷陽：縣名。本楚苦縣，晉改谷陽，北齊省入武平縣，開皇六年復置。治所在今河南鹿邑縣。

　　[7]山桑：縣名。治所在今安徽蒙城縣。

　　[8]大業初州廢，改縣曰山桑：《元和郡縣圖志》《太平寰宇記》俱言唐武德四年（621）始立山桑縣。所記與本志有異。

　　[9]臨渙：縣名。本漢銍縣，梁置臨渙郡，後魏爲渙北縣，北齊省郡，改渙北縣爲臨渙縣。治所在今安徽濉溪縣西南臨渙鎮。

　　[10]嵇山：嵇，底本作“稽”。中華本校勘記云：“‘嵇’原作‘稽’，據《水經》三〇《淮水注》改。”今從改。

濟陰郡[1]後魏置西兗州，後周改曰曹州。統縣九，戶十四萬九百四十八。

　　濟陰[2]後魏置沛郡，後齊廢。又開皇六年分置黃縣，十八年改爲蒙澤，大業初廢入焉。外黃[3]後齊廢成安縣入。又開皇十八年置首城縣，大業初廢入焉。濟陽[4]　成武[5]後齊置永昌郡。開皇初郡廢，十六年置戴州。大業初州廢。冤句[6]　乘氏[7]定陶[8]　單父[9]後魏曰離狐，置北濟陰郡。後齊郡縣並廢。開皇六年更置，名單父。金鄉[10]開皇十六年分置昌邑縣，大業初併入。

　　[1]濟陰郡：後魏孝昌中置西兗州，後周武帝改爲曹州，大業三年改爲濟陰郡。治所在今山東曹縣西北。

　　[2]濟陰：縣名。開皇六年置。治所在今山東曹縣西北。

　　[3]外黃：縣名。秦縣，後魏廢，北齊復置。治所在今河南民

權縣西北。

　　[4]濟陽：縣名。漢縣。治所在今河南蘭考縣東北。

　　[5]成武：縣名。漢縣。治所在今山東武城縣。

　　[6]冤句：縣名。漢縣，宋無冤句縣，後魏復置。治所在今山東曹縣西北。

　　[7]乘氏：縣名。後魏太和十二年置乘氏縣。治所在今山東菏澤市。

　　[8]定陶：縣名。漢縣，大業十三年因亂廢。治所在今山東定陶縣西北。

　　[9]單父：縣名。治所在今山東單縣南。

　　[10]金鄉：縣名。後漢置。治所在今山東金鄉縣。

襄城郡[1]東魏置北荆州，後周改曰和州。開皇初改爲伊州，大業初改曰汝州。[2]統縣八，户十萬五千九百一十七。

　　承休[3]舊曰汝原，置汝北郡，後改曰汝陰郡。後周郡廢。大業初改縣曰承休，置襄城郡。有黃水。梁[4]舊置汝北郡，後齊廢。有濫泉。郟城[5]舊曰龍山。東魏置順陽郡及南陽郡、南陽縣。開皇初改龍山曰汝南，三年二郡並廢。十八年改汝南曰輔城，南陽曰期城。大業初改輔城曰郟城，廢期城入焉。有關官。有大留山。陽翟[6]東魏置陽翟郡，開皇初郡廢。有鈞臺。有九山祠。汝源[7]汝南[8]有後魏汝南郡及符壘縣，並後齊廢。魯[9]後魏置荆州，尋廢，立魯陽郡，後置魯州。[10]開皇初郡廢，大業初州廢。有關官。有和山、大義山。犨城[11]舊曰雉陽。開皇十八年改曰湛水，大業初改名焉。又有後周置武山郡，開皇初廢。後魏置南陽縣、河山縣，大業初並廢入焉。有應山。

　　[1]襄城郡：治所在今河南汝州市。

　　[2]"東魏置北荆州"至"大業初改曰汝州"：東魏所置北荆州，後周改和州，已見於本志河南郡陸渾縣下，東魏之荆州、後周之和州治於陸渾，而非襄城。又《元和郡縣圖志》《太平寰宇記》俱言開皇四年自陸渾移伊州理於此，後改爲汝州。則此伊州由陸渾移來，開皇四年始有；其前身雖是北周之和州，然州治移動，轄地不一，不能視爲同一州也。（參見施和金《中國行政區劃通史・隋代卷》，第266頁）

　　[3]承休：縣名。大業初改汝原縣置。治所在今河南汝州市。

　　[4]梁：縣名。漢縣。治所在今河南汝州市西汝水南岸石臺村。

　　[5]郟城：縣名。後魏太和十七年置汝南縣，開皇元年改爲龍山，十八年改輔城，大業四年改輔城爲郟城。治所在今河南郟縣。

　　[6]陽翟：縣名。漢縣。治所在今河南禹州市。

　　[7]汝源：縣名。治所在今河南嵩縣西南。

　　[8]汝南：縣名。後魏太和十八年置汝南縣，北齊天保七年（556）廢，開皇十八年復置。此汝南縣當是開皇十八年改郟城之汝南爲輔城，而於此復置汝南縣（參見施和金《中國行政區劃通史・隋代卷》，第269頁）。治所在今河南郟縣東南。

　　[9]魯：縣名。本漢魯陽縣，後魏改爲北山縣，後周改魯山縣。此疑脱"山"字。治所在今河南魯山縣。

　　[10]後置魯州：錢大昕《廿二史考異》言此"魯州"爲"廣州"之誤。王仲犖認爲此是爲避煬帝諱而改。

　　[11]犨城：縣名。後魏爲犨陽縣，西魏改爲雉陽，開皇十八年改湛水，大業初改爲犨城。治所在今河南魯山縣東南。

潁川郡[1]舊置潁州，東魏改曰鄭州，後周改曰許州。統縣十四，户十九萬五千六百四十。

　　潁川[2]舊曰長社，置潁川郡。後齊廢潁陰縣入，開皇初廢郡改縣焉。[3]又東魏置黄臺縣，大業初廢入焉，置郡。襄城[4]舊置襄城郡，後周置汝州。開皇初郡廢，大業初州廢。有瀙水。汝墳[5]後齊置漢廣郡，尋廢。有首山。葉[6]後齊置襄州。後周廢襄州，置南襄城郡。開皇初郡廢。又東魏置定南郡，後周廢爲定南縣，大業初省入。北舞[7]舊置定陵郡，開皇初廢。有百尺溝。郾城[8]開皇初置，十六年置道州，大業初州廢。又後魏置潁川郡，後齊改爲臨潁郡，開皇初郡廢。又有邵陵縣，大業初廢。有瀙水。繁昌[9]　臨潁[10]　尉氏[11]後齊廢，開皇六年復。長葛[12]開皇六年置。許昌[13]　𣸯强[14]開皇十六年置，曰陶城，大業初改焉。扶溝[15]　𨿅陵[16]東魏置許昌郡，後齊廢縣。開皇初郡廢，七年復𨿅陵縣。[17]十六年置洧州，大業初州廢。又開皇十六年置蔡陂縣，[18]至是省入焉。

[1]潁川郡：後魏置潁州，東魏武定七年改鄭州，後周改爲許州，大業初置潁川郡。治所在今河南許昌市。

[2]潁川：縣名。治所在今河南許昌市。

[3]開皇初廢郡改縣焉：《元和郡縣圖志》《太平寰宇記》俱言大業三年改縣爲潁川。

[4]襄城：縣名。秦縣。治所在今河南襄城縣。

[5]汝墳：縣名。本漢昆陽縣，後齊改昆陽爲汝墳。治所在今河南葉縣東北。

[6]葉：縣名。漢縣，宋省，後魏徙置。治所在今河南葉縣南舊縣鄉。

[7]北舞：縣名。後魏皇興元年（467）置北舞陽縣，隋初改爲北舞縣。治所在今河南舞陽縣北舞渡鎮。

[8]郾城：縣名。開皇五年於臨潁廢郡城中置，楊守敬言漢郾縣廢於東晉。治所在今河南郾城縣西南古城村。

[9]繁昌：縣名。《元和郡縣圖志》云：“魏文帝行至繁陽亭，

築壇受禪，因置繁昌縣，即此城也。"治所在今河南臨潁縣西北繁城回族鎮。

[10]臨潁：縣名。漢縣。治所在今河南臨潁縣。

[11]尉氏：縣名。治所在今河南尉氏縣。

[12]長葛：縣名。治所在今河南長葛市東北老城鎮。

[13]許昌：縣名。本漢許縣，魏文帝改許昌。治所在今河南許昌市東。

[14]灄強：縣名。漢縣，後廢，大業年間改陶城復置。治所在今河南臨潁縣東。

[15]扶溝：縣名。漢縣。北齊時自扶溝縣北移縣理於今扶溝縣。治所在今河南扶溝縣。

[16]鄢陵：縣名。漢縣，後齊廢，開皇中復置。治所在今河南鄢陵縣西北。

[17]七年復鄢陵縣：《元和郡縣圖志》作開皇三年復置。

[18]開皇十六年置蔡陂縣：開皇十六年分長葛、許昌、鄢陵三縣置。

汝南郡[1] 後魏置豫州，東魏置行臺。後周置總管府，後改曰舒州，尋復曰豫州，及改洛州爲豫州，此爲溱州，又改曰蔡州。統縣十一，户十五萬二千七百八十五。

汝陽[2] 舊曰上蔡，置汝南郡。開皇初郡廢。大業初置郡，改縣曰汝陽，[3]并廢保城縣入焉。有鴻郄陂。城陽[4] 舊廢，梁置，又有義興縣。後魏置城陽郡，梁置楚州，東魏置西楚州，後齊曰永州。開皇九年，廢入純州。十八年改義興爲純義。大業初州縣並廢入焉。又梁置伍城郡，後齊廢。有十丈山、大木山。真陽[5] 舊置郢州。東魏廢州，置義陽郡。後齊廢郡入保城縣。開皇十一年廢縣。十六年置縣，曰真丘。大業初改曰真陽。又有白狗縣，梁置淮州。[6] 後齊廢州，以置齊興郡，郡尋廢。開皇初，改縣曰淮川，至是亦省入焉。又有後魏安陽縣，後廢。有汶水。新息[7]後魏置東豫州。梁改曰西豫州，又改曰淮州。東魏復曰東豫州，後周改曰息州，大業初州廢。又後魏置汝南郡，開皇初郡廢。又梁置湞州，尋廢。又梁置北光城郡，東魏廢，又有北新息縣，後齊廢。[8]褒信[9]宋改曰包信。[10]大業初改復舊焉。又梁置梁安郡，開皇初廢。又有長陵郡，後齊廢爲縣。大業初又省縣焉。上蔡[11]後魏置，曰臨汝。後齊廢。開皇中置，曰武津。大業初改名焉。平輿[12]舊廢，大業初改新蔡置焉。有葛陂。新蔡[13]齊置北新蔡郡，魏曰新蔡郡，東魏置蔡州。[14]後齊廢州置廣寧郡。開皇初郡廢。十六年置舒州及舒縣、廣寧縣。[15]仁壽元年改廣寧曰汝北。[16]大業初州廢，改汝北曰新蔡。又後齊置永康縣，後改名曰澺水，至是及舒縣並廢入焉。朗山[17]舊曰安昌，置初安郡。廢，十八年縣改名焉。[18]又梁置陳州，後魏廢，又齊置荆州，尋廢。後周又置威州，後又廢。吴房[19]故曰遂寧，後齊省綏義縣入焉。大業初改曰吴房。西平[20]後魏置襄城郡，後齊改郡曰文城，開皇初郡廢。又有故武陽縣，十八年改曰吴房，大業初省。又有故洧州、灊州，並後齊置，開皇初皆廢。

[1]汝南郡：後魏置豫州，後周大象二年（580）改爲舒州，後又復爲豫州，仁壽四年又改爲溱州，大業二年改蔡州，大業三年罷州爲汝南郡。治所在今河南汝南縣。

[2]汝陽：縣名。隋改上蔡縣置。治所在今河南汝南縣。

[3]大業初置郡，改縣曰汝陽：《太平寰宇記》云：“（開皇）十七年改汝陽爲溵水，屬陳州，今界内有大溵水之名；其年又于上蔡縣東北别置汝陽縣，屬豫州，即今縣是也。”

[4]城陽：縣名。西漢置，東漢廢，梁復置。治所在今河南信陽市東北。

[5]真陽：縣名。本漢慎陽縣，後魏改爲真陽，開皇十一年廢縣，十六年置真丘，大業二年改爲真陽。治所在今河南正陽縣北。

[6]梁置淮州：《魏書·地形志》云："西淮州，蕭衍置，魏因之。治豫州界白苟堆。"楊守敬《隋書地理志考證》云："錢氏《考異》云：淮陰有淮州，故此加'西'字。"

[7]新息：縣名。漢縣。治所在今河南息縣。

[8]又有北新息縣，後齊廢：《讀史方輿紀要》云："劉宋置北新息縣於此，屬汝南郡，蕭齊及後魏因之。高齊以北新息縣并入南新息縣，復曰新息云。"

[9]褒信：縣名。漢鄝縣地，東漢分立褒信，宋改爲包信，大業二年復爲褒信。治所在今河南息縣東北包信鎮。

[10]宋改曰包信：《宋書·州郡志》《魏書·地形志》均作"苞信"。

[11]上蔡：縣名。後魏置臨汝縣，北齊廢，開皇八年置武津縣，大業初改爲上蔡。治所在今河南上蔡縣。

[12]平輿：縣名。漢縣，北齊廢，大業二年析新蔡縣復置。治所在今河南平輿縣北古城。

[13]新蔡：縣名。開皇十六年改新蔡置廣寧縣，仁壽中改廣寧爲汝北，大業二年復爲新蔡。治所在今河南新蔡縣。

[14]東魏置蔡州：底本作"東魏置終蔡州"，錢大昕《廿二史考異》云此"終"字爲衍文，今删。

[15]十六年置舒州及舒縣、廣寧縣：楊守敬《隋書地理志考證》引《嘉慶重修一統志》云："開皇十六年改新蔡置廣寧縣。"

[16]仁壽元年改廣寧曰汝北：《元和郡縣圖志》《太平寰宇記》均作"仁壽二年"。

[17]朗山：縣名。《元和郡縣圖志》云："本漢安昌縣地，屬汝南郡。東漢省。後魏太平真君二年，於朗陵故城復置。隋開皇三年移於今理，屬豫州，十六年改爲朗山縣。"治所在今河南確山縣。

[18]廢，十八年縣改名焉：楊守敬《隋書地理志考證》言

"廢"字前脱"開皇初郡"四字。另《元和郡縣圖志》《太平寰宇記》俱言開皇十六年改名。

［19］吴房：縣名。舊爲遂寧，隋改爲灈陽，大業二年改爲吴房。治所在今河南遂平縣。

［20］西平：縣名。漢舊縣，東漢末廢，後魏復置，大業末廢。治所在今河南西平縣西。

淮陽郡[1]開皇十六年置陳州。[2]統縣十，户十二萬七千一百四。

宛丘[3]後魏曰項，置陳郡。開皇初縣改名宛丘，尋廢郡，後析置臨蔡縣。大業初置淮陽郡，并臨蔡縣入焉。又後魏置南陽郡，東魏廢。西華[4]舊曰長平，開皇十八年改曰鴻溝。大業初改焉。有舊長平縣，後齊廢。溵水[5]開皇十六年置，[6]又有後魏汝陽郡及縣，後齊郡廢，大業初縣廢。扶樂[7]開皇十六年置。有渦水。太康[8]舊曰陽夏，并置淮陽郡。開皇初郡廢，七年更名太康。有洼水。鹿邑[9]舊曰武平，開皇十八年改名焉。項城[10]東魏置揚州及丹陽郡、秣陵縣，梁改曰殷州，東魏又改曰北揚州，後齊改曰信州，後周改曰陳州。開皇初改秣陵爲項縣。[11]十六年分置沈州，大業初州廢。又有項城郡，開皇初分立陳郡，三年並廢。南頓[12]舊置南頓郡。後齊廢郡及平鄉縣入，改曰和城。大業初又改爲南頓。鄞[13]開皇六年置。銅陽[14]後齊廢，開皇十一年復。又東魏置財州，後齊廢，以置包信縣。開皇初廢。

［1］淮陽郡：治所在今河南淮陽縣。

［2］開皇十六年置陳州：本志下文項城縣下言後周改曰陳州，開皇十六年分置沈州。則此應爲陳州初治項城，開皇十六年徙治宛秋，另於項城置沈州也。（參見施和金《中國行政區劃通史·隋代

卷》，第 278 頁）

[3]宛丘：縣名。本漢陳縣，在今項城縣東北，北齊時移項縣理於今縣，開皇三年改名爲宛丘。治所在今河南淮陽縣。

[4]西華：縣名。漢縣，後廢，宋復置，北齊省西華縣而置長平縣，開皇十八年改爲鴻溝，大業初復爲西華。治所在今河南西華縣南。

[5]溵水：縣名。治所在今河南商水縣。

[6]開皇十六年置：《元和郡縣圖志》云："本漢汝陽縣……（開皇）十六年，改汝陽爲溵水縣。"

[7]扶樂：縣名。治所在今河南太康縣西北扶樂城。

[8]太康：縣名。漢縣，開皇七年改陽夏爲太康，大業十三年李密舉兵於此，縣廢。治所在今河南太康縣。

[9]鹿邑：縣名。後漢置武平縣，晉省，後魏復置，開皇十八年改爲鹿邑縣。治所在今河南鹿邑縣西鹿邑城村。

[10]項城：縣名。開皇初改秣陵縣置。治所在今河南沈丘縣。

[11]開皇初改秣陵爲項縣：此應爲"項城縣"，脱"城"字。

[12]南頓：縣名。漢舊縣，宋立南頓縣，北齊省縣入和城，大業復爲南頓。治所在今河南項城市西南南頓鎮。

[13]酇：縣名。漢縣，晉廢，開皇六年復置。治所在今河南鄲城縣。

[14]鮦陽：縣名。漢縣，北齊廢，開皇十一年復置。治所在今安徽臨泉縣西鮦城鎮。

汝陰郡[1]舊置潁州。統縣五，户六萬五千九百二十六。

汝陰[2]舊置汝陰郡，開皇初郡廢。大業初復置。潁陽[3]梁曰陳留，并置陳留郡及陳州。東魏廢州。開皇初廢郡，十八年縣改名焉。有鄭縣，後齊廢。清丘[4]梁曰許昌，及置潁川郡。開皇初廢郡，十八年縣改名焉。潁上[5]梁置下蔡郡，後齊廢郡。大業初縣改名焉。[6]下蔡[7]梁置汴郡，後齊郡廢。大業初縣改名焉。又梁置淮陽郡，後齊改曰潁川郡。開皇初郡廢。

[1]汝陰郡：後魏置潁州，大業三年罷州爲汝陰郡。治所在今安徽阜陽市。

[2]汝陰：縣名。漢縣。治所在今安徽阜陽市。

[3]潁陽：縣名。梁武帝時置陳留縣，開皇十八年改爲潁陽。治所在今安徽太和縣東北。

[4]清丘：縣名。梁武帝大通年間置許昌，開皇十八年改爲清丘。治所在今安徽阜陽市東南口孜鎮。

[5]潁上：縣名。治所在今安徽潁上縣南。

[6]大業初縣改名焉：楊守敬《隋書地理志考證》云：“按前不云置何縣，此但云‘大業初改名’，疏矣。”王仲犖《北周地理志》以爲此縣或本鄭城縣，大業初改名。

[7]下蔡：縣名。王仲犖《北周地理志》云：“按《隋志》前不云置何縣，而後但云大業初縣改名，疏矣。疑此本僑置蕭縣，至隋改爲下蔡。”（王仲犖：《北周地理志》，第698頁）治所在今安徽鳳臺縣。

上洛郡[1]舊置洛州，後周改爲商州。統縣五，户一萬五百一十六。

上洛[2]舊置上洛郡，開皇初郡廢，大業初復置。有秦嶺山、熊耳山、洛水、丹水。[3]商洛[4]有關官。洛南[5]舊曰拒陽，置拒陽郡。開皇初郡廢，縣改名焉。有玄扈山、陽虛山。[6]豐陽[7]後周置，[8]開皇初併南陽縣入。有洵水、甲水。[9]上津[10]舊置北上洛郡，梁改爲南洛州，西魏又改爲上州，後周併漫川、開化二縣入，大業初廢州。有天柱山、詔及山、女思山。

［1］上洛郡：後魏太和十一年置洛州，後周宣政元年（578）改爲商州，大業三年罷州爲上洛郡。治所在今陝西商洛市商州區。

［2］上洛：縣名。漢縣。治所在今陝西商洛市商州區。

［3］秦嶺山：亦名南山，主峰爲太白山，在今陝西南部。爲中國地理上的南北分界綫，長江水系與黃河水系的分水嶺。　洛水：亦稱北洛水。即今陝西洛河。源出於陝西定邊縣白於山南麓，河流自西北流向東南，至三河口入渭河。

［4］商洛：縣名。本漢商縣，開皇四年改爲商洛縣。治所在今陝西丹鳳縣西古城。

［5］洛南：縣名。《太平寰宇記》云：“本漢上洛縣地，晋太始三年分上洛地，於今縣東北八十里置拒陽縣，屬上洛郡，尋省。後魏真君二年又於今縣東四十里武谷川再置。隋開皇二年罷郡，以拒陽屬商州，五年改拒陽爲洛南縣，取洛水之南爲名。”治所在今陝西洛南縣東南古城鎮。

［6］陽虛山：虛，底本作“靈”。中華本校勘記云：“‘虛’原作‘靈’，據《水經》一五《洛水注》改。”今從改。

［7］豐陽：縣名。治所在今陝西山陽縣。

［8］後周置：《太平寰宇記》云：“漢爲商縣地，晋太始三年分商縣之地置豐陽縣，因豐陽川以爲名，尋廢。後魏太安二年於舊縣復置。”楊守敬《隋書地理志考證》云：“按《南齊志》梁州北上洛郡、《地形志》洛州上庸郡均有豐陽縣，則志云‘後周置’誤，《寰宇記》‘後魏置’亦誤也。《一統志》：西魏廢，後周復。按《周書·泉企傳》：企，上洛豐陽人也。子仲遵，年十四，爲本縣令，及長，以功封豐陽縣伯，後襲父爵上洛郡公，舊封聽迴授一子。以其武成初卒官年四十五計之，則封豐陽縣伯正西魏時事。又仲遵子暅亦起家本縣令，足見豐陽縣西魏時未廢。”

［9］甲水：甲，底本作“申”。中華本校勘記云：“‘甲’原作‘申’，據《水經》二七《沔水注》改。”今從改。

［10］上津：縣名。《太平寰宇記》謂西魏廢帝三年置，《讀史

方輿紀要》謂梁置，《嘉慶重修一統志》謂爲隋縣。治所在今湖北郧西縣上津鎮。

弘農郡[1]大業三年置。統縣四，户二萬七千四百六十六。

弘農[2]舊置西恒農郡，後周廢。大業初置弘農郡。又有石城郡、玉城縣，[3]西魏並廢。有石隉山。**盧氏**[4]後魏置漢安郡，西魏置義川郡。[5]開皇初郡廢，州改爲虢州。大業初州廢。有關官。有石扇山。**長泉**[6]後魏曰南陝，西魏改焉。有松楊山、檀山。**朱陽**[7]舊置朱陽郡，後周郡廢。有邑陽縣，開皇末改爲邑川，大業初併入。有肺山，有湖水。

[1]弘農郡：後魏置東義州，開皇三年改爲虢州，大業三年改爲弘農郡。治所在今河南靈寶市。

[2]弘農：縣名。《元和郡縣圖志》云："本漢舊縣，隋大業二年省，三年復於今湖城縣西南一里置，尋移就郡理。其年，移郡於鴻臚川，縣亦隨徙，即今縣是也。"治所在今河南靈寶市。

[3]玉城縣：玉，底本作"王"。中華本校勘記云："'玉'原作'王'，據《周書·陽雄傳》、《元和志》六、《寰宇記》六改。"今從改。

[4]盧氏：縣名。漢縣。治所在今河南盧氏縣。

[5]西魏置義川郡：中華本校勘記云："楊考：當云'置義州義川郡'，下云'州改虢州'，知有脱文。"

[6]長泉：縣名。後魏分盧氏縣置南陝縣，西魏廢帝改爲長淵。此長泉爲唐避高祖諱改。治所在今河南洛寧縣西長水鎮。

[7]朱陽：縣名。後魏置。治所在今河南盧氏縣西。

淅陽郡[1]西魏置淅州。[2]統縣七，户三萬七千二百五十。

南鄉[3]舊置南鄉郡,[4]後周併龍泉、湖里、白亭三縣入。又有左南鄉縣,并置左鄉郡。西魏改郡爲秀山,改縣爲安山。後周秀山郡廢。開皇初南鄉郡廢。大業初置淅陽郡,併安山縣入焉。有石墨山。內鄉[5]舊曰西淅陽郡,[6]西魏改爲內鄉。後周廢,[7]併淅川、石人二縣入焉。有淅水。丹水[8]舊置丹川郡。後周郡廢,併茅城、倉陵、許昌三縣入。有胡保山。武當[9]舊置武當郡。又僑置始平郡,後改爲齊興郡。梁置興州,後周改爲豐州。開皇初二郡並廢,改爲均州。大業初州廢。有石階山、武當山。均陽[10]梁置。安福[11]梁置,曰廣福,併爲郡。開皇初郡廢,仁壽初改焉。鄖鄉[12]有防山。

[1]淅陽郡:北魏置淅州,大業初改爲淅陽郡。治所在今河南淅川縣南丹江水庫內。

[2]西魏置淅州:楊守敬《隋書地理志考證》云:"《地形志》有析州,即此淅州也,不始於西魏。案《周書·泉企傳》'以破蕭贇功,遷左將軍、淅州刺史',則淅州之置當在永安初矣。"

[3]南鄉:縣名。治所在今河南淅川縣南丹江水庫內。

[4]舊置南鄉郡:《水經·丹水注》:"逮晉封宣帝孫暢爲順陽王。因立爲順陽郡,而南鄉爲縣。"楊守敬以爲魏末復改順陽爲南鄉郡,王仲犖以爲西魏分順陽郡南鄉縣別立南鄉郡(參見王仲犖《北周地理志》,第419頁)。

[5]內鄉:縣名。西魏廢帝改西淅陽爲中鄉,隋開皇間避廟諱改。治所在今河南西峽縣。

[6]舊曰西淅陽郡:楊守敬《隋書地理志考證》云:"《地形志》淅陽郡領西淅陽、東淅陽二縣,志當云'舊曰西淅陽,並置淅陽郡'。"

[7]後周廢:"廢"下脫"郡"字。

[8]丹水:縣名。秦縣,大業十三年省。治所在今河南淅川縣

西寺灣村。

[9]武當：縣名。漢縣。治所在今湖北丹江口市西北。

[10]均陽：縣名。治所在今湖北丹江口市北。

[11]安福：縣名。治所在今湖北鄖縣東南。

[12]鄖鄉：縣名。晋武帝改錫縣爲鄖鄉。治所在今河北鄖縣。

南陽郡[1]舊置荆州。開皇初，改爲鄧州。**統縣八，户七萬七千五百二十。**

穰[2]帶郡。有白水。**新野**[3]舊曰棘陽，置新野郡。又有漢廣郡，西魏改爲黃岡郡。又有南棘陽縣，[4]改爲百寧縣。後周二郡並廢，併南棘縣入焉。[5]開皇初更名新野。**南陽**[6]舊曰上陌，置南陽郡。後周併宛縣入，更名上宛。[7]開皇初郡廢，又改爲南陽。**課陽**[8]舊曰涅陽，開皇初改焉。有課水、涅水。**順陽**[9]舊置順陽郡。西魏析置鄭縣，尋改爲清鄉。後周又併順陽入清鄉。開皇初又改爲順陽。**冠軍**[10]　　**菊潭**[11]舊曰酈，開皇初改焉。有東弘農郡，西魏改爲武關，至是廢入。有梅溪、湍水。**新城**[12]西魏改爲臨湍，開皇初復名焉。有朝水。

[1]南陽郡：後魏太和年間置荆州，開皇七年，梁王歸入隋，移荆州還江陵，於此置鄧州。治所在今河南鄧州市。

[2]穰：縣名。漢縣。治所在今河南鄧州市。

[3]新野：縣名。漢縣，後周改爲棘陽，開皇初更名爲新野。治所在今河南新野縣。

[4]南棘陽縣：本漢棘陽縣，魏改南棘陽縣，西魏又改爲百寧縣，後縣廢入新野。

[5]併南棘縣入焉：前文已言南棘陽縣改爲百寧縣，則此應爲"併百寧縣入焉"。

[6]南陽：縣名。治所在今河南南陽縣。

[7]更名上宛：上宛，底本作“上苑”，楊守敬《隋書地理志考證》云：“《輿地廣記》作‘上宛’，是。”今據改。

[8]課陽：縣名。舊名涅陽，漢縣，開皇初改爲課陽。治所在今河南鄧州市東北穰東鎮。

[9]順陽：縣名。本西漢博山縣，東漢改爲順陽，西魏析置鄭縣，尋改爲清鄉縣，後周併順陽入清鄉，開皇初又改爲順陽。治所在今鄧州市西。

[10]冠軍：縣名。漢縣。治所在今河南鄧州市西北冠軍村。

[11]菊潭：縣名。本漢酈縣，開皇初改爲菊潭。治所在今河南內鄉縣北酈城村。

[12]新城：縣名。後魏孝文帝分冠軍縣北境置新城縣，西魏廢帝改爲臨湍，開皇初復爲新城。治所在今河南鄧州市西北。

淯陽郡[1]西魏置蒙州。仁壽中，改曰淯州。**統縣三，戶一萬七千九百。**

武川[2]帶郡。有雉衡山。有淯水、澕水、澧水。向城[3]西魏置，又立雉陽郡。開皇初郡廢。方城[4]西魏置，[5]及置襄邑郡。開皇初廢。東魏又置建城郡及建城縣，後齊郡縣並廢。又有業縣，開皇末改爲澧水，大業併入。[6]有西唐山。

[1]淯陽郡：治所在今河南南召縣東南。

[2]武川：縣名。後魏置。治所在今河南南召縣東南。

[3]向城：縣名。治所在今河南南召縣東南皇路店鎮。

[4]方城：縣名。治所在今河南方城縣。

[5]西魏置：楊守敬《隋書地理志考證》云：“《地形志》有方城縣，屬襄城郡，而《水經·潕水注》引方城不云置縣，則知爲東魏置也。”

[6]大業併入："大業"後疑脱"初"字。

淮安郡[1] 後魏置東荊州，西魏改爲淮州。開皇五年又改爲顯州。統縣七，户四萬六千八百四十。

比陽[2] 帶郡。後魏曰陽平，開皇七年改爲饒良，大業初又改焉。又有後魏城陽縣，置殷州、城陽郡。開皇初郡並廢，[3]其縣尋省。又有昭越縣，大業初改爲同光，尋廢。又有東南陽郡，西魏改爲南郭郡，後周廢。又有比陽故縣，[4]置西郢州。西魏改爲鴻州，後周廢爲真昌郡。開皇初郡廢，大業初縣廢。平氏[5] 舊置漢廣郡，開皇初郡廢。有淮水。真昌[6] 舊曰北平，開皇九年改焉。顯岡[7] 舊置舞陰郡，開皇初郡廢。臨舞[8] 東魏置，及置期城郡。開皇初郡廢。又有東舞陽縣，開皇十八年改爲昆水，大業初廢。慈丘[9] 後魏曰江夏，并置江夏郡。開皇初郡廢，更置慈丘於其北境。[10]後魏有鄭州、潘州、溱州及襄城、周康二郡，上蔡、青山、震山三縣，並開皇初廢。有比水。桐柏[11] 梁置，曰淮安，[12]并立華州，又立上川郡。西魏改州爲淮州，後改爲純州，尋廢。開皇初郡廢，更名縣曰桐柏。又梁置西義陽郡，西魏置淮陽郡及輔州，後周州郡並廢，又置淮南縣。開皇末改爲油水，大業初廢。又有大義郡，後周置，開皇初廢。有桐柏山。

[1]淮安郡：後魏太和中置東荊州於比陽古城，西魏恭帝元年改爲淮州，開皇五年改爲顯州，大業初罷州爲淮安郡。治所在今河南泌陽縣。

[2]比陽：縣名。本漢縣，後魏爲陽平，開皇七年改爲饒良，大業初又改爲比陽。治所在今河南泌陽縣。

[3]開皇初郡並廢：中華本校勘記云："'郡'當作'州郡'。"

[4]比陽故縣：王仲犖《北周地理志》云："按比陽漢縣，屢有

移徙。爲東荊州治所之比陽故城者，漢比陽縣故至也；此比陽縣，後來徙移所治也。"（王仲犖：《北周地理志》，第 445 頁）

［5］平氏：縣名。漢舊縣，後廢，齊復置。《元和郡縣圖志》又云："本漢舊縣，屬南陽郡。晋屬義陽郡，其後爲北人侵掠，縣皆丘墟。後魏於平氏故城重置，屬淮州。"治所在今河南桐柏縣西北平氏鎮。

［6］真昌：縣名。治所在今河南方城縣東南。

［7］顯岡：縣名。本漢舞陽縣，開皇初改爲顯岡。治所在今河南泌陽縣西北古城村。

［8］臨舞：縣名。東魏改西舞陽縣置。治所在今河南泌陽縣西北。

［9］慈丘：縣名。後魏置江夏，隋改爲慈丘。治所在今河南泌陽縣東北。

［10］開皇初郡廢，更置慈丘於其北境：《元和郡縣圖志》云："本漢比陽縣之地，後魏孝文帝於此置江夏縣，并置江夏郡領之。隋開皇三年廢郡，縣屬淮州。十八年改爲慈丘，取慈丘山爲名。"《太平寰宇記》云："漢比陽縣地，屬南陽郡。後魏于此立江夏郡，尋廢爲戍。隋開皇十八年改爲慈丘縣，取界内山爲名。"此二書所記與本志有異。

［11］桐柏：縣名。治所在今桐柏縣東固縣鎮。

［12］梁置，曰淮安：《元和郡縣圖志》云："梁於此置義鄉縣，隋開皇十八年改爲桐柏，取桐柏山爲名也。"《太平寰宇記》云："後周武帝建德三年又分置義鄉縣以屬焉。隋開皇十八年改義鄉爲桐柏。"則當是梁置淮安，後周改爲義鄉，開皇十八年改爲桐柏（參見施和金《中國行政區劃通史·隋代卷》，第 294 頁）。

豫州於《禹貢》爲荊州之地。其在天官，自氐五度至尾九度，[1] 爲大火，[2] 於辰在卯，宋之分野，屬豫州。

自柳九度至張十六度，[3]爲鶉火，[4]於辰在午，周之分野，屬三河，[5]則河南。准之星次，[6]亦豫州之域。豫之言舒也，言稟平和之氣，性理安舒也。洛陽得土之中，賦貢所均，故周公作洛，此焉攸在。其俗尚商賈，機巧成俗。故《漢志》云“周人之失，巧僞趨利，賤義貴財”，此亦自古然矣。滎陽古之鄭地，梁郡梁孝故都，[7]邪僻傲蕩，舊傳其俗。今則好尚稼穡，重於禮文，其風皆變於古。譙郡、濟陰、襄城、潁川、汝南、淮陽、汝陰，其風頗同。南陽古帝鄉，搢紳所出，自三方鼎立，地處邊疆，戎馬所萃，失其舊俗。上洛、弘農，本與三輔同俗。自漢高發巴、蜀之人，定三秦，遷巴之渠率七姓，居於商、洛之地，由是風俗不改其壤。其人自巴來者，風俗猶同巴郡。淅陽、淯陽，亦頗同其俗云。

[1]氐：星宿名。二十八宿之一，東方蒼龍七宿的第三宿。有星四顆，也稱天根。　尾：星宿名。二十八宿之一。東方蒼龍七宿的第六宿，有星九顆。

[2]大火：十二星次之一。與十二辰相配爲卯，與二十八宿相配爲氐、房、心三宿。

[3]柳：星宿名。二十八宿之一。南方朱鳥七宿的第三宿。張：星宿名。二十八宿之一。朱雀七宿的第五宿，有星六顆。

[4]鶉火：星次名。南方有井、鬼、柳、星、張、翼、軫七宿，稱朱鳥七宿。首位者稱鶉首，中部者（柳、星、張）稱鶉火。

[5]三河：漢代稱河內、河東、河南三郡爲三河，即今河南洛陽市黃河南北一帶。

[6]准之星次：准，底本作“淮”，據下文冀州序改。

[7]梁孝：即漢梁孝王劉武。傳見《漢書》卷四七。

東郡[1]開皇九年置杞州，十六年改爲滑州，大業二年爲兖州。統縣九，户十二萬一千九百五。

白馬[2]舊置東郡，後齊併涼城縣入焉。[3]大業初復置郡。靈昌[4]開皇十六年置。衛南[5]開皇十六年置，大業初廢西濮陽入焉。又有後魏平昌、長樂二縣，後齊並廢。濮陽[6]開皇十六年分置昆吾縣，大業初入焉。封丘[7]後齊廢，開皇十六年復。[8]匡城[9]後齊曰長垣，開皇十六年改焉。胙城[10]舊曰東燕，開皇十八年改焉。韋城[11]開皇六年置，十六年分置長垣縣，大業初省入焉。離狐[12]

[1]東郡：治所在今河南滑縣東南城關鎮。

[2]白馬：縣名。漢置。治所在今河南滑縣東南城關鎮。

[3]後齊併涼城縣入焉：楊守敬《隋書地理志考證》云："按《周書·武帝紀》建德五年有涼城公辛韶，似齊尚未廢。"另此句下脱"開皇初郡廢"五字。

[4]靈昌：縣名。開皇十六年分東燕、酸棗二縣置。治所在今河南滑縣西南。

[5]衛南：縣名。開皇十六年置楚丘縣，後因重名，改爲衛南。治所在今河南滑縣東。

[6]濮陽：縣名。漢縣。治所在今河南濮陽縣西南。

[7]封丘：縣名。治所在今河南封丘縣。

[8]後齊廢，開皇十六年復：《元和郡縣圖志》云："後魏并入酸棗。宣武帝又置封丘縣。"所記與本志有異。

[9]匡城：縣名。治所在今河南長垣縣西南司坡村。

[10]胙城：縣名。漢南燕縣，後慕容德改爲東燕，開皇十八年改爲胙城。治所在今河南延津縣東北。

[11]韋城：縣名。《元和郡縣圖志》記開皇六年分白馬縣南境置，《太平寰宇記》記置縣於韋氏之國，故名韋城。治所在今河南滑縣東南。

[12]離狐：縣名。楊守敬《隋書地理志考證》云："《水經·濟水注》：濮水又東逕濮陽城南，有東逕濟陰離狐縣故城北。按此漢離狐也，東晉移單父，隋復置於此。"治所在今河南濮陽市東南。

東平郡[1]後周置魯州，尋廢。[2]開皇十年置鄆州。[3]統縣六，户八萬六千九十。

鄆城[4]後周置，曰清澤，又置高平郡。開皇初郡廢，改縣曰萬安。十八年改曰鄆城。大業初置郡，併廩丘入焉。鄄城[5]舊置濮陽郡，開皇初郡廢，十六年置濮州，大業初州廢。有關官。須昌[6]開皇十六年置。有梁山。宿城[7]後齊曰須昌，開皇十六年改焉。舊置東平郡，後齊並廢。[8]雷澤[9]舊曰城陽，後齊廢。開皇十六年置，曰雷澤，又分置臨濮縣。大業初併入焉。有歷山、雷澤。鉅野[10]舊廢，[11]開皇十六年復，又置乘丘縣，大業初廢入焉。

[1]東平郡：治所在今山東鄆城縣東。

[2]尋廢：楊守敬《隋書地理志考證》云："按《隋書·薛胄傳》：隋受禪，拜魯州刺史。又《柳旦傳》'開皇中歷羅、魯、浙三州刺史'，則隋初未廢也。"

[3]開皇十年置鄆州：《太平寰宇記》記開皇十六年分兗州萬安縣置鄆州。

[4]鄆城：縣名。開皇十八年改萬安縣置。治所在今山東鄆城縣東。

[5]鄄城：縣名。漢置，宋省，後魏復置。治所在今山東鄄城

縣北舊城鎮。

[6]須昌：縣名。開皇十六年改須昌爲宿城，另於宿城西北別置須昌。治所在今山東東平縣須城鎮西北。

[7]宿城：縣名。治所在今山東東平縣西南宿城村。

[8]舊置東平郡，後齊並廢：楊守敬《隋書地理志考證》云："葉氏曰：'郡'字下當有'及無鹽縣'四字。按《元和志》'後齊須昌治無鹽城'，則無鹽爲齊廢審矣。"

[9]雷澤：縣名。治所在今山東菏澤市東北胡集鄉。

[10]鉅野：縣名。漢縣，後廢，開皇十六年復置。治所在今山東巨野縣南。

[11]舊廢：楊守敬《隋書地理志考證》云："自漢至後魏俱有鉅野，蓋廢於齊、周間也。"

濟北郡[1]舊置濟州。統縣九，户十萬五千六百六十。

盧[2]舊置郡，開皇初廢。六年分置濟北縣，大業初省入焉，尋置郡。有關官。[3]有成迴倉。有魚山、游仙山。范[4]後齊廢，開皇十六年置。[5]陽穀[6]開皇十六年置。東阿[7]有浮山、嶷山、狼水。平陰[8]開皇十四年置，曰榆山，大業初改焉。長清[9]開皇十四年置。又有東太原郡，後齊廢。濟北[10]開皇十四年置，曰時平，大業初改焉。[11]壽張[12]　肥城[13]宋置濟北郡，後齊廢。後周置肥城郡，尋廢，又復。開皇初又廢。

[1]濟北郡：後魏置濟州，大業三年改爲濟北郡。治所在今山東茌平縣西南。

[2]盧：縣名。後魏置。治所在今山東茌平縣西南。

[3]關官：此指濟州關。

[4]范：縣名。漢縣在壽張范城橋，魏徙治於今地，後齊廢，

開皇中復置。治所在今河南范縣東南張莊鄉。

[5]開皇十六年置：《元和郡縣圖志》《太平寰宇記》均作開皇六年置。

[6]陽穀：縣名。開皇十六年於漢須昌縣地置。治所在今山東陽穀縣東北。

[7]東阿：縣名。漢縣，宋省，魏復置。治所在今山東東阿縣西南。

[8]平陰：縣名。開皇十四年置榆山於今縣西北，大業二年改名並移於今理。治所在今山東平陰縣。

[9]長清：縣名。開皇五年置鎮，十四年廢鎮置縣。治所在今山東濟南市長清區東南。

[10]濟北：縣名。今地不詳。

[11]大業初改焉：楊守敬《隋書地理志考證》云：“大業初廢盧縣之濟北，故以此改。”

[12]壽張：縣名。漢置壽良，東漢改爲壽張。治所在今山東東平縣西南。

[13]肥城：縣名。漢置，後廢，後魏復置。治所在今山東肥城市北老城鎮。

武陽郡[1] 後周置魏州。**統縣十四，户二十一萬三千三十五。**

貴鄉[2] 東魏置。又有平邑縣，後齊廢，開皇十六年又置。大業初置武陽郡，并省平邑縣入焉。[3] 有愜山。**元城**[4] 後齊廢。開皇六年復，又置馬陵縣，大業初廢入焉。有沙麓山。**繁水**[5] 舊曰昌樂，置昌樂郡。東魏郡廢，後周又置。舊有魏城縣，後齊廢。開皇初廢郡。六年置縣，曰繁水。大業初廢昌樂縣入焉。**魏**[6] 後齊廢，開皇六年復。十六年析置漳陰縣，大業初省入焉。**莘**[7] 舊曰陽平，後齊改曰樂平。[8] 開皇六年復曰陽平，[9] 八年改曰清邑，十六年置莘州。大業初州廢，改縣名莘，又廢莘亭縣入焉。後周置武陽郡焉，開皇初廢。頓丘[10]後齊省，開皇六年置。[11]又有舊陰安縣，後齊廢。觀城[12]舊曰衛國，開皇六年改。臨黃[13]後魏置，後齊省，開皇六年復，十六年分置河上縣，大業初省入焉。武陽[14]後齊省，後周置。武水[15]開皇十六年置。館陶[16]舊置毛州，大業初州廢。又有舊陽平郡，開皇初廢。堂邑[17]開皇六年置。冠氏[18]開皇六年置。聊城[19]舊置南冀州及平原郡，未幾，州廢。開皇初郡廢。十六年置博州，大業初州廢。

[1]武陽郡：後周分昌樂郡置魏州，大業三年罷州爲武陽郡。治所在今河北大名縣東北大街鄉。

[2]貴鄉：縣名。東魏分館陶置。治所在今河北大名縣東北大街鄉。

[3]并省平邑縣入焉：平，底本作“玄”。中華本校勘記云“‘平邑’原作‘玄邑’。按平邑原是戰國地名。上文‘又有平邑縣’，此處也應指該縣。今據改。”今從改。

[4]元城：縣名。漢縣，後齊廢入貴鄉縣，開皇六年復置。治所在今河北大名縣東。

[5]繁水：縣名。開皇六年分昌樂縣置。治所在今河南南樂縣西北。

[6]魏縣：漢縣，後齊廢入昌樂縣，開皇六年復分昌樂縣置。治所在今河北大名縣西南魏城村。

[7]莘：縣名。大業初以清邑縣改名。治所在今山東莘縣。

[8]舊曰陽平，後齊改曰樂平：楊守敬《隋書地理志考證》云：“按漢東郡有陽平，又有樂平，魏、晉以下亦兩縣並立，後齊蓋省樂平入陽平，又改陽平爲樂平。”

[9]開皇六年復曰陽平：《元和郡縣圖志》云：“隋開皇六年，又於樂平故城置陽平縣。”

[10]頓丘：縣名。漢縣，後齊廢，開皇六年復置。治所在今河南清豐縣西南。

[11]後齊省，開皇六年置：楊守敬《隋書地理志考證》云："按晉有頓丘郡，武帝置，後魏頓丘縣仍屬頓丘郡，志當云'舊置頓丘郡，後齊並縣廢'。"

[12]觀城：縣名。開皇六年改衛國縣置。治所在今河南清豐縣東南。

[13]臨黃：縣名。治所在今河南范縣東南臨黃集。

[14]武陽：縣名。本漢東武陽縣，後魏改爲武陽，後齊廢，後周復置。治所在今山東莘縣西南朝城鎮。

[15]武水：縣名。開皇十六年分清邑縣置。治所在今山東聊城市西南沙鎮。

[16]館陶：縣名。漢縣。治所在今河北館陶縣。

[17]堂邑：縣名。治所在今山東冠縣東。

[18]冠氏：縣名。開皇六年分館陶東界置。治所在今山東冠縣北。

[19]聊城：縣名。治所在今山東聊城市東北王城。

渤海郡[1]開皇六年置棣州，[2]大業二年爲滄州。統縣十，户十二萬二千九百九。

陽信[3]帶郡。樂陵[4]舊置樂陵郡，開皇初郡廢。十六年分置鬲津縣，大業初廢入焉。滴河[5]開皇十六年置。又有後魏濕沃縣，後齊廢。有關官。厭次[6]後齊廢，開皇十六年復。蒲臺[7]開皇十六年置。饒安[8]舊置滄州、浮陽郡，開皇初郡廢，大業初州廢。無棣[9]開皇六年置。鹽山[10]舊曰高成。開皇十六年又置浮水縣。十八年改高成曰鹽山。大業初省浮水入焉。有鹽山、峽山。南皮[11]　清池[12]舊曰浮陽，開皇十八年改。

[1]勃海郡：治所在今山東陽信縣西南。

[2]開皇六年置棣州：《元和郡縣圖志》《太平寰宇記》俱言開皇十六年置。

[3]陽信：縣名。漢縣。治所在今山東陽信縣南西程子塢村。

[4]樂陵：縣名。漢置。治所在今山東樂陵市東南。

[5]滴河：縣名。治所在今山東商河縣。

[6]厭次：縣名。治所在今山東惠民縣東南先棣州村。

[7]蒲臺：縣名。治所在今山東濱州市東南蒲城鄉。

[8]饒安：縣名。漢千童縣，後漢改爲饒安。治所在今河北鹽山縣西南千童鎮。

[9]無棣：縣名。開皇六年割陽信、饒安置。治所在今山東慶雲縣北慶雲舊治。

[10]鹽山：縣名。漢置高城縣，開皇十八年改。治所在今河北黃驊市西南。

[11]南皮：縣名。漢置。治所在今河北南皮縣東北。

[12]清池：縣名。池，底本作“地”。中華本校勘記云：“‘池’原作‘地’，據《元和志》一八、《通典》一八〇、《舊唐書·地理志》二改。”今從改。治所在今河北滄縣東南舊州鎮。

平原郡[1]開皇九年置德州。統縣九，户十三萬五千八百二十二。

安德[2]舊置平原郡，[3]開皇初郡廢，大業初復。又開皇十六年置繹幕縣，至是廢入焉。又有後魏鬲縣，後齊廢。有關官。平原[4]後齊併鄃縣入焉。有關官。又後魏置東青州，置未久而廢。將陵[5]開皇十六年置。平昌[6]後魏置東安郡，後齊廢，并以重平縣入焉。般[7]後齊省，開皇十六年復。長河[8]舊曰廣川。後齊省，開皇六年復置，仁壽初改名焉。弓高[9]舊廢，開皇十六年置。東光[10]舊置渤海郡，開皇初郡廢。九年置觀州，大業初州廢，又併安陵入焉。有天胎山。胡蘇[11]舊廢，開皇十六年置。

[1]平原郡：治所在今山東陵縣。

[2]安德：縣名。德，底本作“樂”。楊守敬《隋書地理志考證》云：“當作‘安德’，本漢縣。《舊唐志》：安德，漢至隋不改。諸書並無隋改安德爲安樂之説，知此‘樂’字爲‘德’字之誤無疑。”今據改。治所在今山東陵縣。

[3]平原郡：楊守敬云此“平原”當作“安德”。

[4]平原：縣名。治所在今山東平原縣西南。

[5]將陵：縣名。治所在今山東陵縣北趙宅鄉。

[6]平昌：縣名。漢縣。治所在今山東臨邑縣北德平鎮。

[7]般：縣名。漢縣，後齊廢，開皇十六年復置。治所在今山東樂陵市西南。

[8]長河：縣名。漢名廣川，後齊省，開皇六年復置，仁壽元年避太子楊廣諱改爲長河。治所在今山東德州市東。

[9]弓高：縣名。漢縣，晋廢，開皇十六年復置。治所在今河北阜城縣東北。

[10]東光：縣名。漢縣。治所在今河北東光縣。

[11]胡蘇：縣名。治所在今山東寧津縣西北保店鎮。

兗州於《禹貢》爲濟、河之地。其於天官，自軫十二度至氐四度，[1]爲壽星，[2]於辰在辰，[3]鄭之分野。兗州蓋取沇水爲名，亦曰兗，兗之爲言端也，言陽精端端，故其氣纖殺也。東郡、東平、濟北、武陽、平原等郡，得其地焉。兼得鄒、魯、齊、衛之交。舊傳太公唐叔之教，亦有周孔遺風。今此數郡，其人尚多好儒學，性質直懷義，有古之風烈矣。

[1]軫：星宿名。二十八宿之一，南方朱雀七宿的最末一宿。有星四顆。

[2]壽星：十二星次之一。在十二支爲辰，在二十八宿則起於軫宿十二度，跨角、亢二宿至氐宿四度。

[3]於辰在辰："在"下原脱"辰"，中華本據李慈銘《隋書札記》補，今從補。

信都郡[1]舊置冀州。統縣十二，戶十六萬八千七百一十八。

長樂[2]舊曰信都，帶長樂郡，後齊廢扶柳縣入焉。開皇初郡廢，分信都置長樂縣。十六年又分長樂置澤城縣。大業初廢信都及澤城入焉，置信都郡。堂陽[3]舊縣，後齊廢，開皇十六年復。衡水[4]開皇十六年置。棗强[5]舊縣，後齊廢索蘆、廣川二縣入焉。武邑[6]舊縣，後齊廢。開皇六年置，并得後齊觀津縣地。十六年分武强置昌亭縣，大業初廢入焉。武强[7]舊置武邑郡，後齊郡廢，又廢武遂縣入焉。南宫[8]舊縣，後齊廢，開皇六年復。斌强[9]　鹿城[10]舊曰鄡，[11]後齊改曰安國。開皇六年改爲安定，十八年改。開皇十六年又置晏城，大業初廢入。下博[12]　蓨[13]舊曰脩，開皇五年改。十六年分置觀津縣，大業初廢。阜城[14]

[1]信都郡：後魏置冀州，大業三年改爲信都郡。治所在今河北冀州市。

[2]長樂：縣名。漢置信都縣，開皇六年分信都置長樂，大業二年省信都入長樂，十二年又改長樂爲信都。治所在今河北冀州市。

[3]堂陽：縣名。漢置，後齊廢，開皇十六年復置。治所在今河北新河縣西北。

[4]衡水：縣名。治所在今河北衡水市西南舊城。

[5]棗强：縣名。漢置，後漢廢，晉復。《太平寰宇記》云："高齊天保七年省廣川縣，因移棗强縣理此城，屬長樂郡。隋開皇二年又自故城移棗强于今理。"治所在今河北棗强縣東前舊縣村。

[6]武邑：縣名。漢置，後齊廢，開皇六年復置。治所在今河北武邑縣。

[7]武强：縣名。晉置。治所在今河北武强縣西南舊城村。

[8]南宫：縣名。漢置，後齊天保中廢，開皇六年復置。治所在今河北南宫市西北舊城村。

[9]斌强：縣名。王仲犖《北周地理志》云："按《地形志》，相州廣宗郡有武强縣，即此縣，亦即《隋書·地理志》之信都郡斌强縣也。《地形志》冀州武邑郡別有武强縣，即《隋志》之信都郡武强縣也。隋以信都郡同時有二武强縣，故改後魏廣宗郡之武强縣爲斌强縣以別之。"（王仲犖：《北周地理志》，第953—954頁）治所在今河北中南部。

[10]鹿城：縣名。開皇十八年改安定縣置。治所在今河北辛集市東北舊城鎮。

[11]舊曰鄡：鄡，底本作"郡"。中華本校勘記云："'鄡'原作'郡'，據《漢書·地理志》下、《續漢書·郡國志》二改。"今從改。

[12]下博：縣名。漢置。治所在今河北深州市東南下博鄉。

[13]蓨：縣名。治所在今河北景縣南。

[14]阜城：縣名。漢置。治所在今河北阜城縣東古城鎮。

清河郡[1]後周置貝州。統縣十四，户三十萬六千五百四十四。

清河[2]舊曰武城,[3]置清河郡。開皇初郡廢，改名焉,[4]仍別置武城縣。十六年置夏津縣，大業初廢入，置清河郡。清陽[5]舊曰清河縣，後齊省貝丘入焉，改爲貝丘。開皇六年改爲清陽。又有後魏候城縣，後齊省以入武城，亦入焉。武城[6]舊曰東武城。開皇初改武城爲清河縣，於此置武城。歷亭[7]開皇十六年分武城置焉。漳南[8]開皇六年置，曰東陽，十八年改爲漳南。有後魏故索盧城，後齊以入棗強，至是入。鄃[9]舊廢，開皇十六年置。臨清[10]後齊廢，開皇六年復。又十六年置沙丘縣，大業初廢入焉。清泉[11]後齊廢千童縣入。[12]開皇十六年置貝丘縣，大業二年廢入。清平[13]開皇六年置，曰貝丘，十六年改曰清平。高唐[14]後魏置南清河郡，後齊郡廢。經城[15]後齊廢，開皇六年置，十六年分置府城縣，大業初省入焉。宗城[16]舊曰廣宗，仁壽元年改。博平[17]開皇六年置靈縣，大業初省入。茌平[18]後齊廢，開皇初復。

[1]清河郡：後周建德六年（577）平齊置貝州，大業三年罷州爲清河郡。治所在今清河縣西城關鎮。

[2]清河：縣名。治所在今清河縣西城關鎮。

[3]舊曰武城：《元和郡縣圖志》言本漢信成縣地，後漢省信成置清河，至隋不改。

[4]改名焉：楊守敬《隋書地理志考證》云：“‘改’上脱‘縣’字。”《太平寰宇記》云：“後魏移清河郡及清河縣于漢厝城置。高齊自厝城移郡及武城縣于今貝州西北十里故州城，其城即漢信成縣理……（開皇）六年移武城縣還于舊理，自厝城移清河縣于州郭。”

[5]清陽：縣名。開皇六年改貝丘縣置。治所在今臨清市東北。

[6]武城：縣名。開皇中改武城爲清河，於此又置武城。治所

在今山東武城縣西北。

[7]歷亭：縣名。治所在今山東武城縣東。

[8]漳南：縣名。開皇六年於故東陽城復置東陽縣，十八年改爲漳南。治所在今山東武城縣漳南鎮。

[9]鄃：縣名。漢縣，後廢，開皇十六年復置。治所在今山東夏津縣。

[10]臨清：縣名。後魏置，後齊廢，開皇六年復置。治所在今河北臨西縣。

[11]清泉：縣名。楊守敬《隋書地理志考證》云：“本漢清淵縣地，後齊徙置。按唐爲高祖諱，故《晋志》《隋志》作‘泉’。”治所在今山東冠縣東北清水鎮。

[12]後齊廢千童縣入：楊守敬《隋書地理志考證》云：“按前漢千童縣屬渤海郡，後漢省，在今南皮縣東南八十里，去清泉甚遠，安能併入？葉圭綬云：‘千童是發干之誤’。按漢發干故城在今堂邑縣西南三十三里，與清泉境相接，葉説是。”

[13]清平：縣名。開皇六年改貝丘爲清陽，於此又置貝丘，十六年改爲清平。治所在今山東臨清市東。

[14]高唐：縣名。治所在今山東高唐縣。

[15]經城：縣名。開皇六年移武强縣，復於此置經城縣。治所在今河北威縣北經鎮。

[16]宗城：縣名。治所在今河北威縣東。

[17]博平：縣名。漢置。治所在今山東茌平縣西北。

[18]茌平：縣名。治所在今山東茌平縣西南。

魏郡[1]後魏置相州，東魏改曰司州牧。後周又改曰相州，置六府。宣政初府移洛，以置總管府，[2]未幾，府廢。**統縣十一，户十二萬二百二十七。**

　　安陽[3]周大象初，置相州及魏郡，因改名鄴。開皇初郡廢，十年復，名安陽，分置相縣，鄴還復舊。大業初廢相入焉，置魏郡。有韓陵山。鄴[4]東魏都。後周平齊，置相州。大象初縣隨州徙安陽，此改爲靈芝縣。開皇十年又改焉。臨漳[5]東魏置。成安[6]後齊置。靈泉[7]後周置。有龍山。堯城[8]開皇十年置，名長樂。十八年改焉。洹水[9]後周置。滏陽[10]後周置。開皇十年置慈州，大業初州廢。臨水[11]有慈石山、鼓山、滏山。林慮[12]後魏置林慮郡，後齊郡廢，後又置。開皇初郡廢，又分置淇陽縣。十六年置巖州。大業初州廢，又廢淇陽入焉。有林慮祇、仙人臺、洹水。臨淇[13]東魏置，尋廢，開皇十六年復。有淇水。

[1]魏郡：治所在今河南安陽市。

[2]宣政初府移洛，以置總管府：《周書》卷六《武帝紀》云：“（建德六年正月）以上柱國、越王盛爲相州總管。”則置總管府應在宣政前。楊守敬《隋書地理志考證》又云：“按：移府於洛在大成元年二月，見志豫州河南郡洛陽縣下，此作‘宣政初’，亦誤。”

[3]安陽：縣名。開皇十年改鄴縣置。治所在今河南安陽市西南。

[4]鄴：縣名。漢舊縣，開皇十年改靈芝縣復置。治所在今河北臨漳縣西南鄴鎮。

[5]臨漳：縣名。東魏孝靜帝分鄴縣置，周武帝平齊後，自鄴城移今理。治所在今河北臨漳縣西南。

[6]成安：縣名。後齊文宣帝分鄴縣置。治所在今河北成安縣。

[7]靈泉：縣名。治所在今河南安陽市西南。

[8]堯城：縣名。晋置長樂縣，後齊廢入臨漳縣，開皇十年分臨漳、洹水二縣復置長樂縣，十八年改爲堯城。治所在今河南安陽市東。

[9]洹水：縣名。周武帝建德六年分臨漳東北界置。治所在今

河北魏縣西南舊魏縣。

　　[10]滏陽：縣名。周武帝置。治所在今河北磁縣。

　　[11]臨水：縣名。三國魏黄初三年（222）置。治所先在今河北涉縣西北，開皇七年移治今涉縣東北，開皇十年又移治今邯鄲市臨水鎮。

　　[12]林慮：縣名。西漢名隆慮，東漢避殤帝諱改爲林慮，後魏廢入鄴縣，太和二十一年復置。治所在今河南林州市。

　　[13]臨淇：縣名。東魏分朝歌、林慮、共縣置，後齊廢，開皇十六年復置。治所在今河南林州市東南臨淇鎮。

汲郡[1]東魏置義州，後周爲衛州。[2]統縣八，户十一萬一千七百二十一。

　　衛[3]舊曰朝歌，置汲郡。後周又分置修武郡。開皇初郡並廢，十六年又置清淇縣。大業初置汲郡，改朝歌縣曰衛，廢清淇入焉。有朝陽山、同山。有紂朝歌城、比干墓。汲[4]東魏僑置七郡十八縣。後齊省，以置伍城郡，後周廢爲伍城縣，開皇六年改焉。隋興[5]開皇六年置。後析置陽源縣，大業初併入焉。有倉巖山。黎陽[6]後魏置黎陽郡，後置黎州。[7]開皇初州郡並廢。十六年又置黎州，大業初罷。有倉。有關官。有大伾山、枉人山。内黄[8]舊廢，開皇六年置。十六年分置繁陽縣，大業初廢入。湯陰[9]舊廢，開皇六年又置。有博望岡。臨河[10]開皇六年置。澶水[11]開皇十六年置。

　　[1]汲郡：東魏孝静帝興和二年（540）置義州，周武帝改爲衛州，大業三年改爲汲郡。治所在今河南浚縣西南衛賢鄉。

　　[2]後周爲衛州：楊守敬《隋書地理志考證》云：“據《周書·廢帝紀》改義州爲巖州，此云衛州，當是廢義州分置巖、衛二

州也。”

　　[3]衛：縣名。漢置朝歌縣，大業初改爲衛縣。治所在今河南浚縣西南衛賢鄉。

　　[4]汲：縣名。開皇六年改伍城縣置。治所在今河南衛輝市。

　　[5]隋興：縣名。治所在今河南衛輝市北。

　　[6]黎陽：縣名。漢置。治所在今河南浚縣東。

　　[7]後置黎州：楊守敬《隋書地理志考證》云：“按《周紀》‘宣政元年分相州黎陽郡置黎州’，志‘後’字下當有‘周’字。”

　　[8]內黃：縣名。漢置，東魏天平初廢入臨漳縣，開皇六年復置。治所在今河南內黃縣西。

　　[9]湯陰：縣名。漢置，東魏天平初廢入鄴縣，開皇六年復置。治所在今河南湯陰縣東。

　　[10]臨河：縣名。開皇六年分黎陽縣置。治所在今河南浚縣東北。

　　[11]澶水：縣名。原名澶淵，唐初避國諱改爲澶水，此係唐人追改。治所在今河南濮陽縣西。

河內郡[1]舊置懷州。統縣十，户十三萬三千六百六。

　　河內[2]舊曰野王，置河內郡。開皇初郡廢，十六年縣改焉。[3]有軹縣，大業初廢入，尋置郡。有大行。有丹水。有絺城。溫[4]舊廢，開皇十六年置。古溫城。濟源[5]開皇十六年置。舊有沁水縣，後齊廢入。有孔山、母山。有濟水、瀤水、古原城。[6]河陽[7]舊廢，開皇十六年置。有盟津。有古河陽城治。安昌[8]舊曰州縣，置武德郡。開皇初郡廢，十八年縣改爲邢丘。[9]大業初改名安昌，又廢懷縣入焉。舊有平高縣，後齊廢。王屋[10]舊曰長平，後周改焉，後又置懷州。及平齊，廢州置王屋郡。開皇初郡廢。有王屋山、齊子嶺。有軹關。獲嘉[11]後周置修武郡，開皇初郡廢。十六年置殷州，大業初州廢。新鄉[12]開皇初年置。有關官。舊有獲嘉縣，後齊廢。**修武**[13] 後魏置修武，[14] 後齊併入焉。
開皇十六年析置武陟，大業初併入焉。又有東魏廣寧郡，後周廢。
共城[15] 舊曰共，後齊廢。開皇六年復置，[16] 曰共城。有共山、白
鹿山。

[1]河内郡：後魏置懷州，大業三年改爲河内郡。治所在今河
南沁陽市。

[2]河内：縣名。漢置野王縣，開皇中改爲河内。治所在今河
南沁陽市。

[3]開皇十六年縣改焉：《元和郡縣圖志》《太平寰宇記》均記
開皇十三年改。

[4]溫：縣名。漢置，後廢，開皇十六年復置。治所在今河南
溫縣西南上苑村北。

[5]濟源：縣名。開皇十六年分軹縣置。治所在今河南濟源市。

[6]瀑水：瀑，底本作“淇”。中華本校勘記云：“‘瀑’原作
‘淇’，據《水經》四《河水注》改。”今從改。

[7]河陽：縣名。漢置，北齊天保中廢入溫、軹二縣，開皇十
六年分二縣復置。治所在今河南孟州市南。

[8]安昌：縣名。治所在今河南溫縣東北武德鎮。

[9]十八年縣改爲邢丘：《元和郡縣圖志》《太平寰宇記》均記
開皇十六年改。

[10]王屋：縣名。後魏皇興四年分垣縣置長平縣，後周武成元
年（559）改爲王屋。治所在今河南濟源市西王屋鄉。

[11]獲嘉：縣名。漢縣。治所在今河南獲嘉縣。

[12]新鄉：縣名。開皇六年於汲、獲嘉二縣地古新樂城中置。
治所在今河南新鄉市。

[13]修武：縣名。治所在今河南修武縣，大業十年移治今河南
武陟縣西南大虹橋鄉。

[14]後魏置修武：楊守敬《隋書地理志考證》云："《地形志》汲郡有南、北修武縣，南修武縣即獲嘉縣治，北修武在今修武縣北，疑志當有'南北'二字。"

[15]共城：縣名。治所在今河南輝縣市。

[16]開皇六年復置：《元和郡縣圖志》《太平寰宇記》均記開皇四年置。

長平郡[1] 舊曰建州。開皇初改爲澤州。[2]統縣六，户五萬四千九百一十三。

丹川[3] 舊曰高都。後齊置長平、高都二郡，後周併爲高平郡。開皇初郡廢，十八年改爲丹川。大業初置長平郡。有太行山。沁水[4] 舊置廣寧郡。後齊郡廢，縣改爲永寧。[5]開皇十八年改爲。有輔山。端氏[6] 後魏置安平郡，開皇初郡廢。有巨峻山、秦川水。濩澤[7] 有譙嶢山、濩澤山。高平[8] 舊曰平高，齊末改爲，又併泫氏縣入焉。有關官。陵川[9] 開皇十六年置。

[1]長平郡：後魏置建州，後改爲澤州，大業初又改爲長平郡。

[2]開皇初改爲澤州：《元和郡縣圖志》記後周改澤州。

[3]丹川：縣名。漢置高都縣，開皇十八年改爲丹川。治所在今山西晋城市東北高都鎮。

[4]沁水：縣名。治所在今山西沁水縣。

[5]縣改爲永寧：《元和郡縣圖志》《太平寰宇記》俱言後魏置東永安縣，後齊省郡而縣存，開皇十八年改爲沁水。未記改永寧之事。

[6]端氏：縣名。漢置，後魏太平真君七年（446）廢，太和二十年復置。治所在今山西沁水縣東端氏鎮。

[7]濩澤：縣名。漢置。治所在今山西陽城縣西北澤城村。

［8］高平：縣名。治所在今山西高平市西北。

［9］陵川：縣名。治所在今山西陵川縣。

上黨郡[1] 後周置潞州。統縣十，戶十二萬五千五十七。

上黨[2] 舊置上黨郡，開皇初郡廢。有壺關縣。大業初復置郡，廢壺關入焉。有羊頭山、抱犢山。長子[3] 後齊廢。開皇九年置，曰寄氏縣。[4] 十八年改爲長子。舊有屯留、樂陽二縣，後齊廢。有濁漳水、堯水。潞城[5] 開皇十六年置。有黃阜山。屯留[6] 後齊廢，開皇十六年復。襄垣[7] 舊置襄垣郡，後齊郡廢。後周置韓州，大業初廢。有鹿臺山。黎城[8] 後魏以潞縣被誅遺人置，[9] 十八年改名黎城。有積布山、松門嶺。涉[10] 後魏廢，開皇十八年復。[11] 有崇山。鄉[12] 石勒置武鄉郡，後魏去“武”字。開皇初郡廢，十六年分置榆社縣，大業初廢。又有後魏南垣州，尋改豐州，後周廢。銅鞮[13] 有舊涅縣，後魏改爲陽城。開皇十八年改爲甲水，大業初省入。有銅鞮水。沁源[14] 後魏置縣及義寧郡，開皇初廢。[15] 十六年置沁州。又義寧縣十八年改爲和川。大業初州廢，又廢和川縣入。

［1］上黨郡：大業三年改潞州置。治所在今山西長治市。

［2］上黨：縣名。開皇十六年分壺關縣置。治所在今山西長治市。

［3］長子：縣名。治所在今山西長子縣。

［4］開皇九年置，曰寄氏縣：《元和郡縣圖志》《太平寰宇記》均言開皇九年是移寄氏縣理至此，則長子縣雖廢於後齊，而寄氏未廢，故開皇九年移理廢長子縣。此處云開皇九年置寄氏縣，不確。（參見施和金《中國行政區劃通史·隋代卷》，第327頁）

［5］潞城：縣名。治所在今山西潞城縣。

[6]屯留：縣名。治所在今山西屯留縣西西故縣村。

[7]襄垣：縣名。漢置。治所在今山西襄垣縣北東故縣村。

[8]黎城：縣名。治所在今山西黎城縣北。

[9]後魏以潞縣被誅遺人置：楊守敬《隋書地理志考證》云："'遺'當作'遣'。'置'下脱'刘陵'二字。《地形志》：刘陵，二漢，晉曰'潞'，屬上黨，真君十一年改，後屬襄垣郡。"

[10]涉：縣名。漢置，後魏廢，開皇中復置。治所在今河北涉縣西北。

[11]開皇十八年復：《元和郡縣圖志》《太平寰宇記》均言開皇十年復置。按，此涉縣開皇十六年已由磁州改屬韓州，則置當在開皇十六年之前，此恐有誤（參見施和金《中國行政區劃通史‧隋代卷》，第328頁）。

[12]鄉：縣名。治所在今山西武鄉縣東故縣鄉。

[13]銅鞮：縣名。漢置。治所在今山西沁縣西南。

[14]沁源：縣名。後魏建義元年（528）置。治所在今陝西沁源縣。

[15]開皇初廢："廢"字上脱"郡"字。

河東郡[1]後魏曰秦州，後周改曰蒲州。統縣十，戶十五萬七千七十八。

河東[2]舊曰蒲坂縣，置河東郡。開皇初郡廢，十六年析置河東縣。大業初置河東郡，併蒲坂入。有酒官。有首山。有媯、汭水。桑泉[3]開皇十六年置。有三疑山。汾陰[4]舊置汾陰郡，開皇初郡廢。有龍門山。龍門[5]後魏置，并置龍門郡。開皇初郡廢。芮城[6]舊置，曰安戎。後周改焉，又置永樂郡，後省入焉。有關官。安邑[7]開皇十六年置虞州，大業初州廢。有鹽池、銀冶。夏[8]舊置安邑郡，開皇初郡廢。有巫咸山、稷山、虞坂。河北[9]舊置河北郡，開皇初郡廢。有關官。有砥柱山。有傅巖。猗氏[10]西魏改曰桑泉，後周復焉。虞鄉[11]後魏曰安定，西魏改曰南解，又改曰綏化，又曰虞鄉。有石錐山、百梯山、百徑山。

[1]河東郡：後魏太武帝神𪊁元年置雍州，延和元年（432）改爲秦州，後周明帝改爲蒲州，大業三年罷州爲河東郡。治所在今山西永濟市蒲州鎮。

[2]河東：縣名。開皇十六年移蒲坂縣於城東，於今理別置河東縣。治所在今山西永濟市蒲州鎮。

[3]桑泉：縣名。開皇十六年分猗氏縣置。治所在今山西臨猗縣西南臨晉鎮。

[4]汾陰：縣名。漢置，劉元海省入蒲坂縣，後魏太和十一年復置。治所在今山西萬榮縣西南寶井村。

[5]龍門：縣名。後魏改皮氏縣置。治所在今山西河津市西。

[6]芮城：縣名。北周明帝改安戎縣置。治所在今山西芮城縣東東張村。

[7]安邑：縣名。漢置，後魏析置南安邑縣，隋改爲安邑縣。治所在今山西運城市東北安邑。

[8]夏：縣名。後魏置。治所在今山西夏縣西北禹王城。

[9]河北：縣名。後周改大陽縣置。治所在今山西平陸縣西南舊平陸。

[10]猗氏：縣名。漢置，西魏恭帝二年（555）改爲桑泉，後周明帝復爲猗氏。治所在今山西臨猗縣。

[11]虞鄉：縣名。治所在今山西運城市西南解州。

絳郡[1]後魏置東雍州，後周改曰絳州。統縣八，戶七萬一千八百七十六。

正平[2]舊曰臨汾，置正平郡。開皇初郡廢，十八年縣改名焉。大業初置絳郡。又有後魏南絳郡，後周廢郡，又併南絳縣入小鄉縣。開皇十八年改曰汾東，大業初省入焉。**翼城**[3]後魏置，曰北絳縣，并置北絳郡。後齊廢新安縣，并南絳郡入焉。開皇初郡廢，十八年改爲翼城。[4]有烏嶺山、東涇山。有澮水。**絳**[5]舊置絳郡，開皇初郡廢。後周置晉州，建德五年廢。**曲沃**[6]後周置，建德六年廢。[7]有絳山、橋山。**稷山**[8]後魏曰高涼，開皇十八年改焉。有後魏龍門郡，開皇初廢。又有後周勳州，置總管，後改曰絳州，開皇初移。**聞喜**[9]有景山。有董澤陂。**垣**[10]後魏置邵郡及白水縣。後周置邵州，改白水爲亳城。開皇初郡廢。大業初州廢，縣改爲垣縣，又省後魏所置清廉縣及後周所置蒲原縣入焉。有黑山。**太平**[11]後魏置，後齊省臨汾縣入焉。有關官。

[1]絳郡：後魏太武帝置東雍州，孝文帝廢，東魏静帝復置，周明帝武成二年改爲絳州，大業三年改爲絳郡。治所在今山西新絳縣。

[2]正平：縣名。漢置臨汾，開皇十八年改爲正平。治所在今山西新絳縣。

[3]翼城：縣名。治所在今山西翼城縣。

[4]十八年改爲翼城：《太平寰宇記》作開皇十六年改。

[5]絳：縣名。後魏孝文帝置南絳縣，恭帝去"南"字。治所在今山西絳縣南。

[6]曲沃：縣名。後魏太和十一年置。治所在今山西曲沃縣。

[7]後周置，建德六年廢：此恐有脱誤。曲沃縣置於後魏，周時縣治有遷徙而無置廢。

[8]稷山：縣名。開皇十八年改高涼縣置。治所在今山西稷山縣。

[9]聞喜：縣名。漢置。治所先在今山西新絳縣西南柏壁村，開皇十年移治今山西聞喜縣東北。

［10］垣：縣名。大業三年改亳城縣置。治所在今山西垣曲縣東南古城鎮。

［11］太平：縣名。後魏太平真君七年置泰平縣，後周改爲太平。治所在今山西襄汾縣西北古城鎮。

文城郡[1]東魏置南汾州，後周改爲汾州，後齊爲西汾州。[2]後周平齊，置總管府。開皇四年府廢，十六年改爲耿州，後復爲汾州。**統縣四，户二萬二千三百。**

吉昌[3]後魏曰定陽縣，并置定陽郡。開皇初郡廢，十八年縣改名焉。大業初，置文城郡。有風山。**文城**[4]後魏置。有石門山。**伍城**[5]後魏置，曰刑軍縣，後改爲伍城，後又置伍城郡。開皇初郡廢，又廢後魏平昌縣入焉。大業初又廢大寧縣入焉。**昌寧**[6]後魏置，并内陽郡。[7]開皇初郡廢。有壺口山、崿山。

［1］文城郡：治所在今山西吉縣。

［2］後齊爲西汾州：楊守敬《隋書地理志考證》云：“凡言東西南北者，皆以别其同。建德六年乃周滅齊之歲，是歲改西汾爲石州，有改南汾爲西汾州，將以何别？此必不然。今慈州總序當云：‘東魏天平元年置南汾州，後周建德六年改爲汾州。’此説甚辨。余按《北齊書·斛律光傳》‘武平元年冬進圍定陽，仍築南汾城，置州以逼之’，則齊仍舊曰南汾州，然則誤‘南’爲‘西’耳。”

［3］吉昌：縣名。開皇十八年改定陽縣置。治所在今山西吉縣。

［4］文城：縣名。治所在今山西吉縣西北古賢村。

［5］伍城：縣名。治所在今山西吉縣東北。

［6］昌寧：縣名。後魏延興四年（474）分太平縣置。治所在今山西鄉寧縣西。

［7］并内陽郡：“并”下脱“置”字。

臨汾郡[1]後魏置唐州，改曰晉州。後周置總管府，開皇初府廢。
統縣七，戶七萬一千八百七十四。

　　臨汾[2]後魏曰平陽，并置平陽郡。開皇初改郡爲平河，改縣
爲臨汾，尋郡廢。又有東魏西河、敷城、伍城、北伍城、定陽等五
郡，後周廢爲西河、定陽二郡。開皇初郡並廢。又有後魏永安縣，
開皇初改爲西河，大業初省。又有舊襄城縣，後齊省。有姑射山。
襄陵[3]後魏太武禽赫連昌，乃分置禽昌縣。齊併襄陵入禽昌縣。
大業初又改爲襄陵。冀氏[4]後魏置冀氏郡，領冀氏、合陽二縣。
後齊郡廢，又廢合陽入焉。楊[5]　霍邑[6]後魏曰永安，并置永
安郡。開皇初郡廢。十六年置汾州，十八年改爲呂州，縣曰霍邑。
大業初州廢。有霍山。有彘水。汾西[7]後魏曰臨汾，并置汾西
郡。開皇初郡廢，十八年縣改爲汾西。[8]又有後周新城縣，開皇十
年省入。岳陽[9]後魏置，曰安澤。大業初改焉。

　　[1]臨汾郡：後魏太武帝置東雍州，孝明帝孝昌中改爲唐州，
尋改爲晉州，大業三年罷州爲臨汾郡。治所在今山西臨汾市。
　　[2]臨汾：縣名。後魏置平陽，開皇元年改爲平河縣，三年又
改爲臨汾。治所在今山西臨汾市。
　　[3]襄陵：縣名。大業二年改禽昌縣置。治所在今山西臨汾市
東南縣底鎮。
　　[4]冀氏：縣名。後魏建義元年置。治所在今山西澤縣東南冀
氏鎮。
　　[5]楊：縣名。漢置，義寧元年改爲洪洞縣。治所在今山西洪
洞縣東南范村。
　　[6]霍邑：縣名。開皇十八年改永安置。治所在今山西霍州市。
　　[7]汾西：縣名。治所在今山西汾西縣。
　　[8]十八年縣改爲汾西：《元和郡縣圖志》《太平寰宇記》均言

開皇三年改。前文已提到開皇初改平陽爲臨汾，此時若開皇十八年改臨汾爲汾西，則一郡有兩個臨汾縣，不合情理，故此處應以開皇三年改汾西爲是。

[9]岳陽：縣名。後魏建義元年置安澤縣，大業二年改爲岳陽。治所在今山西古縣。

龍泉郡[1] 後周置汾州。開皇四年置西汾州總管，五年改爲隰州總管。大業初府廢。統縣五，户二萬五千八百三十。

隰川[2] 後周置縣，初曰長壽，又置龍泉郡。開皇初郡廢，縣改曰隰川。[3] 大業初置郡。永和[4] 後周置，曰臨河縣及臨河郡。開皇初郡廢，十八年縣改名焉。有關官。樓山[5] 後周置，曰歸化。開皇十八年改名焉。有北石樓山，有孔山。石樓[6] 舊置吐京郡及吐京縣，開皇初郡廢，十八年縣改名。蒲[7] 後周置，[8] 有伍城郡及石城郡及石城縣，周末並廢。又有後魏平昌縣，開皇中改曰蒲川，大業初廢入焉。

[1]龍泉郡：開皇五年改汾州爲隰州，大業三年改爲龍泉郡。治所在今山西隰縣。

[2]隰川：縣名。後周置長壽縣，隋改爲隰川。治所在今山西隰縣。

[3]開皇初郡廢，縣改曰隰川：《元和郡縣圖志》《太平寰宇記》均作開皇十八年。

[4]永和：縣名。後周宣帝置臨河縣，開皇十八年改爲永和。治所在今山西永和縣西南。

[5]樓山：縣名。開皇十八年改歸化縣置。《讀史方輿紀要》記大業初廢，《嘉慶重修一統志》記大業末廢。治所在今山西永和縣西南。

〔6〕石樓：縣名。後魏太和年間置吐京縣，開皇十八年改爲石樓縣。治所在今山西石樓縣。

〔7〕蒲：縣名。後周宣帝置蒲子縣，大業二年改爲蒲縣。治所在今山西蒲縣西南。

〔8〕後周置：《元和郡縣圖志》云："本漢蒲子縣地，後魏於此置石城縣，後廢。周宣帝於石城故縣置蒲子縣，因漢蒲子縣爲名也，屬定陽郡。隋開皇五年改屬隰州，大業二年改爲蒲縣。"本志疑有脱漏。

西河郡^[1]後魏置汾州，後齊置南朔州，後周改曰介州。統縣六，户六萬七千三百五十一。

隰城^[2]舊置西河郡，開皇初郡廢，大業初復。有隱泉山。介休^[3]後魏置定陽郡、平昌縣。後周改郡曰介休，以介休縣入焉。^[4]開皇初郡廢，十八年縣改曰介休。永安^[5]有雀鼠谷。平遥^[6]開皇十六年析置清世縣，大業初廢入焉。又後魏置蔚州，後周廢。有鹿臺山。靈石^[7]開皇十年置。有介山，有靖巖山。綿上^[8]開皇十六年置。有沁水。

〔1〕西河郡：大業三年改介州爲西河郡。治所在今山西汾陽市。

〔2〕隰城：縣名。本漢兹氏縣，晉改爲隰城縣。治所在今山西汾陽市。

〔3〕介休：縣名。治所在今山西介休市東南。

〔4〕後周改郡曰介休，以介休縣入焉：《元和郡縣圖志》云："高齊省介休入永安縣。周武帝省南朔州，復置介休縣，宣帝改介休爲平昌縣，隋開皇末又改平昌爲介休縣。"

〔5〕永安：縣名。後魏太和十七年分隰城置。治所在今山西霍州市。

　　[6]平遥：縣名。本漢平陶縣，後魏以太祖名燾，改爲平遥。治所在今山西平遥縣。

　　[7]靈石：縣名。治所在今山西靈石縣。

　　[8]綿上：縣名。治所在今山西沁源縣北。

離石郡[1]後齊置西汾州，後周改爲石州。**統縣五，户二萬四千八十一。**

　　離石[2]後齊曰昌化縣，置懷政郡。後周改曰離石郡及縣，又置寧鄉縣。開皇初郡廢。大業初置郡，併寧鄉入焉。**修化**[3]後周置，曰窟胡，并置窟胡郡。開皇初郡廢，後縣改爲修化。又後周置盧山縣，大業初併入焉。有伏盧山。**定胡**[4]後周置，及置定胡郡。開皇初郡廢。有關官。**平夷**[5]後周置。**太和**[6]後周置，曰烏突，及置烏突郡。開皇初郡廢，縣尋改焉。有淶水。

　　[1]離石郡：後齊天保三年置西汾州，後周建德六年改爲石州，大業三年罷州爲離石郡。治所在今山西吕梁市離石區。

　　[2]離石：縣名。後齊文宣帝置昌化縣，後周建德六年改爲離石縣。治所在今山西吕梁市離石區。

　　[3]修化：縣名。治所在今山西中陽縣西北。

　　[4]定胡：縣名。北周大象元年置。治所在今山西柳林縣西北孟門鎮。

　　[5]平夷：縣名。後周割離石縣置。治所在今山西中陽縣。

　　[6]太和：縣名。開皇初改烏突縣置。治所在今山西臨縣西南。

雁門郡[1]後周置肆州。開皇五年改爲代州，置總管府。大業初府廢。**統縣五，户四萬二千五百二。**

　　雁門[2]舊曰廣武，置雁門郡。開皇初郡廢，十八年改曰雁門。大業初置雁門郡。有關官。有長城。有纍頭山，有夏屋山。

繁畤[3]後魏置，并置繁畤郡。後周郡縣並廢。開皇十八年復置縣。有東魏武州及吐京、齊、新安三郡，寄在城中。後齊改爲北靈州，尋廢。有長城、滹沱水、泒水、唐山。崞[4]後魏置，曰石城縣。東魏置廓州。有廣安、永定、建安三郡，寄山城。後齊廢郡，改爲北顯州。後周廢。開皇十年改縣曰平寇。大業初改爲崞縣。又有雲中城，東魏僑置恒州，尋廢。有無京山、崞山。有土城。五臺[5]舊曰慮虒，久廢。後魏置，曰驢夷。大業初改焉。有五臺山。靈丘[6]後魏置靈丘郡，後齊省莎泉縣入焉。後周置蔚州，又立大昌縣。開皇初郡廢，縣併入焉。大業初州廢。

［1］雁門郡：後周大象元年自九原移肆州於今理，開皇五年改爲代州，大業三年改爲雁門郡。治所在今山西代縣。

［2］雁門：縣名。漢置廣武縣，開皇十八年避太子楊廣諱改爲雁門。治所在今山西代縣。

［3］繁畤：縣名。本漢縣，後多有廢置，開皇十八年復置。治所先在今山西繁畤縣東北，大業十二年徙至繁畤縣西。

［4］崞：縣名。後魏永熙二年（533）置石城縣，開皇時乃移平寇縣於此，大業二年改爲崞縣。治所在今山西原平市北崞陽鎮。

［5］五臺：縣名。本漢慮虒縣，晉廢，後魏置驢夷，大業二年改爲五臺縣。治所在今山西五臺縣。

［6］靈丘：縣名。漢縣，後漢省，東魏孝靜帝復置。治所在今山西靈丘縣。

馬邑郡[1]舊置朔州。開皇初置總管府，大業初府廢。統縣四，户四千六百七十四。

善陽[2]後齊置縣曰招遠，郡曰廣安。開皇初郡廢。大業初縣改曰善陽，置代郡，尋曰馬邑。又有後魏桑乾郡，後齊以置朔州及廣寧郡。後周郡廢，大業初州廢。神武[3]後魏置神武郡，後齊改曰太平，後周罷郡。有桑乾水。雲内[4]後魏立平齊郡，尋廢。後齊改曰太平縣，後周改曰雲中，開皇初改曰雲内。有後魏都，置司州，又有後齊安遠、臨塞、威遠、臨陽等郡屬北恒州，後周並廢。有純真山、白登山、武周山。[5]有濕水。開陽[6]舊曰長寧，後齊置齊德、長寧二郡。後周廢齊德郡。開皇初郡廢，十九年縣改曰開陽。

　　[1]馬邑郡：大業三年改朔州置。治所在今山西朔州市。
　　[2]善陽：縣名。大業元年改招遠置。治所在今山西朔州市。
　　[3]神武：縣名。王仲犖《北周地理志》云："《讀史方輿紀要》謂北齊廢殊頽，隋改尖山曰神武。《清一統志》謂周并殊頽尖山二縣爲神武縣，皆無實證。蓋北齊世，別置北朔州於馬邑城，又於此置神武郡并神武縣，以隸北朔州。"（王仲犖：《北周地理志》，第889頁）治所在今山西神武縣東北。
　　[4]雲内：縣名。後齊置太平縣，後周改爲雲中，開皇元年避諱改爲雲内。治所在今山西大同市。
　　[5]純真山：楊守敬言"純"當作"紈"。
　　[6]開陽：縣名。開皇十九年改長寧置。治所在今山西神池縣。

定襄郡[1]開皇五年置雲州總管府，[2]大業元年府廢。統縣一，户三百七十四。

　　大利[3]大業初置，帶郡。有長城。有陰山。有紫河。

　　[1]定襄郡：治所在今内蒙古和林格爾縣西北土城子鄉。
　　[2]開皇五年置雲州總管府：開皇五年於榆林郡置雲州總管府，

開皇二十年移雲州總管府至此。

[3]大利：縣名。治所在今内蒙古和林格爾縣西北土城子鄉。

樓煩郡[1]大業四年置。統縣三，户二萬四千四百二十七。

静樂[2]舊曰岢嵐。開皇十八年改爲汾源，大業四年改焉。有長城。有汾陽宫。有關官。有管涔山、天池、汾水。[3]臨泉[4]後齊置，曰蔚汾。大業四年改焉。秀容[5]舊置肆州，[6]後齊又置平寇縣。後周州徙雁門。開皇初置新興郡、銅川縣。郡尋廢。十年廢平寇縣。十八年置忻州，大業初州廢，又廢銅川。[7]有程侯山、繫舟山。有嵐水。

[1]樓煩郡：大業四年以汾源、臨泉、雁門之秀榮爲樓煩郡。治所在今山西静樂縣。

[2]静樂：縣名。大業四年改汾源縣置。治所在今山西静樂縣。

[3]管涔山：中華本校勘記云：郝懿行《山海經·北山經》管涔之山注：“《寰宇記》引郭璞注‘管音奸’，是‘管’當爲‘菅’。”

[4]臨泉：縣名。大業四年改蔚汾縣置。治所在今山西興縣西北。

[5]秀容：縣名。《元和郡縣圖志》云：“隋開皇十八年，於此置忻州，又於今縣西北五十里秀容故城移後魏明元所置秀容縣於今理”楊守敬《隋書地理志考證》云：“按《輿地廣記》‘開皇十年廢平寇縣，而自今宜芳秀容故城移縣治此’，則廢平寇置秀容俱十年事，疑當從之。”治所在今山西忻州市西北。

[6]肆州：肆，底本作“泗”。中華本校勘記云：“‘肆’原作‘泗’，據《魏書·地形志》上改。”今從改。

[7]又廢銅川：此下應脱“入焉”二字。

太原郡[1]後齊并州，置省，立別宮。後周置并州六府，後置總管，廢六府。開皇二年置河北道行臺，九年改爲總管府，大業初府廢。統縣十五，户十七萬五千三。

晋陽[2]後齊置，曰龍山，帶太原郡。開皇初郡廢，十年改縣曰晋陽，十六年又置清源縣，大業初省入焉。有龍山、蒙山。太原[3]舊曰晋陽，帶郡。開皇十年分置陽真縣，大業初省入焉。有晋陽宫。有晋水。交城[4]開皇十六年置。汾陽[5]舊曰陽曲。開皇六年改爲陽直，十六年又改名焉，復分置盂縣，大業初廢。有摩笄山。文水[6]舊曰受陽，開皇十年改焉。有文水、泌水。[7]祁[8]後齊廢，開皇中復。壽陽[9]開皇十年改州南受陽縣爲文水；分州東故壽陽，置壽陽。[10]有鷰巖。榆次[11]後齊曰中都，開皇中改焉。太谷[12]舊曰陽邑，開皇十八年改焉。樂平[13]舊置樂平郡，開皇初廢郡。十六年分置遼州及東山縣，大業初廢州及東山縣。有皋洛山。有清漳水。和順[14]舊曰梁榆，開皇十年改。有九京山。遼山[15]後魏曰遼陽，後齊省。開皇十年置，改名焉。十六年屬遼州，并置交漳縣。大業初廢州，并罷交漳入焉。有其轑水。平城[16]開皇十六年置。有涂水。[17]石艾[18]有蒙山。盂[19]開皇十六年置，曰原仇，大業初改焉。有白鹿山。

[1]太原郡：大業三年改并州置。治所在今山西太原市。

[2]晋陽：縣名。《元和郡縣圖志》云：“高齊武成帝河清四年，移晋陽縣於汾水東，今太原縣理是也。武平六年，於今理置龍山縣，屬太原郡，因縣西龍山爲名也。……（開皇）十年，廢龍山縣，移晋陽縣理之。”治所在今山西太原市。

[3]太原：縣名。開皇十年移晋陽至原龍山縣地，於此另置太原縣。治所在今山西太原市西南古城營。

[4]交城：縣名。開皇十六年分晋陽縣置。治所在今山西古

交市。

[5]汾陽：縣名。本漢陽曲縣，開皇六年改爲陽直，十六年改爲汾陽，煬帝復改爲陽直。治所在今山西陽曲縣東北故縣。

[6]文水：縣名。開皇十年改受陽縣置。治所在今山西文水縣東舊城莊。

[7]泌水：泌，底本作“沁”。中華本校勘記云：“‘泌’原作‘沁’，據《水經》六《文水注》改。”今從改。

[8]祁：縣名。底本作“祈”，今據《漢書·地理志》《晋書·地理志》《魏書·地形志》改。本漢縣，後齊廢，開皇十年復置。治所在今山西祁縣。

[9]壽陽：縣名。治所在今山西壽陽縣西南。

[10]分州東故壽陽，置壽陽：王仲犖《北周地理志》云：“《周書·宇文神舉傳》，授并州刺史，所部東壽陽縣土人相聚爲盜，率其黨五千人來襲州城，神舉以州兵討平之。按據《隋志》《元和志》，似東壽陽縣久廢，開皇十年又復置。據《宇文神舉傳》，則齊氏滅亡之歲，尚有東壽陽縣，蓋齊復置，隋初又廢，開皇十年復置也。”（王仲犖：《北周地理志》，第865頁）

[11]榆次：縣名。漢縣，後齊省，又移中都縣理至今榆次縣東，開皇十年復改爲榆次。治所在今山西晋中市榆次區。

[12]太谷：縣名。漢置陽邑縣，後魏太平真君九年廢，景明二年（501）復置，開皇十八年改爲太谷縣。治所在今山西太谷縣。

[13]樂平：縣名。後魏置。治所在今山西昔陽縣。

[14]和順：縣名。後齊置梁榆，開皇十年改爲和順。治所在今山西和順縣。

[15]遼山：縣名。治所在今山西左權縣北。

[16]平城：縣名。治所在今山西和順縣西儀城村。

[17]涂水：涂，底本作“徐”。中華本校勘記云：“‘涂’原作‘徐’，據《水經》六《洞過水注》改。”今從改。

[18]石艾：縣名。本漢上艾縣，後廢，晋復，後魏改爲石艾。

治所在今山西平定縣南新城村。

　　[19]盂：縣名。開皇十六年分石艾縣置原仇縣，大業二年改爲盂縣。治所在今山西盂縣。

襄國郡[1] 開皇十六年置邢州。統縣七，户十萬五千八百七十三。

　　龍岡[2] 舊曰襄國，開皇九年改名焉。十六年又置青山縣，大業初省入焉。有黑山。有灃水。南和[3] 舊置北廣平郡，後齊省入廣平郡，後周分置南和郡。開皇初郡廢，十六年置任縣，大業初廢入。平鄉[4]　沙河[5] 開皇十六年置。有磬山。鉅鹿[6] 後齊廢，開皇六年置南欒縣，後廢入焉。[7] 内丘[8] 有干言山。柏仁[9] 有鵲山。

　　[1]襄國郡：開皇十六年割洺州龍岡、南和、平鄉三縣置邢州，大業三年改爲襄國郡。治所在今河北邢臺市西南。

　　[2]龍岡：縣名。開皇九年改襄國縣置。治所在今河北邢臺市西南。

　　[3]南和：縣名。漢置，西晉廢入任縣，後魏太和年間復置。治所在今河北南和縣。

　　[4]平鄉：縣名。治所在今河北平鄉縣西南大老營。

　　[5]沙河：縣名。開皇十六年分龍岡縣置。治所在今河北沙河市沙河城鎮。

　　[6]鉅鹿：縣名。開皇六年置。治所在今河北巨鹿縣北。

　　[7]後齊廢，開皇六年置南欒縣，後廢入焉：王仲犖《北周地理志》云："按《隋志》文有譌奪，當云：'鉅鹿，後齊廢，開皇六年置。有南欒縣，後廢入焉。'"（王仲犖：《北周地理志》，第956頁）

　　[8]内丘：縣名。漢置中丘縣，晉廢，後魏太和二十一年復置，隋避諱改爲内丘。治所在今河北内丘縣。

[9]柏仁：縣名。漢置。治所在今河北隆堯縣西南。

武安郡^[1]後周置洺州。統縣八，户十一萬八千五百九十五。

永年^[2]舊曰廣平，^[3]置廣平郡，後齊廢北廣平郡及曲梁、廣平二縣入。開皇初郡廢，復置廣平，後改曰雞澤。仁壽元年改廣平爲永年。^[4]大業初置武安郡，又併雞澤縣入。肥鄉^[5]東魏省，開皇十年復。清漳^[6]開皇十六年置。平恩^[7]　洺水^[8]舊曰斥漳，後齊省入平恩。開皇六年分置曲周，^[9]大業初廢入焉。武安^[10]開皇十年分置陽邑縣，大業初廢入焉。有榆溪，有閼與山，有寖水。邯鄲^[11]東魏廢。開皇十六年復置陟鄉，大業初省入焉。臨洺^[12]舊曰易陽。後齊廢入襄國縣，置襄國郡。後周改爲易陽縣，別置襄國縣。開皇六年改易陽爲邯鄲，十年改邯鄲爲臨洺。開皇初郡廢。有紫山、狗山、塔山。

[1]武安郡：後周分相州廣平郡置洺州，大業三年罷州爲武安郡。治所在今河北永年縣東南廣府鎮。

[2]永年：縣名。治所在今河北永年縣東南廣府鎮。

[3]舊曰廣平：楊守敬《隋書地理志考證》云：“當云‘廣年’。按廣平、廣年並漢縣，晋永嘉後并廢，後魏太和二十年并復。廣平，今永年縣西北；廣年，今雞澤縣東二十里。”

[4]仁壽元年改廣平爲永年：楊守敬《隋書地理志考證》云：“《元和志》：開皇三年廣平縣屬洺州，仁壽元年改廣年爲永年，避煬帝諱也。據此，則志‘改廣平’實‘改廣年’之誤。蓋上既云改廣平爲雞澤，則廣平已廢。”

[5]肥鄉：縣名。三國魏黄初二年置肥鄉，東魏天平初廢，開皇十年復置。治所在今河北肥鄉縣。

[6]清漳：縣名。治所在今河北廣平縣東北清漳村。

[7]平恩：縣名。漢置，高齊天保七年移於斥漳城，開皇六年又自斥漳移至平恩川。治所在今河北曲周縣東南西呈孟鄉。

[8]洺水：縣名。本漢斥漳縣，後齊省，開皇六年復置。治所在今河北曲周縣東南。

[9]開皇六年分置曲周：楊守敬《隋書地理志考證》云："按當作'開皇六年置洺水，又分置曲周'，不然是平恩分置曲周，曲周又廢入平恩，而洺水之置竟不見，是爲疏也。"

[10]武安：縣名。治所在今河北武安市。

[11]邯鄲：縣名。《太平寰宇記》臨洺縣下云："本漢易陽縣也……後魏省入邯鄲縣，孝文帝于北中府城復置易陽，屬廣平郡，今理是也。隋開皇六年改易陽爲邯鄲縣；十年移邯鄲縣理陟鄉城，在今邯鄲縣界，仍于北中府城別置臨洺縣，北濱洺水爲名，屬磁州。"施和金言："比合諸書所記，當時易陽縣曾省入邯鄲，而邯鄲東魏又廢，易陽却廢而復置，於是易陽便占有原易陽、邯鄲二縣之地，故隋開皇六年改易陽爲邯鄲，此新改名之邯鄲又於開皇十年移理陟鄉城，復於此地別置臨洺縣。因此，此邯鄲當以開皇十年爲始，臨洺縣下原邯鄲則十年爲止。"（施和金：《中國行政區劃通史·隋代卷》，第358頁）治所在今河北邯鄲市。

[12]臨洺：縣名。開皇十年改邯鄲置。治所在今河北永年縣。

趙郡[1]開皇十六年置欒州，大業三年改爲趙州。[2]統縣十一，戶十四萬八千一百五十六。

平棘[3]舊置趙郡，開皇初省。有宋子縣，後齊廢。大業初置趙郡，廢宋子縣入焉。高邑[4]　贊皇[5]開皇十六年置。有孔子嶺，有白溝。元氏[6]舊縣，後齊廢，開皇六年置。十六年分置靈山縣，大業初廢入焉。有靈山。廮陶[7]舊曰廮遙，開皇六年改爲"陶"。欒城[8]舊縣，後齊廢，開皇十六年復。大陸[9]舊曰廣阿，置殷州及南鉅鹿郡。後改爲南趙郡，改州爲趙州。開皇十六年分置欒州，仁壽元年改爲象城。大業初州廢，縣改爲大陸。又開皇十六年所置大陸縣，亦廢入焉。柏鄉[10]開皇十六年置。有嵲嶙山。房子[11]舊縣，後齊省，開皇六年復。有贊皇山。有彭水。槀城[12]後齊廢下曲陽入焉，改爲高城縣，[13]置鉅鹿郡。開皇初郡廢。十年置廉州，十八年改爲槀城縣，大業初州廢。又開皇十六年置柏鄉縣，亦廢入焉。鼓城[14]舊曰曲陽，後齊廢。開皇十六年分置昔陽縣，[15]十八年改爲鼓城。十六年又置廉平縣，大業初併入。

[1]趙郡：治所在今河北趙縣。

[2]開皇十六年置欒州，大業三年改爲趙州：《元和郡縣圖志》云："後魏明帝又於廣阿城置殷州，高齊改殷州爲趙州，因趙國爲名。隋開皇十六年又於欒城縣置欒州，大業二年廢欒州，以縣並屬趙州。三年，以趙州爲趙郡。"《舊唐書·地理志》云："隋自象城移趙州治所於（平棘）縣置。"則據此可知後魏置殷州，後齊改爲趙州，治所在廣阿（即象城），開皇十六年又分置欒州，趙、欒二州並立，大業二年廢欒州入趙州，移治平棘，大業三年改趙州爲趙郡。本志"大業三年改趙州"應爲"大業二年"之誤。

[3]平棘：縣名。漢置。治所在今河北趙縣。

[4]高邑：縣名。東漢光武帝改鄗縣置。治所在今河北高邑縣。

[5]贊皇：縣名。治所在今河北贊皇縣。

[6]元氏：縣名。漢置，後齊廢，開皇六年復置。治所在今河北元氏縣西北，隋末移治今河北元氏縣。

[7]廮陶：縣名。開皇六年改廮遙縣置。治所在今河北寧晉縣。

[8]欒城：縣名。後魏太和十一年置欒城縣，後齊廢，開皇十六年復置。治所在今河北欒城縣西。

[9]大陸：縣名。後魏置廣阿縣，仁壽元年改爲象城縣，大業二年又改爲大陸縣。治所在今河北隆堯縣東。

　　[10]柏鄉：縣名。治所在今河北柏鄉縣。

　　[11]房子：縣名。漢縣，後齊天保七年廢，開皇六年復置。治所在今河北臨城縣。

　　[12]稾城：縣名。漢置，後齊改爲高城縣，開皇十八年復改爲稾城縣。治所在今河北藁城市西南丘頭鎮。

　　[13]高城縣：高，底本作“稾”。中華本校勘記云：“‘高’原作‘稾’，據《元和志》一七改。”今從改。

　　[14]鼓城：縣名。治所在今河北晉州市。

　　[15]開皇十六年分置昔陽縣：昔，底本作“晉”。中華本校勘記云：“‘昔’原作‘晉’。洪頤煊《諸史考異》：據《水經·濁漳水注》《元和志》，‘晉’當作‘昔’。按：《寰宇記》六一也作‘昔’。今據改。”楊守敬亦云：昔，當爲“晉”。今從改。

恒山郡[1]　後周置恒州。統縣八，户十七萬七千五百七十一。

　　真定[2]　舊置常山郡，開皇初郡廢。十六年分置常山縣。大業初置恒山郡，省常山入焉。滋陽[3]　開皇六年置。十六年又置王亭縣，大業初省入焉。有大茂山、歲山。行唐[4]　石邑[5]　舊縣，後齊改曰井陘，[6]開皇六年改焉。十六年析置鹿泉縣，大業初併入。有封龍山、抱犢山。九門[7]　後齊廢，開皇六年復。大業初，又併新市縣入焉。有許春疊。井陘[8]　後齊廢石邑，以置井陘。開皇六年復石邑縣，[9]分置井陘。十六年於井陘置井州，及置葦澤縣。大業初廢州，并廢葦澤縣及蒲吾縣入焉。房山[10]　開皇十六年置。靈壽[11]　後周置蒲吾郡，開皇初郡廢。

　　[1]恒山郡：後周武帝宣政元年分定州常山郡置。治所在今河北石家莊市東。

　　[2]真定：縣名。漢置。治所在今河北石家莊市東。

　　[3]滋陽：縣名。開皇六年析行唐縣置。治所在今河北行唐縣西北上滋洋村。

　　[4]行唐：縣名。後漢置南行唐縣，後魏改爲行唐縣。治所在今河北行唐縣。

　　[5]石邑：縣名。漢置，後漢廢，晋復置，後併井陘，改名井陘，開皇六年復置。治所在今河北石家莊市西南。

　　[6]後齊改曰井陘：楊守敬《隋書地理志考證》云：“當云‘併井陘入，改曰井陘’。”

　　[7]九門：縣名。漢置，後齊廢，開皇六年復置。治所在今河北藁城縣西北九門回族鄉。

　　[8]井陘：縣名。治所在今河北井陘縣西北北陘。

　　[9]“後齊廢石邑”至“復石邑縣”：楊守敬《隋書地理志考證》云：“按石邑、井陘并漢縣，至後魏仍并，屬常山。據《元和志》《寰宇記》亦不言後齊石邑、井陘有分并事，如志所云，是以後齊置井陘于石邑城中，而漢、魏以來之井陘不言廢置何所，殊爲疏漏。即如志説，亦當云‘舊縣，後齊併入石邑，又改石邑爲井陘，開皇六年復石邑縣，井陘還故治’，方無不合。”

　　[10]房山：縣名。治所在今河北平山縣。

　　[11]靈壽：縣名。漢置。治所在今河北靈壽縣西北故城村。

博陵郡[1]舊置定州。後周置總管府，尋罷。統縣十，户十萬二千八百一十七。

　　鮮虞[2]舊曰盧奴，置鮮虞郡。後齊廢盧奴入安喜。開皇初廢郡，以置鮮虞縣。大業初置博陵郡，又廢安喜入焉。有盧水。北平[3]舊置北平郡。後齊郡廢，又併望都、蒲陰二縣來入。開皇六年又置望都，大業初又廢。有都山、伊祁山。有濡水。[4]唐[5]舊縣，後齊廢，開皇十六年復。有堯山、郎山、中山。恒陽[6]舊曰上曲陽，後齊去“上”字。開皇六年改爲石邑，七年改曰恒陽。有恒山，有恒陽溪，有范水。**新樂**[7] 開皇十六年置。有黄山。**隋昌**[8] 後魏曰魏昌，後齊廢。開皇十六年復，仍改焉。**毋極**[9] **義豐**[10] 開皇六年置。舊有安國縣，後齊廢。**深澤**[11] 後齊廢，開皇六年復。**安平**[12] 後齊置博陵郡，開皇初廢。十六年置深州，大業初州廢。

[1]博陵郡：後魏置安州，後改爲定州，大業三年改爲博陵郡。治所在今河北安平縣。

[2]鮮虞：縣名。開皇初改安喜縣置。治所在今河北定州市。

[3]北平：縣名。本漢曲逆縣地，後漢改爲蒲陰，後魏改爲北平。治所在今河北順平縣。

[4]有都山、伊祁山。有濡水：祁，底本作“祈”，濡，底本作“漂”。中華本校勘記云：“‘祁’原作‘祈’，據《寰宇記》六三改。‘濡’原作‘漂’，據《元和志》六二、《水經》一一《易水注》改。”今從改。

[5]唐：縣名。漢置，後齊省入安喜縣，開皇十六年復置。治所在今河北唐縣西雹水村。

[6]恒陽：縣名。開皇七年置。治所在今河北曲陽縣。

[7]新樂：縣名。治所在今河北新樂市東北承安鎮。

[8]隋昌：縣名。漢置苦陘縣，章帝改爲漢昌，魏文帝改爲魏昌，後齊廢，開皇十六年置隋昌。治所在今河北定州市東南邢邑。

[9]毋極：縣名。漢置，後屢有廢置，後齊重置後，至隋不改。治所在今河北無極縣。

[10]義豐：縣名。治所在今河北安國市。

[11]深澤：縣名。治所在今河北深澤縣。

[12]安平：縣名。漢置。治所在今河北安平縣。

河間郡[1]舊置瀛州。[2]統縣十三，戶十七萬三千八百八十三。

　　河間[3]舊置河間郡，開皇初郡廢。大業初復置郡，併武垣縣入焉。[4]**文安**[5]有狐狸淀。[6]**樂壽**[7]舊曰樂城，開皇十八年改爲廣城，仁壽初改焉。**束城**[8]舊曰束州，後齊廢。開皇十六年置，後改名焉。**景城**[9]舊曰成平，開皇十八年改焉。**高陽**[10]舊置高陽郡，開皇初郡廢。十六年置蒲州，大業初州廢，并任丘縣入焉。**鄚**[11]有易城縣，後齊廢。開皇中置永寧縣，大業初廢入焉。**博野**[12]舊曰博陸，後魏改爲博野，後齊廢蠡吾縣入焉。有君子淀。**清苑**[13]舊曰樂鄉。後齊省樊輿、北新城、清苑、樂鄉入永寧，[14]改名焉。[15]開皇十八年改爲清苑。**長蘆**[16]開皇初置，[17]并立漳河郡，郡尋廢。十六年置景州，大業初州廢。**平舒**[18]舊置章武郡，開皇初廢。**魯城**[19]開皇十六年置。**饒陽**[20]開皇十六年分置安平、蕪蔞二縣，大業初省入焉。

　　[1]河間郡：後魏太和十一年置瀛州，大業三年改爲河間郡。治所在今河北河間市。

　　[2]舊置瀛州：瀛，底本作“嬴”，楊守敬云：“‘嬴’，當作‘瀛’。”中華本亦據《太平寰宇記》改爲“瀛”，今從改。

　　[3]河間：縣名。開皇十六年改武垣縣置。治所在今河北河間市。

　　[4]大業初復置郡，併武垣縣入焉：《太平寰宇記》云：“十六年改武垣爲河間縣，仍于東武垣故城再置武垣縣。大業二年省。”

　　[5]文安：縣名。漢置。治所在今河北文安縣東北大柳河鎮。

　　[6]狐狸淀：淀，底本作“液”，中華本據《太平寰宇記》卷六七改，今從改。

　　[7]樂壽：縣名。治所先在今河北獻縣西南，大業十三年移治獻縣。

［8］束城：縣名。漢置，後齊廢，開皇十六年復置。治所在今河北河間市東北束城鎮。

［9］景城：縣名。漢置，後漢改爲成平，開始十八年復改爲景城。治所在今河北滄州市景城村。

［10］高陽：縣名。漢置。治所在今河北高陽縣東舊城鎮。

［11］鄭：縣名。漢置。治所在今河北任丘市北鄭州鎮。

［12］博野：縣名。漢置陸城縣，後漢廢，桓帝復置博陵，晋改博陸，後魏宣武帝景明元年改爲博野縣。治所在今河北蠡縣。

［13］清苑：縣名。開皇十八年改永寧縣置。治所在今河北保定市。

［14］樊輿：輿，底本作“與”。中華本校勘記云：“‘輿’原作‘與’，據《水經》一一《易水注》改。”今從改。

［15］改名焉：楊守敬《隋書地理志考證》云：“‘改名焉’三字爲賸文，下文云‘開皇改清苑’，知齊未改也。”

［16］長蘆：縣名。後周置。治所在今河北滄州市西。

［17］開皇初置：《元和郡縣圖志》《太平寰宇記》《舊唐書·地理志》均言後周置，則本志有誤。

［18］平舒：縣名。本漢東平舒縣，後魏改爲平舒縣。治所在今河北大城縣。

［19］魯城：縣名。本漢章武縣，後齊廢，開皇十六年復置。治所在今河北黄驊市西北。

［20］饒陽：縣名。漢置。治所在今河北饒陽縣。

涿郡[1]舊置幽州，後齊置東北道行臺。後周平齊，改置總管府。大業初府廢。統縣九，户八萬四千五十九。

薊[2]舊置燕郡，開皇初廢，大業初置涿郡。良鄉[3]　安次[4]　涿[5]舊置范陽郡，開皇初郡廢。固安[6]舊曰故安，開皇六年改焉。[7]雍奴[8]　昌平[9]舊置東燕州及平昌郡。後周州郡並廢，後又置平昌郡。開皇初郡廢，又省萬年縣入焉。有關官。有長城。懷戎[10]後齊置北燕州，領長寧、永豐二郡。後周去“北”字。開皇初郡廢，大業初州廢。有喬山，歷陽山，大、小翻山。有潀水、澮水、涿水、阪泉水。潞[11]舊置漁陽郡，開皇初廢。

[1]涿郡：大業三年改幽州置。治所在今北京城西南隅。

[2]薊：縣名。秦置。治所在今北京城西南隅。

[3]良鄉：縣名。漢置，後齊天保七年省入薊縣，武平六年（575）復置。治所在今北京市房山區東南竇店西土城。

[4]安次：縣名。漢置。治所在今河北廊坊市西北故縣村。

[5]涿：縣名。治所在今河北涿州市。

[6]固安：縣名。開皇九年置。治所在今河北固安縣。

[7]開皇六年改爲：《太平寰宇記》云：“隋開皇九年自今易州淶水縣移固安縣于此。”另本志上谷郡淶水縣下云：“（開皇）六年改爲固安，八年廢。”則此縣應置於開皇九年，《太平寰宇記》是。

[8]雍奴：縣名。漢置。治所在今天津市武清區西北。

[9]昌平：縣名。漢置，後魏廢，東魏天平中復置。治所在今北京市昌平區。

[10]懷戎：縣名。漢置潘縣，後魏廢，後齊天保六年置懷戎。治所在今河北涿鹿縣西南桑乾河南岸。

[11]潞縣：治所在今河北三河市西南。

上谷郡[1]開皇元年置易州。統縣六，户三萬八千七百。

易[2]開皇初置黎郡，尋廢。十六年置縣。大業初置上谷郡。舊有故安縣，後齊廢。有駁牛山、五迴嶺。有易水、徐水。淶水[3]舊曰遒縣，後周廢。開皇元年，以范陽爲遒，更置范陽於此。六年改爲固安，八年廢。十年又置，爲永陽。十八年改爲淶水。

迺[4]舊范陽居此，俗號小范陽。開皇初改爲迺。遂城[5]舊曰武遂。[6]後魏置南營州，淮營州置五郡十一縣：龍城、廣興、定荒屬昌黎郡；石城、廣都屬建德郡；[7]襄平、新昌屬遼東郡；永樂屬樂浪郡；富平、帶方、永安屬營丘郡。後齊唯留昌黎一郡，[8]領永樂、新昌二縣，餘並省。開皇元年州移，三年郡廢，十八年改爲遂城。有龍山。永樂[9]舊曰北平，後周改名焉。有郎山。飛狐[10]後周置，曰廣昌。仁壽初改焉。有栗山。有巨馬河。

[1]上谷郡：大業三年改易州置。治所在今河北易縣。

[2]易：縣名。開皇十六年於故安故城西北置。治所在今河北易縣。

[3]淶水：縣名。開皇十八年改永陽縣置。治所在今河北淶水縣。

[4]迺：縣名。開皇元年改范陽縣置。治所在今河北定興縣西南。

[5]遂城：縣名。開皇十八年改新昌縣置。治所在今河北徐水縣西遂城。

[6]舊曰武遂：《元和郡縣圖志》云："隋開皇三年，移後魏新昌縣於此，屬易州，十六年改新昌縣爲遂城縣。"楊守敬《隋書地理志考證》云："然則魏時此地本置武遂縣，至永熙二年始爲新昌，志當云'舊曰新昌'。"

[7]"淮營州置五郡十一縣"至"廣都屬建德郡"：淮，中華本作"准"。另底本脱"十"字下十五字，今據錢大昕《廿二史考異》補。

[8]後齊唯留昌黎一郡：底本脱"昌"字，今據錢大昕《廿二史考異》補。

[9]永樂：縣名。後周改北平縣置。治所在今河北滿城縣北。

[10]飛狐：縣名。漢置廣昌縣，後魏省，後周大象二年復置，

仁壽元年改爲飛狐縣。治所在今河北淶源縣。

漁陽郡[1] 開皇六年徙玄州於此，并立總管府。大業初府廢。統縣一，户三千九百二十五。

　　無終[2] 後齊置，後周又廢徐無縣入焉。大業初置漁陽郡。有長城。有燕山、無終山。有泃河、如河、庚水、灅水、濫水。[3]有海。

　　[1]漁陽郡：大業三年改玄州置。治所在今天津市薊縣。
　　[2]無終：縣名。治所在今天津市薊縣。
　　[3]泃河：泃，底本作"洵"。中華本校勘記云："'泃'原作'洵'，據《水經》一四《鮑邱水注》改。"今從改。

北平郡[1] 舊置平州。統縣一，户二千二百六十九。

　　盧龍[2] 舊置北平郡，領新昌、朝鮮二縣。後齊省朝鮮入新昌，又省遼西郡并所領海陽縣入肥如。開皇六年又省肥如入新昌，十八年改名盧龍。大業初置北平郡。有長城。有關官。有臨渝宫。有覆舟山。有碣石。有玄水、盧水、温水、閏水、龍鮮水、巨梁水。[3]有海。

　　[1]北平郡：晋置平州，大業三年改爲北平郡。治所在今河北盧龍縣。
　　[2]盧龍：縣名。開皇十八年改新昌縣置。治所在今河北盧龍縣。
　　[3]温水：温，底本作"涅"。中華本校勘記云："'温'原作'涅'，據《水經》一四《濡水注》改。"今從改。　巨梁水：巨，底本作"臣"。中華本校勘記云："'巨'原作'臣'，據《水經》一四《鮑邱水注》改。"今從改。

安樂郡[1]舊置安州，後周改爲玄州。開皇十六年州徙，尋置檀州。統縣二，戶七千五百九十九。

　　燕樂[2]後魏置廣陽郡，領大興、方城、燕樂三縣。後齊廢郡，以大興、方城入焉。大業初置安樂郡。有長城。有沽河。密雲[3]後魏置密雲郡，領白檀、要陽、密雲三縣。後齊廢郡及二縣入密雲。又有舊安樂郡，領安市、土垠二縣，後齊廢土垠入安市，後周廢安市入密雲縣。開皇初郡廢。有長城。有桃花山、螺山。有漁水。

　　[1]安樂郡：大業三年改檀州置。治所在今北京市密雲縣東北。
　　[2]燕樂：縣名。後魏置。治所在今北京市密雲縣東北。
　　[3]密雲：縣名。治所在今北京市密雲縣。

遼西郡[1]舊置營州，開皇初置總管府，大業初府廢。統縣一，戶七百五十一。

　　柳城[2]後魏置營州於和龍城，領建德、冀陽、昌黎、遼東、樂浪、營丘等郡，龍城、大興、永樂、帶方、定荒、石城、廣都、陽武、襄平、新昌、平剛、柳城、富平等縣。[3]後齊唯留建德、冀陽二郡，永樂、帶方、龍城、大興等縣，其餘並廢。開皇元年唯留建德一郡，龍城一縣，其餘並廢。尋又廢郡，改縣爲龍山，十八年改爲柳城。大業初，置遼西郡。有帶方山、禿黎山、雞鳴山、松山。有渝水、白狼水。

　　[1]遼西郡：《太平寰宇記》言煬帝初廢營州置柳城郡。施和金言此營州大業三年改名爲柳城郡，非遼西郡。因遼西郡大業末年曾寄理於此，故易與柳城郡相混。（參見施和金《中國行政區劃通

史·隋代卷》，第 377 頁）治所在今遼寧朝陽市。

［2］柳城：縣名。開皇十八年改龍山縣置。治所在今遼寧朝陽市。

［3］新昌：新，底本作"親"。中華本校勘記云："'新'原作'親'，據《魏書·地形志》上改。"

　　冀州於古，堯之都也。舜分州爲十二，冀州析置幽、并。其於天文，自胃七度至畢十一度，[1]爲大梁，[2]屬冀州。自尾十度至南斗十一度，[3]爲析木，[4]屬幽州。自危十六度至奎四度，[5]爲娵訾，[6]屬并州。自柳九度至張十六度，爲鶉火，屬三河，則河內、河東也。准之星次，本皆冀州之域，帝居所在，故其界尤大。至夏廢幽、并入焉，得唐之舊矣。信都、清河、河間、博陵、恒山、趙郡、武安、襄國，其俗頗同。人性多敦厚，務在農桑，好尚儒學，而傷於遲重。前代稱冀、幽之士鈍如椎，蓋取此焉。俗重氣俠，好結朋黨，其相赴死生，亦出於仁義。故《班志》述其土風，[7]悲歌慷慨，椎剽掘冢，亦自古之所患焉。前諺云"仕官不偶遇冀部"，實弊此也。魏郡，鄴都所在，浮巧成俗，雕刻之工，特云精妙，士女被服，咸以奢麗相高，其性所尚習，得京、洛之風矣。語曰："魏郡、清河，天公無奈何！"斯皆輕狡所致。汲郡、河內，得殷之故壤，考之舊説，有紂之餘教。汲又衛地，習仲由之勇，故漢之官人，得以便宜從事，其多行殺戮，本以此焉。今風俗頗移，皆向於禮矣。長平、上黨，人多重農桑，性尤朴直，蓋少輕詐。河東、絳郡、文城、臨汾、龍泉、西河，土地沃少堉多，是以傷於儉嗇。其俗剛强，亦風氣然乎？太原山川重複，實一都之會，本雖後齊別都，人物殷阜，然不甚機巧。俗與上黨頗同，人性勁悍，習於戎馬。離石、雁門、馬邑、定襄、樓煩、涿郡、上谷、漁陽、北平、安樂、遼西，皆連接邊郡，習尚與太原同俗，故自古言勇俠者，皆推幽、并云。然涿郡、太原，自前代已來，皆多文雅之士，雖俱曰邊郡，然風教不爲比也。

[1]胃：星宿名。二十八宿之一。西方白虎七宿的第三宿。畢：星宿名。二十八宿之一。西方白虎七宿的第五宿。有星八顆。

[2]大梁：星次名。在十二支中爲酉，在二十八宿爲胃、昴、畢三星。

[3]南斗：星名。即斗宿，有星六顆。在北斗以南，形似斗，故稱。

[4]析木：星宿名。二十八宿之一。與十二辰相配爲寅，與二十八宿相配爲尾、箕兩宿。也爲燕地分野。

[5]危：星宿名。二十八宿之一。北方玄武七宿的第五宿，有星三顆。　奎：星宿名。二十八宿之一。西方白虎七宿的第一宿，有星十六顆。

[6]娵訾：星次名。在二十八宿爲室、壁兩宿。

[7]《班志》：即《漢書·地理志》。

北海郡[1]舊置青州，後周置總管府，開皇十四年府廢。統縣十，户十四萬七千八百四十五。

益都[2]舊置齊郡，開皇初廢，大業初置北海郡。有堯山、猛山。臨淄[3]及東安平、西安，並後齊廢。開皇十六年又置臨淄及時水縣。大業初廢高陽、時水二縣入焉。有社山、葵丘、牛山、稷山。千乘^[4]舊置樂安郡，開皇初郡廢。博昌^[5]舊曰樂安，開皇十六年改焉。又十八年析置新河縣，大業初廢入焉。壽光^[6]開皇十六年置閭丘縣，大業初廢入焉。臨朐^[7]舊曰昌國。開皇六年改爲逢山，又置般陽縣。大業初改曰臨朐，并廢般陽入焉。有逢山、沂山、穆陵山、大峴山。^[8]有汶水、浯水。^[9]都昌^[10]有箕山、阜山、白狼山。北海^[11]舊曰下密，置北海郡。後齊改郡曰高陽，開皇初郡廢。十六年分置濰州，大業初州廢，縣改名焉。^[12]營丘^[13]後齊廢，開皇十六年復。有叢角山、女節山。下密^[14]後魏曰膠東，後齊廢。開皇六年復，改爲濰水。大業初改名焉。有鐵山。有溉水。

[1]北海郡：大業三年改青州置。治所在今山東青州市北。

[2]益都：縣名。三國魏置。治所在今山東青州市北。

[3]臨淄：縣名。秦置，後齊廢，開皇十六年復置。治所在今淄博市東北臨淄區。

[4]千乘：縣名。漢置，晋廢，宋復置。治所在今山東廣饒縣。

[5]博昌：縣名。開皇十六年改樂安縣置。治所在今山東博興縣南。

[6]壽光：縣名。漢置，宋省，開皇六年於博昌故城復置。治所在今山東壽光市。

[7]臨朐：縣名。漢置昌國縣，開皇六年改爲逢山，大業二年改爲臨朐。治所在今山東臨朐縣。

[8]沂山：沂，底本作“汴”。中華本校勘記云：“‘沂’原作‘汴’，據《水經》二五《沂水注》改。”

[9]浯水：浯，底本作“涪”。中華本校勘記云：“‘浯’原作‘涪’，據《水經》二六《濰水注》改。”

[10]都昌：縣名。楊守敬《隋書地理志考證》云：“漢縣在今

昌邑縣西二里，宋縣寄治青州下，在臨淄，魏縣即隋縣也。志例當云‘後魏置’。”治所在今山東昌樂市東北都昌集。

　　[11]北海：縣名。治所在今山東濰坊市。

　　[12]縣改名焉：《元和郡縣圖志》云：“隋開皇三年罷郡，置下密縣於廢郡中……大業二年廢濰州，仍改下密縣爲北海縣。”《太平寰宇記》云：“隋開皇三年罷郡，置下密縣于廢郡城中，屬青州；十六年又于此置濰州，取界内濰水爲名。大業二年州廢，改下密縣爲北海縣。”楊守敬云：“據《通典》‘北齊改平壽爲北海’，則高陽郡當治北海，下密仍在昌邑。志當云‘舊曰平壽，置北海郡；後齊改郡曰高陽，縣曰北海；開皇初郡廢，改縣曰下密，十六年置濰州；大業初州廢，復改縣曰北海’，方合。”

　　[13]營丘：縣名。治所在今山東昌樂縣東南。

　　[14]下密：縣名。後魏皇興二年置膠東，後齊天保七年廢，開皇六年置濰水，大業初改爲下密。治所在今山東濰坊市。

齊郡[1]舊曰齊州。統縣十，户十五萬二千三百二十三。

　　歷城[2]舊置濟南郡，開皇初廢。大業初置齊郡，廢山茌縣入焉。有舜山、雞山、盧山、鵲山、華山、鮑山。祝阿[3]　臨邑[4]　臨濟[5]開皇六年置，曰朝陽。十六年改曰臨濟，別置朝陽。大業初廢入焉。鄒平[6]舊曰平原，開皇十八年改名焉。章丘[7]舊曰高唐，開皇十六年改焉，[8]又置營城縣。大業初廢入焉。又宋置東魏郡，後齊廢。有東陵山、長白山、龍盤山。長山[9]舊曰武强，置廣川郡，併東清河、平原二郡入，[10]改曰東平原郡。開皇初郡廢。又十六年置濟南縣，十八年改武强曰長山。大業初省濟南縣入焉。高苑[11]後齊曰長樂。開皇十八年改爲會城。大業初改焉。亭山[12]舊曰衛國，後齊併土鼓、肥鄉入焉。開皇六年改名亭山。有龍舟山、儒山。淄川[13]舊曰貝丘，置東清河郡。後齊郡廢。開皇十六年置淄州，十八年縣改名焉。大業初州廢。

[1]齊郡：宋元嘉中分青州置冀州，後魏文帝改爲齊州，大業三年罷州爲齊郡。治所在今山東濟南市。

[2]歷城：縣名。漢置，晋廢，宋置廣城，後魏改爲歷城。治所在今山東濟南市。

[3]祝阿：縣名。漢置。治所在今山東禹城市西南。

[4]臨邑：縣名。南朝宋僑置。治所在今山東濟陽縣西南。

[5]臨濟：縣名。開皇十六年改朝陽縣置。治所在今山東章丘市西北臨濟村。

[6]鄒平：縣名。開皇十八年改平原縣置。治所在今山東鄒平縣東北。

[7]章丘：縣名。開皇十六年改高唐縣置。治所在今山東章丘市西北。

[8]開皇十六年改焉：《元和郡縣圖志》《太平寰宇記》俱言開皇十八年改。

[9]長山：縣名。宋武帝置武强縣，開皇十八年改爲長山。治所在今山東鄒平縣東長山鎮。

[10]併東清河、平原二郡入：楊守敬《隋書地理志考證》云："'併'上當有'後齊'二字。"另"平原"當爲"東平原"。

[11]高苑：縣名。大業三年改會城縣置。治所在今山東高青縣東南高城鎮。

[12]亭山：縣名。宋置衛國縣，開皇六年改爲亭山縣。治所在今山東章丘市西南。

[13]淄川：縣名。宋元嘉中置貝丘縣，開皇十八年改爲淄川縣。治所在今山東淄博市西南淄川區。

東萊郡[1]舊置光州，開皇五年改曰萊州。[2]統縣九，户九萬三百五十一。

掖[3]舊置東萊郡，後齊併曲城、當利二縣入焉。開皇初廢郡，大業初復置郡。有缶山。有掖水、光水。膠水[4]舊曰長廣，仁壽元年改名焉。有明堂山。盧鄉[5]後齊盧鄉及挺城並廢。[6]開皇十六年復置盧鄉，并廢挺城入焉。[7]即墨[8]後齊及不其縣並廢。開皇十六年復，并廢不其入焉。有大勞山、馬山。有田橫島。觀陽[9]後周廢。開皇十六年復，又分置牟州。大業初州廢。昌陽[10]有巨神山。黃[11]舊置東牟、長廣二郡，後齊廢東牟郡入長廣郡，開皇初郡廢。牟平[12]有牟山、龍山、金山、九目山。文登[13]後齊置。有石橋。有文登山、斥山、之罘山。

[1]東萊郡：大業三年改萊州置。治所在今山東萊州市東北。

[2]開皇五年改曰萊州：《元和郡縣圖志》言開皇二年改爲萊州，且掖、昌陽、膠水等縣下俱言開皇三年罷郡，屬萊州，則本志所記疑誤。

[3]掖：縣名。漢置。治所在今山東萊州市東北。

[4]膠水：縣名。仁壽元年改長廣縣置。治所在今山東平度市。

[5]盧鄉：縣名。治所在今山東平度市西北。

[6]後齊盧鄉及挺城並廢：楊守敬《隋書地理志考證》云：“‘城’字當作‘縣’字。”

[7]并廢挺城入焉：楊守敬《隋書地理志考證》云：“按挺縣已廢於北齊，則此六字似衍。據下即墨亦同此文，當是開皇十六年兩縣並復，則中間有移徙，其地當并入昌陽，尋并挺縣入盧鄉，方合。”

[8]即墨：縣名。治所在今山東即墨市。

[9]觀陽：縣名。漢置，晋省，後魏復置，後周廢，開皇十六年又置。治所在今山東海陽市西北發城鎮。

[10]昌陽：縣名。漢置，晋省，後復置。治所在今山東萊陽市東南。

[11]黃：縣名。治所在今山東龍口市東。

[12]牟平：縣名。治所在今山東蓬萊縣東南馬嶺山南。

[13]文登：縣名。北齊天統四年（568）分牟平縣置。治所在今山東文登市。

高密郡[1]舊置膠州，開皇五年改爲密州。統縣七，户七萬一千九百二十。

諸城[2]舊曰東武，置高密郡。開皇初郡廢，十八年縣改名焉。大業初復置郡。有烽火山。東莞[3]後齊併姑幕縣入焉。有箕山、濰水。邰城[4]舊置平昌郡。後齊廢郡，置琅邪縣，廢朱虚入焉。大業初改名邰城。安丘[5]開皇十六年置，曰牟山。[6]大業初改名，并省安昌入焉。[7]高密[8]後齊廢淳于縣入焉。膠西[9]舊曰黔陬，置平昌郡。開皇初郡廢。十六年置縣，曰膠西。大業初又以黔陬入焉。琅邪[10]開皇十六年置，曰豐泉。大業初改焉。有徐山、盧山、郭日山、膠水。

[1]高密郡：後魏永安二年（529）分青州置膠州，開皇五年改爲密州，大業三年罷州爲高密郡。治所在今山東諸城市。

[2]諸城：縣名。開皇十八年改東武縣置。治所在今山東諸城市。

[3]東莞：縣名。漢置。治所在今山東沂水縣。

[4]邰城：縣名。大業二年改琅邪縣置。治所在今山東安丘市西南。

[5]安丘：縣名。漢置。後齊天保七年廢，開皇十六年置牟山縣，大業二年復爲安丘。治所在今山東諸城市西北。

　　[6]開皇十六年置，曰牟山：楊守敬《隋書地理志考證》云：“按‘開皇’上當有‘後齊廢’三字。《元和志》輔唐縣下：安丘，高齊天保七年省。《寰宇記》同。”

　　[7]并省安昌如焉：楊守敬《隋書地理志考證》云：“按當作‘昌安’，漢至後魏俱曰昌安。”

　　[8]高密：縣名。治所在今山東高密市東南故獻村。

　　[9]膠西：縣名。治所在今山東膠州市西。

　　[10]琅邪：縣名。大業二年改豐泉縣置。治所在今山東膠南市西南琅琊鎮。

　　《周禮·職方氏》：“正東曰青州。”其在天官，自須女八度至危十五度，[1]爲玄枵，[2]於辰在子，齊之分野。吳札觀樂，[3]聞齊之歌曰：“泱泱乎大風也哉，國未可量也。”在漢之時，俗彌侈泰，織作冰紈綺繡純麗之物，號爲冠帶衣履天下。始太公以尊賢尚智爲教，故士庶傳習其風，莫不矜于功名，依於經術，闊達多智，志度舒緩。其爲失也，夸奢朋黨，言與行謬。齊郡舊曰濟南，其俗好教飾子女淫哇之音，能使骨騰肉飛，傾詭人目。俗云“齊倡”，本出此也。祝阿縣俗，賓婚大會，餚饌雖豐，至於蒸膾，嘗之而已，多則謂之不敬，共相誚責，此其異也。大抵數郡風俗，與古不殊，男子多務農桑，崇尚學業，其歸于儉約，則頗變舊風。東萊人尤朴魯，故特少文義。

　　[1]須女：星宿名。二十八宿之一。北方玄武七宿的第三宿，有星四顆。

　　[2]玄枵：十二星次之一。與二十八宿相配爲女、虛、危三宿，

與十二辰相配爲子。

　　[3]吴札：人名。亦名季札，春秋時吴王壽夢第四子。事見
《漢書·地理志》《左傳》襄公二十九年。